工业和信息化普通高等教育"十三五"规划教材立项

高等院校"十三五"会计系列规划教材

新编政府会计

微课版

闫邹先 ◎ 主编

尚秋芬 冷永杰 ◎ 副主编

GOVERNMENT
ACCOUNTING

人民邮电出版社

北 京

图书在版编目（CIP）数据

新编政府会计 ：微课版 / 闫邹先主编. -- 北京 ：
人民邮电出版社，2019.9
高等院校"十三五"会计系列规划教材
ISBN 978-7-115-50529-3

Ⅰ. ①新… Ⅱ. ①闫… Ⅲ. ①预算会计－高等学校－
教材 Ⅳ. ①F810.6

中国版本图书馆CIP数据核字(2019)第024838号

内 容 提 要

本书根据国家财政部 2015 年颁布的《政府会计——基本准则》，及之后陆续颁布的《政府会计制度——行政事业单位会计科目和报表》以及有关《政府储备物资》《存货》《投资》《固定资产》等具体准则编写而成。

本书内容分为两大部分，政府财务会计部分主要阐述了行政事业单位会计核算的基本理论和基本方法，内容包括行政事业单位财务会计核算的基本前提、会计原则、会计要素、复式记账法、主要经济业务及其账务处理、会计报表等。政府预算会计部分主要阐述了行政事业单位预算会计核算的基本理论和基本方法，内容包括行政事业单位预算会计核算的基本前提、会计原则、会计要素、主要经济业务及其账务处理、会计报表等。

本书可以作为高等院校会计学专业、财务管理专业等相关专业课程的教材，也可以供行政事业单位会计人员学习使用。

◆ 主　　编　闫邹先
　　副 主 编　尚秋芬　冷永杰
　　责任编辑　刘向荣
　　责任印制　焦志炜

◆ 人民邮电出版社出版发行　　北京市丰台区成寿寺路 11 号
　　邮编　100164　　电子邮件　315@ptpress.com.cn
　　网址　http://www.ptpress.com.cn
　　北京市艺辉印刷有限公司印刷

◆ 开本：787×1092　1/16
　　印张：16.75　　　　　　　　2019 年 9 月第 1 版
　　字数：430 千字　　　　　　2019 年 9 月北京第 1 次印刷

定价：49.80 元

读者服务热线：(010)81055256　印装质量热线：(010)81055316
反盗版热线：(010)81055315
广告经营许可证：京东工商广登字 20170147 号

前 言 Foreword

随着我国经济的快速发展，政府的管理和经济活动正面临着一些新的情况和问题。政府会计的职能也正随着经济的发展和财政职能的转变而逐渐拓宽和发展，它的事前预测、事中控制、事后反映监督以及参与决策的职能正逐步得到加强。自 2015 年以来，财政部接连颁布了《政府会计——基本准则》《政府会计制度——行政事业单位会计科目和报表》以及《政府储备物资》《存货》《投资》《固定资产》等具体准则，与 2012 年、2013 年颁布的行政事业单位会计制度、会计准则相比，新制度、新准则发生了翻天覆地的变化。因此，全面提高政府会计从业人员的业务素质和水平，已成为迫切需要解决的问题。

为了满足广大行政事业单位财会人员在规范单位会计行为、提高会计信息质量、加强日常财务管理等方面的工作需要，我们编写了本书。

本书特色如下。

（1）内容新颖，理念领先。本书根据国家已颁布的新政府会计准则、财务规则、会计制度编写，以通俗易懂的语言，系统全面地对政府会计资产、负债、净资产、收入、费用，以及年终清理结算与结账、会计报表的编制等会计核算内容进行了详细介绍。

（2）体系完整、结构合理。本书的内容设计面向本科教学，既包括了政府财务会计的五个要素和政府预算会计的三个要素，还包括政府会计报表的内容；本书结构合理，先讲授财务会计部分，再讲授预算会计部分，这样安排有利于学生循序渐进地学习行政事业单位会计。

（3）深入浅出、便于教学。本书将政府相关部门可能涉及的业务尽可能地通过例题的形式进行讲解，便于学生消化吸收。此外，还安排了大量的习题，便于学生自学和教师讲授。

　　本书共分两大部分，共计 12 章。其中第一章、第四章、第八章、第十章由国家广电总局研修学院尚秋芬编写；第二章由北京工业大学冷永杰编写；第三章、第五章、第六章、第七章、第九章、第十一章、第十二章由北京工业大学闫邹先编写。本书最后由北京工业大学闫邹先负责统撰定稿。

　　基于学识、经验和团队磨合的原因，本书难免会存在不足之处，敬请广大读者朋友不吝赐教。

编者

目录 Contents

第一篇

政府财务会计部分

政府财务会计是指以权责发生制为基础对政府会计主体发生的各项经济业务或事项进行会计核算，主要反映和监督会计主体的财务状况、运行情况和现金流量的会计。

同时，由于政府会计的主要使用对象是各级行政部门和各事业单位，因此在本书中主要以行政事业单位为例阐述政府会计的主要理论、方法与手段。

第一章

政府财务会计概述

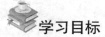 **学习目标**

了解政府财务会计的概念和特点；

理解并掌握政府财务会计的目标、原则、假设、要素等。

第一节

政府财务会计的概念及特点

一、政府财务会计的概念

政府财务会计是指以权责发生制为基础对政府会计主体发生的各项经济业务事项进行会计核算，主要反映和监督会计主体的财务状况、运行情况和现金流量的会计。

二、政府财务会计的特点

政府财务会计是我国政府会计的重要组成部分，以部门财政资金和非财政资金为会计核算对象，反映行政事业单位财政资金和非财政资金的收支情况和结果。同时，行政事业单位作为非营利性社会组织，在向社会提供服务时产生资金运动，因此，政府财务会计还需要反映其业务运行情况。

政府财务会计的特点，主要体现在以下几个方面。

（1）行政事业单位的目的主要是向社会提供公益性服务，业务活动不以营利为目的，注重社会效益。行政事业单位的会计核算，以当期收入和费用为侧重点。事业单位的事业类业务目前暂不要求进行成本核算，经营类业务只要求进行内部成本核算。

（2）行政事业单位的资金来源渠道较多，业务较为复杂。行政单位的资金来源主要包括财政拨款；事业单位的资金来源主要包括财政拨款和业务收入两个部分。事业单位有一部分资金来源于财政预算，需要按财政预算体制的要求组织管理与核算。事业单位尽管不以营利为目的，但实行有偿服务，在提供服务的同时收取一定费用，获得相应的收入。此外，事业单位也会开展一些经营活动弥补事业经费的不足。

（3）行政事业单位的组织层次较多，存在多层次会计主体。行政事业单位所涉及的领域较为广泛，组织机构较为庞大，尤其有些事业单位会设置一些附属独立核算单位，存在二级或三级核算体系。行政事业单位与所属单位之间会发生缴款、拨款、债权、债务关系，需要分层次组织会计核算。

（4）行政事业单位存在一些限定性的财务资源，需要进行专项核算。行政事业单位取得的一些收入属于专项资金性质，要求只能用于专门的使用方向或特定的项目，行政事业单位会计需要设置专门的账户进行核算，反映专项资金的收入、费用和结余情况。

（5）政府会计中同时存在两种会计确认基础，政府预算会计一般采用收付实现制确认，政府财务会计一般采用权责发生制确认。同时部分事业单位包括事业和经营两大类业务活动，需要根据业务类型选择会计确认基础。事业单位的事业业务，要求准确反映当期收入和费用情况，一般采用收付实现制基础确认。事业单位的经营业务，要求合理反映一定期间的收入与费用，一般采用权责发生制基础确认。

第二节 政府财务会计的目标

会计目标，就是会计活动最终要达到的目的，具体而言就是会计核算要提供真实、完整的会计资料，以满足各方面对会计信息的需要。从理论层面出发，通常把财务报告目标的内容归纳为三个方面："（1）谁是财务信息的使用者？（2）他们需要什么样的信息？（3）财务报告能够提供什么样的信息？"

一、政府财务信息的主要使用者

政府财务报告的使用者为行政事业单位组织业务活动所涉及的所有利益相关者。行政事业单位运营过程中所涉及的利益相关者极其广泛，至少应该包括政府审计机关、社会公众、投资者和债权人、外国政府和国际组织、主管部门和内部管理者等。

（一）政府审计机关

政府审计从本质上说，也是接受公众委托，提供公共审计服务。所以，审计机关将是代表公众利益的重要的政府财务报告使用者。《中华人民共和国审计法》明确规定，我国各级审计机关依法对国务院和地方各级人民代表大会及其部门的财政收支的真实、合法和效益依法进行审计。国务院和县级以上地方人民政府应当每年向本级人民代表大会常务委员会提出审计机关对预算执行和其他财政收支情况的审计工作报告。

（二）社会公众

这里所指的社会公众是分散的公民个人和某些利益集团。对于社会公众来说，依法纳税是他们应尽的义务，而同时社会公众也有权利知道政府提供公共服务的状况以及政府对社会公众所托付的各种责任和义务的履行情况。对于某些利益集团来说，他们也需要通过了解政府的财务状况和现金流量等信息来进行决策或者做出相应的选择。

（三）投资者和债权人

投资者和债权人需要行政事业单位的财务信息及其相关信息，从而做出是否与其继续合作的经济决策。某些行政事业单位每年都从事一些经济活动，这些经济活动与投资者、债权人具有非常重要的关系，这样这些投资者、债权人必然会关注行政事业单位财务信息，以帮助他们更好地进行决策。

（四）外国政府和国际组织

外国政府和国际组织并不是行政事业单位财务信息的主要使用者，但随着经济全球化的迅猛发展，我国与外国政府和国际组织之间的往来不断增多，各级行政事业单位正越来越明显地感受到来自这些使用者信息需求的压力。

（五）主管部门和内部管理者

目前，我国政府单位主要包括政府各行政部门、医院学校等事业单位，其收入来源主要依赖于政府财政拨款，对于各级政府的履职情况以及预算执行情况，各级政府应当进行监督，对各级政府在预算执行过程中违反纪律、行政法规和国家方针政策的行为依法予以制止和纠正。政府应将预算执行结果如实上报，接受上级的监督。另外，随着我国事业单位分类改革等一系列改革措施的进一步实施，各级政府作为独立的经济主体的趋势更加明显，所以，各级政府的内部管理者对相关信息的需求也会越来越强烈。

除了上述列举的政府财务信息的使用者之外，其他方面的使用者或者潜在的使用者也很多，比如公务员、供应商和财务分析师等，都需要政府的财务信息进行相关决策。

二、财务信息使用者的信息需求分析

政府会计的各利益相关者对财务信息的需求各有侧重，他们会针对他们关注的方面，通过对相关信息的分析，对政府活动进行评价和预测，并作为有关评价和决策的基础之一。政府财务信息使用者的信息需求的主要特点是使用财务信息，主要目的不是为了做出经济决策，而是评价政府及相关单位受托责任的履行情况。

（一）以做出非经济决策为主

财务报告使用者需要财务信息是为了做出各种相关的决策。决策的类型不同，对财务信息的需求也不一样。政府财务报告使用者与行政事业单位的利害关系通常不表现为直接的经济利益关系，因为政府会计的资源提供者向行政事业单位提供资源要么是法律法规强制其提供（如纳税人依法缴纳税款），要么是自愿提供（如各种捐赠）。他们不期望按照其提供资产的某个比例收回资产或获得相应的经济利益，也不期望清算时分享一部分剩余财产。所以，他们根据信息做出的决策主要不是经济决策。其他信息使用者，如立法及监督机构更没有本身的经济利益，而是代表社会公众或上级行政事业单位的利益做出相关决策，包括政治的、经济的和社会的决策。

（二）以考核和评价受托责任及受托业绩为主

政府报告主体的管理者与资源提供者、其他财务报告使用者之间存在着各种的受托与委托关系，承担着政治、经济、社会、文化等各种受托责任。从资源提供者的角度来看，他们将资源委托给受托人，总是希望受托人按照其预期的目标有效地使用和管理这些资源，受托人就负有按照委托人的意愿管好、用好资源的责任。由于政府的资源必须按照预算、法律规章、行政法令，以及合同协议限定的用途或目的使用，那么其受托责任就具体化为对专门用途的资源进行保管，并使用于特定的目的或活动，以产生一定的效率与效果。所以，对于大部分使用者来说，他们需要财务信息更多的是为了对政府管理者的受托责任及受托业绩做出合理的考核和分析评价，在此基础上做出相关决策。

第三节 政府财务会计假设和会计原则

一、政府财务会计的基本假设

会计基本假设也称会计基本前提，是人们在长期的会计实践中直接形成的，是政府财务会计确认、计量和报告的前提，是对会计核算所处时间、空间环境等所做的合理设定。政府财务会计的基本前提包括会计主体、持续运行、会计分期和货币计量。

（一）会计主体

会计主体，是会计确认、计量和报告的空间范围。政府会计的会计主体是会计工作为之服务的特定单位，如工商局、检察院、学校、医院、科研院所等。

（二）持续运行

持续运行是会计核算的时间界限，它是指单位或会计主体的经济业务活动在可预见的将来能够持续不断地运行下去。虽然行政事业单位主要不以营利为目的，但其开展各项公共活动不仅不能带来盈利，而且还要耗费一定的资源。如果不做这样的假设，我们很难想象一个社会能够延续下去。在这个前提下，会计主体将按照既定用途使用资源，按照既定的协议或合同清偿债务，而且在此基础上选择会计原则和会计政策。如果行政事业单位不能持续下去，则必须改变会计核算的原则和方法，并在财务报告中做出相应的披露。

（三）会计分期

会计分期是将会计主体的持续运行的时间人为地划分成时间阶段，以便分阶段结算账目、编制会计报表、及时向会计信息使用者提供会计信息。实行会计分期的作用在于能够在连续、相等的会计期间中对会计主体的财务状况及其运营情况的变动进行核算，并据以编制会计报告。会计期间分为月度、季度和年，不都采用公历年度。行政事业单位通常以一年作为划分会计期间的标准。以一年会计期间称为会计年度。我国的会计年度采用历年制，即以公历 1 月 1 日至 12 月 31 日作为一个会计年度。

会计期间的划分对政府财务会计的核算有着重要的影响。由于有了会计期间，才产生了本期与非本期的区别，才产生了权责发生制与收付实现制，才使不同类型的会计主体有了记账基础。会计期间的划分，有利于满足单位内部的管理及其他方面进行决算的需要。

（四）货币计量

货币计量是指会计主体在会计确认、计量和报告时以货币进行计量，反映会计主体的业务活动。货币是商品的一般等价物，是衡量一般商品价值的共同尺度。具有价值尺度、流通手段、贮藏手段和支付手段等特点。按照《政府会计——基本准则》的规定，行政事业单位应该选择人民币为记账本位币。如果发生外币收支，应当在发生收支时按照中国人民银行公布的当日人民币外汇汇率折算为人民币核算。对于业务收支以外币为主的行政事业单位和民间非营利组织，也可以选择某种外币作为记账本位币，但在编制会计报表时，应当按照编报日期的人民币外汇汇率折算为人民币。

二、政府财务会计核算原则

政府财务会计核算原则是建立在会计基本前提基础之上的，主要是就会计核算的基本要求做出规定，是会计人员进行核算时应遵循的基本规范，是进行会计确认、计量、记录和报告的一般标准和依据。根据财政部颁布的《政府会计——基本准则》，我国政府会计的基本原则包括客观性原则、相关性原则、可比性原则、一贯性原则、及时性原则、明晰性原则等。这些原则的执行对于保证政府会计体系全面、正确地反映我国财政状况具有重要的指导意义。

政府会计准则——
基本准则

（一）客观性原则

客观性原则也叫真实性原则，指会计核算应当以实际发生的经济业务为依据，客观真实地记录、反映各项业务活动的实际收入和费用状况。客观性原则是对会计核算工作和会计信息的基本质量要求。因为会计的工作成果是国家有关管理部门及其相关单位进行决策和管理的依据，倘若提供的会计信息是虚假的，不但不能反映客观事实，而且可能导致信息使用者因为信息不真实而做出错误的决策，造成不应有的损失，这就要求会计信息反映的财务状况和经营成果必须真实可靠。会计客观性的具体要求是：在确认会计事项时，必须依据实际发生的经济业务；在计量记录会计事项时，不得伪造数量和金额；在财务报告中，必须如实反映情况，不得加以掩饰。

（二）相关性原则

相关性原则也称适应性原则，是指会计信息应当符合国家宏观经济管理的要求，满足预算管理和有关方面了解单位财务状况及其收支状况的需要，并有利于单位内部加强管理。这个原则的具体要求是：会计信息应该有价值，既能够反映过往的经济业务情况，又能帮助信息使用者对未来事项做出决策，并对使用者做出决策提供帮助。例如，上级财政拨付给下级单位使用的财政拨款，上级单位必须对这笔拨款的使用情况有所了解，以便监督资金的使用效率和效果，而拨款使用状况必须从下级单位的财务报告中获得，这样财务信息就具有相关性。如果财务信息没有反映出对信息使用者的价值，无法帮助使用者做出相关决策，那么该信息就不具有相关性。

（三）可比性原则

可比性原则是指行政事业单位会计核算应当按照规定的会计处理方法进行，会计信息应当口径一致、相互可比，以便同一单位前后各期及不同单位之间的比较分析。它要求不同的行政事业单位，应当使用相同或类似的会计程序和方法，使信息使用者在阅读不同行政事业单位的会计报表时可以进行比较。具体来说，它要求行政事业单位对各项经济业务应当采用相同或类似的程序和处理方法，会计报表项目应采用相同的核算口径编制。只有这样，才能保证会计信息的可比性。

同时政府财务会计核算方法前后应当一致，不得随意变更。如确有变更，应当将变更的情况、原因和对单位财务状况及其收支情况的影响在会计报告中进行说明。因为会计核算方法都有多种选择，会计主体必须根据自身实际情况做出选择，一经选定，一般不得随意变更；当有证据表明会计主体变更会计政策后更加客观、真实地反映自身财务状况等信息时，会计政策和核算方法才能变更，但这种变更必须按照有关制度的要求反映在会计报表附注中。

（四）及时性原则

及时性原则是指会计核算应当及时进行。会计信息除了必须保证其真实性、可靠性外，还应当保证时效性。不及时的信息将使其有用性大打折扣，甚至毫无价值。因此会计核算中必须做到及时记账、算账、报账。会计信息的一个重要作用就是帮助使用者做出决策，如果会计信息没有及时反映经济业务的情况，那么延时的会计信息就失去了对使用者的参考价值。因此，及时性原则要求会计信息具有时效性。而且，及时性原则也要求做到：收集会计信息的及时性、处理会计信息的及时性以及传递会计信息的及时性。也就是说，会计人员要能够及时收集经济业务的发生情况，并且迅速做出会计处理，同时将会计信息及时传递给会计信息使用者。值得指出的是，及时性原则与会计分期假设有关，需要科学地划分收入和费用的时间界限，以便于及时处理。

（五）明晰性原则

明晰性原则是指行政事业单位的会计记录和报告要做到清晰完整、简明扼要，数据记录和文字说明应一目了然地反映单位经济业务的来龙去脉。明晰性原则要求做到：从凭证、账簿到报表，从数字、文字到图式，从注释、签章到审核各个环节步骤，都要清晰明了、言简意赅、通俗易懂。该原则的目的是使各方面会计信息使用者，能够准确无误地理解并充分获取其所需要的信息。

（六）全面性原则

全面性原则是指行政事业单位应当将发生的各项经济业务或者事项统一纳入会计核算，确保会计信息能够全面反映行政事业单位的财务状况、事业成果、预算执行等情况。因此，行政事业单位要全面核算其所发生的各项经济业务，确保没有遗漏，保证政府财务信息的完整性和真实性。

（七）实质重于形式的原则

实质重于形式原则是指行政事业单位应当按照经济业务或者事项的经济实质进行会计核算，不应仅以经济业务或者事项的法律形式为依据。

三、 会计核算基础和会计计量属性

（一）会计核算基础

政府会计核算基础主要包括权责发生制和收付实现制。权责发生制要求行政事业单位的会计核算应当以权责发生制为基础。权责发生制下，凡是当期已经实现的收入和已经发生或应当负担的费用，不论款项是否收付，都应当作为当期的收入和费用；凡是不属于当期的收入和费用，即使款项已在当期收付，也不应当作为当期的收入和费用。

收付实现制是以款项的实际收付为标准来处理经济业务，确定本期收入和费用，计算本期盈亏的会计处理基础。在现金收付的基础上，凡在本期实际以现款付出的费用，不论其应否在本期收入中获得补偿均应作为本期应计费用处理；凡在本期实际收到的现款收入，不论其是否属于本期均应作为本期应计的收入处理；反之，凡本期还没有以现款收到的收入和没有用现款支付的费用，即使它归属于本期，也不作为本期的收入和费用处理。目前，在我国政府会计体系中，财务会计是以权责发生制作为核算基础的，而预算会计是以收付实现制作为核算基础的。

（二）会计计量属性

会计计量是将行政事业单位符合确认条件的会计要素登记入账并列于财务报表（会计报表及其附注）而确定其金额的过程。会计的计量属性反映的是会计要素金额的确定基础。会计计量属性主要包括历史成本、重置成本、现值、公允价值、名义金额五种。

（1）历史成本。在历史成本计量下，资产按照取得时支付的现金金额，或支付对价的公允价值计量。

（2）重置成本。在重置成本计量下，资产按照现在购买相同或者相似资产所需支付的现金金额计量。

（3）现值。在现值计量下，资产按照预计从其持续使用和最终处置中所产生的未来净现金流入量的折现金额计量。

（4）公允价值。在公允价值计量下，资产按照在公平交易中，熟悉情况的交易双方自愿进行资产交换的金额计量。

（5）名义金额。无法采用上述计量属性的，采用名义金额（即人民币1元）计量。

第四节　政府财务会计要素和会计恒等式

政府会计体系主要包括两大部分，即政府财务会计和政府预算会计，两大部分的会计要素也有所不同。在此部分主要介绍财务会计要素，预算会计要素在第二部分介绍。

一、政府财务会计的基本要素

会计的基本要素是将会计对象分解成若干基本的要素，政府财务会计的基本要素是会计内容的具体化，是对会计对象的进一步分类。它有利于设置会计科目，对有关核算内容进行确认、计量、记录和报告，也有利于设立会计报表的种类、格式和列示。政府财务会计的基本要素如下。

政府会计要素

（一）资产

资产是由会计主体过去的经济业务或者事项形成的，由政府会计主体控制的，预期能够产生服务潜力或者带来经济利益流入的经济资源。主要包括各种财产、债权和其他权利。

（1）资产是政府过去的交易或事项形成的。这是指资产必须是现实的资产，它来自于政府过去发生的交易或事项，而不是预期、计划的资产，也就是说资产的存在基础必须以实际发生的经济交易或事项为依据。因为预期的资产并没有反映会计主体的真实财务状况。

（2）资产是政府所拥有的，或者虽不拥有但也是其能控制的。资产只有被会计主体所拥有或控制，会计主体才能获得和支配资产运动而带来收益，资产在会计主体的价值以及会计主体对资产的主人地位才得到体现。

（3）资产能够为政府带来经济利益或服务潜力。经济利益是指直接或间接流入会计主体的现金或现金等价物。服务潜力是指虽没有获得现金或现金等价物，但是能够为某一对象提供服务，履行相关的职能。如果资产不能达到这一要求，也就不符合资产的确认条件，因此应该将其从账面上注销。

政府会计的资产主要包括库存现金、银行存款、应收票据、应收账款、预付账款、其他应收款、库存物品、长期股权投资、固定资产、无形资产、文物文化资产、政府储备物资、公共基础设施、受托代理资产等。

（二）负债

负债是指由过去的经济业务或者事项形成的现时义务，履行该义务预期会导致含有服务潜能或者经济利益的经济资源流出。

（1）负债是政府过去的交易或事项形成的。同资产的第一个特点一样，负债必须是现实的负债，它是政府过去的交易或事项，而不是预期、计划的负债。也就是说，负债的存在基础必须以实际发生的经济交易或事项为依据，因为预期的负债并没有反映会计主体的真实财务状况。

（2）负债是政府承担的现时义务。现时义务表明这种负债已经发生，而且在现在或将来都对政府形成一种制约，政府必须于现在或将来予以清偿。

（3）负债的清偿将导致政府经济利益的流出和服务行为的履行。经济利益的流出和服务行为的履行也就是政府资产的减少。

政府会计的负债包括短期借款、应付票据、应付账款、预收账款、其他应付款、应付政府补贴款、应缴财政款、应交增值税、其他应交税费、受托代理负债、预提费用等。

（三）净资产

政府净资产是指政府资产减去负债后的余额。

政府净资产的特点主要是指当政府净资产增加时，其表现形式为资产的增加或负债的减少；当政府净资产减少时，其表现形式为资产的减少或负债的增加。

政府的净资产包括累计盈余、专用基金、权益法调整、本期盈余、本年盈余分配、以前年度盈余调整、无偿调拨净资产等。

（四）收入

政府收入是指政府开展业务活动及其他活动，依法取得的非偿还资金。一般具有以下两个特点。

（1）政府收入的增加导致净资产的增加，进而导致资产增加或负债减少（或两者兼而有之），并且最终导致政府经济利益增加或服务潜力增强。

（2）政府收入是建立在收付实现制和权责发生制原则基础上的。在收付实现制原则下，政府只要收到资金，就必须确认收入，而不管该资金所依托的经济事项是否发生于当期；在权责发生制原则下，政府只要经济事项发生于当期，并符合一定条件，就必须确认该事项所产生的收入，而不管收入所带来的资金当期有没有收到。

政府会计的收入包括财政拨款收入、上级补助收入、附属单位上缴收入、事业收入、利息收入、捐赠收入、投资收益、其他收入等。

（五）费用

政府费用是指政府开展业务活动及其他活动，所发生的各项资金耗费或损失。

与收入特点类似，政府费用主要有以下几方面特点。

（1）政府费用的增加，进而导致资产减少或负债增加（或两者兼而有之），并且最终导致政府经济利益减少或服务潜力减弱。

（2）政府费用是建立在收付实现制和权责发生制原则基础上的。在收付实现制原则下，政府只要支付了资金，就必须确认费用，而不管该资金所依托的经济事项是否发生于当期；在权责发生制原则下，政府只要经济事项发生于当期，并符合一定条件，就必须确认该事项所产生的费用，而不管事项所需支付的资金是否在当期费用。

政府费用包括业务活动费用、单位管理费用、经营费用、上交上级费用、对附属单位补助费用、其他费用等。

二、政府财务会计的会计恒等式

会计恒等式也称会计平衡式，是表示各个会计要素之间基本关系的货币数量关系式。它是复式记账和设计资产负债表、收入费用表结构的基本依据。

政府要进行业务活动，必须取得一定数量的资金。资金的付诸使用即为政府的资产。各会计主体资金的取得有两种类型：一种是出资人投入（各级政府的资金来自于国家的税收，立法执法机关和国有事业单位的资金来自于国家投入），出资人投入的资金供会计主体永久使用，形成会计主体的净资产；另一种是债权人借入，表现为债权人将款项借给会计主体使用，或是在业务往来中暂时提供待结算的款项，要求到期偿还，形成会计主体的债务。会计主体有多少资产，就有多少负债和净资产。资产、负债、净资产反映了同一资金的两个方面，用会计等式表示为：

资产＝负债＋净资产

资产、负债、净资产是用来说明行政事业单位财务状况的三个基本会计要素，等式"资产＝负债＋净资产"是各个会计主体资金的静态反映。从动态上反映，行政事业单位为进行事业活动和业务活动，必须发生一定的费用，同时相应地取得各项收入。收入减去费用即为行政事业单位的结余。这样，收入、费用和结余三者之间的关系便可以用公式表示为：

收入－费用＝结余

结余又沉淀为行政事业单位的净资产。收入大于费用，结余为正数，一方面增加资产，另一方面增加净资产；收入小于费用，结余为负数，一方面减少资产，另一方面减少净资产。因此，上述会计等式又转化为：

资产＝负债＋净资产＋收入－费用

整理为：

资产＋费用＝负债＋净资产＋收入

这一会计等式反映了五个会计要素之间的基本关系。经济业务发生，可能引起会计等式左方或者右方某一要素增加，另一要素减少；也可能引起某一会计要素自身的增减变动，这两种情况都不会破坏会计等式的平衡关系。资产+费用=负债+净资产+收入，是政府会计的动态会计恒等式。

第五节 政府财务会计科目

一、政府财务会计科目表

政府财务会计科目是对各级各类行政事业单位会计要素的具体分类。它是行政事业单位设置账户、核算经济业务的依据，也是汇总和检查行政事业单位资金活动及其结果的依据。按照政府财务会计要素的类别，政府财务会计科目可分为资产、负债、净资产、收入和费用五大类。各级各类行政事业单位统一适用的会计科目如表 1-1 所示。

二、政府财务会计科目使用要求

（1）行政事业单位应当按照财政部 2017 年颁布的《政府会计制度——行政事业单位会计科目和会计报表》的规定设置和使用会计科目。在不影响会计处理和编报财务报表的前提下，可以根据实际情况自行增设、减少或合并某些明细科目。

（2）根据财政部规定适用特殊行业会计制度的行政事业单位，不执行本会计科目；已经纳入企业会计核算体系的行政事业单位，按有关企业会计制度执行。

（3）行政事业单位应按本制度的规定设置和使用会计科目，不需要用的科目可以不用；会计科目编号，各单位不得打乱重编。

（4）行政事业单位在填制会计凭证、登记会计账簿时，应当填列会计科目的名称，或者同时填列会计科目的名称和编号，不得只填列科目编号、不填列科目名称。

第六节 政府财务会计账务处理程序

行政事业单位的经济活动从原始凭证到形成会计报表的过程就是账务处理程序，这一过程涉及组织账簿、运用记账程序和记账方法等手段。

行政事业单位的具体账务处理程序如下。

（1）根据原始凭证填制记账凭证，对于现金业务，由出纳根据原始凭证填制现金日记账，并编制库存现金日记表，然后据以编制记账凭证。

表 1-1　　　　　　　　　　　　政府财务会计科目表（2019）

类别	编号	科目名称	类别	编号	科目名称
一、资产类	1001	库存现金	二、负债类	2307	其他应付款
	1002	银行存款		2401	预提费用
	1011	零余额账户用款额度		2501	长期贷款
	1021	其他货币资金		2502	长期应付款
	1101	短期投资		2601	预计负债
	1201	财政应返还额度		2901	受托代理负债
	120101	——财政直接支付	三、净资产类	3001	累计盈余
	120102	——财政授权支付		3101	专用基金
	1211	应收票据		3201	权益法调整
	1212	应收账款		3301	本期盈余
	1214	预付账款		3302	本年盈余分配
	1215	应收股利		3401	无偿调拨净资产
	1216	应收利息		3501	以前年度盈余调整
	1218	其他应收款			
	1219	坏账准备			
	1301	在途物品			
	1302	库存物品			
	1303	加工物品			
	1401	待摊费用			
	1501	长期股权投资			
	1502	长期债券投资			
	1601	固定资产			
	1602	固定资产累计折旧			
	1611	工程物资			
	1613	在建工程			
	1701	无形资产			
	1702	无形资产累计摊销			
	1703	研发支出			
	1801	公共基础设施	四、收入类	4001	财政拨款收入
	1802	公共基础设施累计折旧（摊销）		4101	事业收入
	1811	政府储备物资		4201	上级补助收入
	1821	文物文化资产		4301	附属单位上缴收入
	1831	保障性住房		4401	经营收入
	1832	保障性住房累计折旧		4601	非同级财政拨款收入
	1891	受托代理资产		4602	投资收益
	1901	长期待摊费用		4603	捐赠收入
	1902	待处理财产损溢		4604	利息收入
二、负债类	2001	短期借款		4605	租金收入
	2101	应交增值税		4609	其他收入
	2102	其他应交税费	五、费用类	5001	业务活动费用
	2103	应缴财政款		5101	单位管理费用
	2201	应付职工薪酬		5201	经营费用
	2301	应付票据		5301	资产处置费用
	2302	应付账款		5401	上缴上级费用
	2303	应付政府补贴款		5501	对附属单位补助费用
	2304	应付利息		5801	所得税费用
	2305	预收账款		5901	其他费用

（2）根据记账凭证直接登记总账，或根据记账凭证定期编制科目汇总表，然后根据该科目汇总表填制总账，对于发生明细核算的业务，在填制总账的同时还要填制明细账。

（3）对现金日记账、明细账、总账以及有关账户核对正确，再根据总账科目和明细账编制会计报表。

政府财务会计的账务处理程序如图1-1所示。

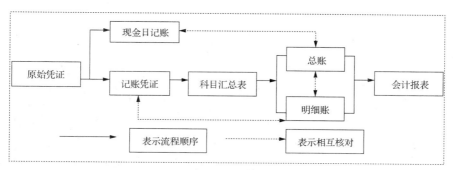

图 1-1　政府财务会计的账务处理程序

设置会计科目，明确记账方法，是为了正确地将经济业务进行分类，并采取科学的方法进行记账，但是记账必须有根有据。因此，任何一项经济业务都应当取得或填制会计凭证，要根据合法的会计凭证记账。

会计凭证是记录经济业务、明确经济责任和作为记账依据的书面证明，是登记账簿的凭据。会计凭证按其填制程序和用途，可分为原始凭证和记账凭证。

一、原始凭证

原始凭证是在经济业务发生或完成时取得和填制，载明经济业务具体内容和完成情况的书面证明，是进行会计核算的原始资料和主要依据。

（一）原始凭证的主要内容和要素

政府财务会计原始凭证主要由以下要素组成：

（1）凭证的名称、填制日期及编号；

（2）填制凭证单位名称及填制人；

（3）接收凭证单位名称；

（4）经济业务的具体内容；

（5）相关单位的签字与盖章；

（6）其他内容。

（二）原始凭证的种类

原始凭证是多种多样的，有的是由外单位填制的称为外来原始凭证，有的是由本单位或职工填制的称为自制原始凭证

各类政府财务会计的原始凭证主要包括：

（1）收款收据；

（2）借款凭证；

（3）预算拨款凭证；

（4）固定资产调拨单；

（5）开户银行转来的收、付款凭证；

（6）往来结算凭证；

（7）库存材料的出库、入库单；

（8）其他足以证明会计事项发生经过的凭证和文件。

以行政事业单位为例来说明其会计原始凭证的相关内容。行政事业单位在日常会计处理上，经常使用以下几种主要原始凭证。

（1）费用报销凭证。各种费用报销凭证是行政事业单位核算"实际费用"的依据。从外单位取得的原始单据必须具备对方收款单位名称、收款人签名或盖章、填制凭证的日期以及合计金额，合计金额要用汉字大写并盖有填制单位的公章。自制的单据，要由经办人写明费用的理由和用途，并有报销人单位负责人或其授权人的签名盖章。购买实物的单据，必须有验收人签章。支付款项单据必须有收款单位和收款人的收款证明。

一些经常发生的费用报销，如差旅费等，应填制由财政部门统一的"报销单"报销，其原始单据作为附件，附在"报销单"后面。一次费用的单据较多时，可编制"费用报销凭证汇总表"进行账务处理，将原始凭证附在后面。如果附件较多也可以单独装订保管，并在"汇总表"上注明。

（2）收款凭证。行政事业单位收到各项收入，必须开给对方收款收据。收据的字迹要清楚，金额数字不得涂改，并加盖单位财会专用公章和经办人印章，才能有效。收款收据要连号使用，填写时一式三联。一联作为存根，不得撕下，第二联作为入账依据，第三联给交款单位或交款人作为收据。如果因填写错误而作废时，要全份保存注销，并加盖"作废"标记。各单位对各种收款凭据，要指定专人负责收发登记和保管。其格式如表 1-2 所示。

表 1-2   收款收据

年   月   日   编号

今收到_____

交来

人民币（大写）

收款单位		收款人		经办人	
（公章）		（签章）		（签章）	

（3）往来结算凭证，包括暂存款、暂付款、应收款、应付款等往来结算凭证，是行政事业单位各项资金往来结算的书面证明。支付暂付款时，应由借款人填写一式三联借款单，填明姓名、用途、借款金额等，并由单位负责人或授权人审批签章。借款单第三联必须连在记账凭证上，作为付款依据。收回借款时，借款单第一联退还借款人，第二联作为会计填写记账凭证结算借款的依据。借款单据不准作为费用报销的依据，其格式如表 1-3 所示。

表 1-3   借款凭证

年   月   日   编号

借款单位				
借款金额（大写）				
借款事由		报销事由	核销金额＿＿＿＿＿＿＿＿ 交回金额＿＿＿＿＿＿＿＿ 补回金额＿＿＿＿＿＿＿＿ 出 纳＿＿＿＿＿＿ 月 日	
会计主管	复核	制单	记账	

（4）银行结算凭证。银行结算凭证包括向银行送存现金的凭证、现金支票、转账支票、信汇、付款委托书和票汇及银行结算凭证，有银行统一印制，各单位向银行领用。但存取款、拨款单据一律不准作为费用报销依据。

（5）材料收付凭证。材料收付凭证是核算材料收、发、存的原始凭证。购进时填制"收料单"办理入库手续，库存材料发出时，填制"出库单"办理出库手续。材料发出业务较多的单位，可以按期编制"发出材料汇总表"核算材料的收付。

（6）拨款凭证。上级单位对所属会计单位拨付经费，采用划拨资金办法，应填写银行印制的"付款委托书"或"信汇委托书"，通知银行转账。

其他能够证明经济业务发生的单据、表册、经济合同、文件等都可以作为原始凭证，除文件外，都不得以复印件代替，外文或少数民族文字的原始凭证应当翻译成汉语。

会计人员对不真实、不合法的原始凭证，不予受理，对记载不正确、不完整的原始凭证予以退回，要求更正补充。

二、记账凭证

记账凭证是由会计人员根据审核无误的原始凭证，按照会计核算要求加以归类而填制的，用以简单记载经济业务，确定会计分录并据以记账的会计凭证。

（一）记账凭证的主要内容和要素

政府与非营利组织会计的记账凭证主要由以下要素组成：

（1）记账凭证的名称和日期；

（2）经济业务的主要内容；

（3）会计科目的名称（单位总账科目和明细账科目）；

（4）会计分录的方向和金额；

（5）凭证的类别和编号；

（6）过账的标记；

（7）所附的原始凭证或其他资料的张数；

（8）凭证所具备的签字与盖章。

（二）记账凭证的种类

（1）行政事业单位记账凭证其格式如表 1-4 和表 1-5 所示。

表1-4 记账凭证（格式一）

总号_____

年　月　日

分号_____

对方单位	摘要	借方		贷方		金额	记账符号
		科目编号	科目名称	科目编号	科目名称		

表1-5 记账凭证（格式二）

总号_____

年　月　日

分号_____

摘要	总账科目	明细科目	借方金额	贷方金额	记账符号

（2）行政事业单位会计的记账凭证按所涉及对象及运动方向的不同，通常分为收款凭证、付款凭证和转账凭证。其格式如表1-6～表1-8所示。

表1-6 收款凭证格式

出纳编号_____

借方科目：　　　　　　　　　　　　　年　月　日　　　　　　　制单编号_____

对方单位或缴款人	摘要	贷方科目		金额									记账符号	
		总账科目	明细科目	千	百	十	万	千	百	十	元	角	分	
														附凭证　张
		合计金额												

会计主管　　　　　记账　　　　　稽核　　　　　出纳　　　　　制单

表1-7 付款凭证格式

出纳编号_____

贷方科目：　　　　　　　　　　　　　年　月　日

制单编号_____

对方单位或领款人	摘要	借方科目		金额									记账符号	
		总账科目	明细科目	千	百	十	万	千	百	十	元	角	分	
														附凭证　张
		合计金额												

会计主管　　　记账　　　稽核　　　出纳　　　制单　　　领款人签章

表 1-8　　　　　　　　　　　　　　　　转账凭证格式

年　　月　　日

制单编号＿＿＿＿＿＿＿＿＿＿＿

摘要	科目	金额										记账符号	
		千	百	十	万	千	百	十	元	角	分		附凭证张
合计金额													

会计主管　　　　记账　　　　稽核　　　　出纳　　　　制单　　　　领款人签章

（三）记账凭证的编制方法

（1）行政事业单位财务人员应根据经审核无误的原始凭证，归类整理编制记账凭证。记账凭证的各项内容必须填列齐全，经复核后凭此记账。制证人必须签名或盖章。

（2）记账凭证一般根据每项经济业务的原始凭证编制。当天发生的同类会计事项可以适当归并后编制。不同会计事项的原始凭证，不得合并编制同一张记账凭单，也不得把几天的会计事项加在一起作为一个记账凭证。

（3）记账凭证必须附有原始凭证。一张原始凭证涉及几张记账凭证的，可以把原始凭证附在主要的一张记账凭证后面，在其记账凭证上注明附有原始凭证的记账凭证的编号。结账和更正错误的记账凭证，可以不附原始凭证，但应经主管会计人员签章。

（4）记账凭证必须清晰、工整，不得潦草。记账凭证由指定人员复核，并经会计主管人员签章后据以记账。

（5）记账凭证应按照会计事项发生的日期，顺序整理制证记账。按照制证的顺序，每月从第一号起编一个连续号。

（6）记账凭证每月应按顺序号整理，连同所附的原始凭证加上封面，装订成册保管。记账凭证封面样式如表 1-9 所示。

表 1-9　　　　　　　　　　　　　　记账凭证封面样式

	（单位名称）记账凭证封面
时间	年　　月
册数	本月共　　册　　本册是第　　册
张数	本册自第　　号至第　　号

会计主管　　　　　　　　　　　　装订人

（四）错误更正

会计填制的记账凭证发生错误时，不得挖补、涂抹、刮擦或使用化学药水消字，应按下列方法更正：

（1）发现未登记账簿的记账凭证错误，应将原记账凭证作废，重新编制记账凭证；

（2）发现已经登记账簿的记账凭证错误，应采用"红字冲正法"或"补充登记法"更正。

采用计算机做记账凭证的，用"红字冲正法"时，以负数表示。

三、会计账簿

会计账簿是由具有一定格式、互相联系的账页组成，用来序时地、分类地记录和反映各项经济业务的会计簿籍。

（一）会计账簿的种类

行政事业单位的会计账簿主要有总账和明细账两种。

（1）总账是按照会计制度规定的会计科目设置的，它是用来记录资产、负债、净资产、收入和费用各类所属科目增减和结存情况的账簿。利用总账，能全面、系统和综合地反映政府与非营利组织资金及业务活动情况，编制会计报表，控制和核对各种明细账。

总账的格式采用三栏式，具体如表1-10所示。

表1-10　　　　　　　　　　　　　　　总账

会计科目　　　　　　　　　　　　　　　　　　　　　　　　　　　第　　页

年		凭证号	摘要	借方金额	贷方金额	借或贷	余额
月	日						

（2）明细账是按照规定的明细科目和核算需要设置的，它是对总账科目进行明细核算的账簿。

行政事业单位明细账主要有收入明细账、费用明细账和往来款项明细账等。明细账的格式可以采用三栏式，也可以采用多栏式。三栏式明细账的基本格式与总账账簿的格式相同，多栏式明细账格式如表1-11所示。

表1-11　　　　　　　　　　　　　　　多栏式明细账

明细科目或户名　　　　　　　　　　　　　　　　　　　　　　　　第　　页

年		凭证号	摘要	借方	贷方	余额	借（贷）方余额分析		
月	日								

（3）日记账又称序时账，是按照会计主体经济业务发生的先后次序，依次进行登记的账簿，其用途主要是结算和控制各项货币资金。日记账分为现金日记账和银行存款日记账。为了管理需要，日记账不采用活页账，而多采用三栏式的订本账。其格式如表1-12所示。

表1-12　　　　　　　　　　　　　三栏式银行存款和现金日记账

现金出纳（银行存款账）　　　　　　　　　　　　　　　　　　　　第　　页

年		凭单号	摘要	对方会计科目名称	借方	贷方	余额
月	日						

（二）账簿的使用要求

由于会计账簿是政府与非营利组织经济业务的具体记录，因此，对其使用有严格的要求。

（1）行政事业单位会计账簿的使用以每一会计年度为限。对于账簿的启用，应该填写"经管人员一览表"和"账户目录"，并将其附于账簿扉页。格式如表1-13和表1-14所示。

（2）登记账簿必须及时准确、日清月结，文字和数字的书写必须清晰整洁。

表1-13   经管人员一览表

单位名称			
账簿名称			
账簿页数	从第　　页起至第　　页共　　页		
启用日期	年　　月　　日		
会计机构负责人		会计主管人员	
经管人员	经管日期	移交日期	
接办人员	接管日期	监交日期	

表1-14   账户目录

科目编号和名称	页号	科目编号和名称	页号

（3）手工账不得使用铅笔、圆珠笔，必须使用蓝、黑墨水笔。其中，红色墨水只能用于登记收入负数、划线、改错、冲账。

（4）会计账簿必须按照编定的页数连续记载，不得隔页、跳行。如因工作疏忽发生跳行或隔页时，应当将空行、空页划线注销，并由记载人员签章。

（5）会计账簿应根据审核的会计凭证登记。记账时，将记账凭证的编号记入账簿内；记账后，在记账凭证上用"√"符号予以注明，表示已经将其入账。

（6）会计账簿如填写错误，不得随意更改，应当按照规定的方法采用划线更正法、红字冲正法或补充登记法进行更正。

（7）各种账簿记录应该按月结账，计算出本期发生额和期末余额。

本章小结

本章全面阐述了政府财务会计的含义、分类和特点。政府财务会计要素主要包括资产、负债、净资产、收入、费用等五要素，其静态会计恒等式为资产=负债+净资产，动态会计恒等式为资产+费用=负债+净资产+收入。政府财务会计核算的原则主要包括相关性原则、可比性原则、一贯性原则等七个原则，但政府财务会计须采用权责发生制原则进行核算。政府财务会计目标是主要向行政事业单位、投资者、社会公众等提供有用的会计信息。

习　　题

一、单项选择题

1. 下列选项中不执行《政府会计准则》的是（　　　）。

    A. 司法机关　　　B. 检察机关　　　C. 军队　　　D. 高等学校

2. 下列单位不属于政府会计核算范畴的是（　　　）。

    A. 气象局　　　　　B. 林业研究所　　　　C. 出版社　　　　　D. 国家机关

3. 下列不属于政府会计的特点的是（　　　）。

    A. 注重核算资金收支结余，核算盈亏

    B. 出资者提供的资金具有限定用途，不要求盈利和增值

    C. 不同会计主体采用不同的会计确认基础

    D. 会计科目的设置必须与行政事业单位预算收支科目相适应

4. 可以同时以收付实现制和权责发生制为会计确认基础的是（　　　）。

    A. 政府会计　　　　　　　　　　　B. 企业会计

    C. 非营利组织会计　　　　　　　　D. 以上三项全部正确

5. 下列不属于政府会计的信息主要使用者的是（　　　）。

    A. 立法机关　　　　B. 捐资人　　　　　C. 债务人　　　　　D. 纳税人

6. 下列不属于政府会计要素的是（　　　）。

    A. 资产　　　　　　B. 负债　　　　　　C. 净资产　　　　　D. 所有者权益

7. 政府会计资金静态运动不涉及（　　　）。

    A. 收入　　　　　　B. 负债　　　　　　C. 净资产　　　　　D. 资产

8. 政府会计资金动态运动不涉及（　　　）。

    A. 收入　　　　　　B. 费用　　　　　　C. 结余　　　　　　D. 净资产

9. 下列会计要素中，属于政府会计动态会计要素的有（　　　）。

    A. 收入　　　　　　B. 成本　　　　　　C. 支出　　　　　　D. 利润

10. 下列项目中，属于政府会计恒等式的是（　　　）。

    A. 资产＝权益　　　　　　　　　　B. 资产＝负债＋所有者权益

    C. 资产＝负债＋净权益　　　　　　D. 资产＝负债＋净资产

二、多项选择题

1. 下列公式属于政府会计恒等式的是（　　　）。

    A. 资产＝负债＋净资产　　　　　　B. 收入－费用＝结余

    C. 资产＋费用＝负债＋净资产＋收入　D. 资产＝负债＋所有者权益

2. 下列政府会计基本前提中，不属于对会计活动的空间范围做出假设的是（　　　）。

    A. 会计主体　　　　B. 持续运行　　　　C. 会计分期　　　　D. 货币计量

3. 政府会计的基本假设主要包括（　　　）。

    A. 会计主体假设　　B. 持续运行假设　　C. 会计分期假设　　D. 货币计量假设

4. 下列关于权责发生制的表述正确的是（　　　）。

    A. 凡是本期实现的收入，不论是否收到款项，都应列作本期收入

    B. 凡是本期实际收到或付出款项，都应作为本期的收入或费用处理

    C. 凡是应该由本期负担的费用，即使尚未付出款项，也应列作本期费用

    D. 以收入的实现期和费用的效益期为标准来确定收入和费用的归属期

5. 权责发生制原则,在政府会计中不适用于( )。

    A. 行政单位财政资金收支活动   B. 行政事业单位的生产经营财务活动

    C. 事业单位财政资金收支活动   D. 行政事业单位的全部财务活动

6. 事业单位经营性收支业务核算可采用( )。

    A. 按名义金额计量   B. 按历史成本计价

    C. 按公允价值计量   D. 按重置成本计价

7. 在下列会计基本原则中,政府会计实行的有( )。

    A. 历史成本原则   B. 相关性原则

    C. 划分收益性费用与资本性费用   D. 可比性原则

8. 在下列会计基本原则中,企业会计与政府会计共同实行的有( )。

    A. 历史成本原则   B. 相关性原则

    C. 专款专用原则   D. 可比性原则

三、思考题

1. 比较政府会计与企业会计在会计目标、会计基础、会计假设等方面的异同点。

2. 为什么政府会计要素中没有所有者权益这一要素?

第二章

政府财务会计收入

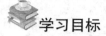 **学习目标**

了解政府收入的概念、内容、管理；

理解并掌握行政事业单位收入的会计核算方法。

第一节 政府财务会计收入概述

一、政府财务会计收入的概念

收入是指报告期内导致政府会计净资产增加的，含有服务潜力或经济利益的经济资源的流入，是行政事业单位开展业务及其他活动依法取得的非偿还性资金。对于行政事业单位来说，只有无须偿还的资金流入才是政府会计收入，需要偿还的资金是政府会计负债。如果一笔资金在流入当时不能确定是否偿还或偿还的金额，可先将其作为政府会计收入，一旦确定为需要偿还或确定了偿还金额，则需转为政府会计负债。

政府财务会计收入

政府财务会计的收入主要包括财政拨款收入、事业收入、上级补助收入、附属单位上缴收入、经营收入、利息收入、捐赠收入、投资收益和其他收入等。

二、收入的分类

（1）按政府收入的取得方式划分，收入分为拨款收入、业务活动收入和其他活动收入。

拨款收入是政府财政部门、上级主管部门、其他政府单位给予行政事业单位的拨款，包括财政拨款收入和非同级财政拨款收入，不包括社会其他机构对政府相关单位的捐赠。拨款收入是一项非交换交易收入，行政事业单位取得此项收入时不需要向对方支付现金、提供商品或服务，而是以向社会提供公益性服务或其他成果为回报。

业务活动收入是行政事业单位通过向社会提供商品、服务等而按规定收取的商品价款或服务费用，主要是指事业收入和经营收入。业务活动收入是一项交换交易收入，是行政事业单位按成本补偿或等价交换的原则取得的收入。行政事业单位的专业业务活动具有公益属性，但为了补偿其耗费可以按国家规定的价格收取一定数额的费用。事业单位可以开展经营活动，提供的商品或服务可以按市场价格收费，以弥补事业经费的不足。

其他活动收入是除拨款收入、业务活动收入以外的收入，包括附属单位上缴收入、租金收入、利息收入等。行政事业单位除从事专业业务活动、经营业务活动以外，还存在一些非日常性的活动，取得一定数额的收入。例如接受社会捐赠收入、资产出租收入等。

（2）政府收入按资金性质，分为财政性资金收入、非财政性资金收入；按限定性要求，分为基本费用补助和项目费用补助、专项资金收入和非专项资金收入。

三、政府财务会计收入的确认

政府财务会计收入的确认应当同时满足以下条件：

（1）与收入相关的服务潜能或经济利益很可能流入单位；

（2）服务潜能或者经济利益流入会导致单位资产增加或者负债减少；

（3）流入金额能够可靠地计量。

第二节 | 财政拨款收入

一、财政拨款收入的概念和管理要求

财政拨款收入是指行政事业单位按照核定的部门预算，直接从财政部门取得的各类财政拨款，包括基本支出拨款和项目支出拨款。它来源于政府财政预算，是行政事业单位对发展各项事业的投入，是行政事业单位开展业务活动的经常性资金来源。

财政拨款收入

（1）按部门预算和用款计划申请取得财政拨款收入。行政事业单位应当严格按照经批准的年度部门预算和分月用款计划按月申请取得财政拨款收入。如果由于计划发生变动而需要增加或减少财政拨款收入，行政事业单位应编制追加或追减预算，经财政部门审核批准后，按变更后的预算申请取得财政拨款收入。

（2）按规定的用途申请取得和使用财政拨款收入。行政事业单位应当按照部门预算规定的资金用途申请取得和使用财政拨款收入，未经财政部门同意，不可擅自改变财政拨款收入的用途。按部门预算的规定，行政事业单位的业务活动费用分为基本支出和项目支出两大类。行政事业单位申请取得财政拨款收入时，首先需要分清基本支出财政拨款收入和项目支出财政拨款收入，基本支出财政拨款收入还需要分为人员经费财政拨款收入和日常公用经费财政拨款收入进行申请。基本支出财政拨款收入和项目支出财政拨款收入应当分别进行核算，不能相互混淆。基本支出财政拨款收入中的人员经费拨款收入和日常公用经费财政拨款收入也需要分别进行核算，不能相互混淆。

（3）行政事业单位的各项收入全部纳入单位预算，实行统一管理、统筹安排；行政事业单位发生的业务活动费用，是统筹安排各项事业收入的结果。

二、财政拨款收入核算使用的主要科目

行政事业单位应设置"财政拨款收入"科目，用来核算其从同级财政部门取得的各类财政拨款，包括基本支出和项目支出。该科目属于收入类科目，贷方登记行政事业单位从同级财政部门实际收到的财政拨款收入数；借方登记财政拨款收入的缴回数；平时该科目的贷方余额反映财政拨款收入累计数。期末，将该科目的贷方余额全部转入"本期盈余"科目，结转后，该科目无余额。

"财政拨款收入"科目应设置"基本支出"和"项目支出"两个明细科目。基本支出指行政事业单位为维护正常运转和完成日常工作任务而发生的各项支出，如基本工资、津贴、办公费、交通费等；项目支出是行政事业单位为完成特定的工作任务或事业发展目标，在基本的预算支出以外，财政预算专款安排的支出。两个明细科目下按照《政府收支分类科目》中"支出功能分类"的相关科目进行明细核算；同时在"基本支出"明细科目下按照"人员经费"和"日常公用经费"进行明细核算，在"项目支出"明细账户下按照具体项目进行明细核算。

三、财政拨款收入的账务处理

（一）收到财政拨款收入的核算

按照财政部门财政资金的支付方式，行政事业单位财政拨款收入的取得方式相应也有财政直接支付、财政授权支付和其他方式三种。由于三种财政资金支付方式的业务流程不尽相同，所以行政事业单位财政拨款收入的确认也存在一些差异。下面分别介绍。

财政直接支付与
授权支付的流程

1. 财政直接支付方式下财政拨款收入取得时的核算

在财政直接支付方式下，行政事业单位根据部门预算和用款计划，在需要财政部门支付财政资金时，向财政部门提出直接支付申请。财政部门审核无误后，通过财政零余额账户直接将款项支付给收款人。

行政事业单位根据财政国库支付执行机构委托代理银行转来的财政直接支付入账通知书及原始凭证，按照通知书中的直接支付入账金额，确认财政拨款收入，借记"固定资产""业务活动费用""单位管理费用"等有关科目，贷记"财政拨款收入"科目。

年度终了，根据本年度财政直接支付预算指标数与当年财政直接支付实际支出数的差额，借记"财政应返还额度——财政直接支付"科目，贷记"财政拨款收入"科目。

【例2-1】某市属第一中学已经纳入财政国库集中支付制度改革。2019年1月该事业单位发生如下业务。

（1）2019年1月18日收到财政部门委托代理银行转来财政直接支付入账通知书，财政部门为行政事业单位支付了为开展日常业务活动所发生的业务活动经费，具体为："基本支出——日常公用经费"16 000元。编制会计分录如下。

借：业务活动费用   16 000

 贷：财政拨款收入——基本支出——日常公用经费   16 000

（2）2019年1月20日收到财政部门委托代理银行转来财政直接支付入账通知书，财政部门为行政事业单位支付了为开展某项专业业务活动所发生的事业经费，具体为："项目支出——教学设备采购"37 000元。编制会计分录如下。

借：固定资产　　　　　　　　　　　　　　　　　　　37 000
　　贷：财政拨款收入——项目支出——教学设备采购　　　　　37 000

2．财政授权支付方式下财政拨款收入取得时的核算

在财政授权支付方式下，行政事业单位根据部门预算和用款计划，按规定时间和程序向财政部门申请财政授权支付用款额度。财政部门经审核无误后，将财政授权支付额度下达行政事业单位零余额账户代理银行。

行政事业单位根据代理银行转来的财政授权支付额度到账通知书，按照通知书中的授权支付额度，确认财政拨款收入，借记"零余额账户用款额度"科目，贷记"财政拨款收入"科目。

年度终了，行政事业单位本年度财政授权支付预算指标数大于零余额账户用款额度下达数的，根据未下达的用款额度，借记"财政应返还额度——财政授权支付"科目，贷记"财政拨款收入"科目。

【例2-2】某市属行政事业单位已经纳入财政国库单一账户制度改革。2019年2月该行政事业单位发生如下业务。

（1）2月1日收到代理银行转来的财政授权支付额度到账通知书，收到财政授权支付额度，具体为："基本支出——日常公用经费"685 000元。编制会计分录如下。

借：零余额账户用款额度　　　　　　　　　　　　　　685 000
　　贷：财政拨款收入——基本支出——日常公用经费　　　　685 000

（2）2月10日收到代理银行转来的财政授权支付额度到账通知书，收到财政授权支付额度，具体为"项目支出——教学设备采购"364 000元。编制会计分录如下。

借：零余额账户用款额度　　　　　　　　　　　　　　364 000
　　贷：财政拨款收入——项目支出——教学设备采购　　　　364 000

3．以其他方式收到财政拨款收入的核算

以其他方式收到财政拨款收入，行政事业单位根据部门预算和用款计划，按规定的时间和程序向财政部门提出资金拨入请求。财政部门经审核无误后，将财政资金直接拨入行政事业单位的开户银行。行政事业单位在收到开户银行转来的收款通知时，确认财政拨款收入。按照实际收到的金额，借记"银行存款"等科目，贷记"财政拨款收入"科目。

【例2-3】某市文化局所属歌剧院尚未纳入财政国库单一账户制度改革。该行政事业单位发生如下业务。

（1）收到开户银行转来的收款通知，收到财政部门拨入一笔日常事业活动预算经费，具体为："基本支出——日常公用经费"37 800元。编制会计分录如下。

借：银行存款　　　　　　　　　　　　　　　　　　　37 800
　　贷：财政拨款收入——基本支出——日常公用经费　　　　37 800

（2）收到开户银行转来的收款通知，收到财政部门拨入一笔专项事业活动预算经费，具体为："项目支出——社会科学研究"37 800元。编制会计分录如下。

借：银行存款 37 800
　　贷：财政拨款收入——项目支出——社会科学研究 37 800

（二）国库直接支付款项退回的核算

因差错更正或购货退回等发生国库直接支付款项退回的，属于以前年度支付的款项，按照退回金额，借记"财政应返还额度——财政直接支付"科目，贷记"以前年度盈余调整""库存物品"等科目；属于本年度支付的款项，按照退回金额，借记本科目，贷记"业务活动费用""库存物品"等科目。

【例2-4】2019年7月20日，甲行政事业单位接到通知，本年1月20日从乙单位购入的存货因质量问题需要退货。该批存货的价款45 000元，其中，已列入业务活动费用5 000元，其余已确认存货。该批存货购入时的款项通过财政授权支付。编制会计分录如下。

借：财政拨款收入——基本支出——日常公用经费 45 000
　　贷：业务活动费用 5 000
　　　　库存物品 40 000

（三）期末结转财政拨款收入的核算

行政事业单位的财政拨款收入在平时不结转，在年终时才结转。期末，将本科目本期发生额转入本期盈余，借记本科目，贷记"本期盈余"科目。因此，"财政拨款收入"总账科目平时的余额，反映行政事业单位年度预算的执行情况或执行进度。

【例2-5】某市属事业单位第二初级中学年终结账，"财政拨款收入"总账科目的贷方余额为75 000元，有关明细科目的贷方余额为："基本支出——人员经费"35 000元；"基本支出——日常公用经费"25 000元；"项目支出——教学设备采购"15 000元。年终将以上贷方余额转入"本期盈余"科目，编制会计分录如下。

借：财政拨款收入——基本支出——人员经费 35 000
　　　　　　　　——基本支出——日常公用经费 25 000
　　　　　　　　——项目支出——教学设备采购 15 000
　　贷：本期盈余 75 000

第二初级中学财政拨款收入中的基本支出和项目支出，将与业务活动费用中使用财政拨款收入形成的基本支出和项目支出进行配比，得出基本支出财政拨款结转数和项目支出财政拨款结转数。前者将结转次年继续使用，后者视项目是否已经完成而决定应当如何处理。具体的账务处理参见"净资产"的核算。

第三节 事业收入

一、事业收入及其管理要求

事业收入是指事业单位开展专业业务活动及辅助活动所取得的收入。所谓专业业务活动，是指事业单位根据本单位专业特点所从事或开展的主要业务活动。如教育事业单位的教学活动、文化事业单位的演出活动、卫生事业单位的医疗保健活动、农业事业单位的技术推广活动等。辅助活动是指与专业业务活动相关、直接为专业活动提供后勤服务活动及其他有关活动。

但是，需要说明的是，事业单位通过开展专业业务活动及辅助活动取得的资金，并不一定全部能确认为事业单位的事业收入。因为有一部分收入是事业单位利用事业单位权力、事业单位信誉、国家资源、国有资产，或者提供特定公共服务而取得的，如国有电台、电视台的广告收入，学校的学费收入、住宿费收入，出租国有资产的租金收入等。只有当从财政专户返还部分款项时，事业单位才能将这部分返还款项确认为事业收入。因此，事业单位的事业收入分为两部分：一部分是按照财政部门的规定由事业单位收取并使用且无须上缴财政专户的，事业单位可直接确认为事业收入；另一部分是按照财政部门的规定收取后需要先上缴财政专户，然后在收到财政专户返还拨款通知时，才可将该部分返还款确认为单位的事业收入。

事业单位事业收入的管理要求主要如下。

（1）事业单位应当在国家政策允许的范围内，严格按照经国家批准的收费项目和收费标准进行收费，依法获得事业收入。

（2）事业单位应当使用财政部门和税务部门统一印制的发票，取得的事业收入应当及时入账，并将各项事业收入全部纳入单位预算，统一核算，统一管理。

二、事业收入核算使用的主要科目

事业单位应设置"事业收入"科目，用来核算事业单位开展专业业务活动及其辅助活动取得的收入。该科目属于收入类科目，贷方登记事业单位取得的事业收入；借方登记收入退回数；平时贷方余额反映事业收入的累计数额。期末，将该科目本期发生额结转入"本期盈余"科目。期末结账后，该科目应无余额。该科目应当按照事业收入类别、项目、《政府收支分类科目》中"支出功能分类"相关科目等进行明细核算。事业收入中如有专项资金收入，还应按具体项目进行明细核算。

对于因开展科研及其辅助活动从非同级政府财政部门取得的经费拨款，应当在本科目下单设"非同级财政拨款"明细科目进行核算。

三、事业收入的核算

事业单位的事业收入分为财政专户返还方式管理的事业收入和直接确认的事业收入两类。

（一）采用财政专户返还方式管理的事业收入的核算

财政专户返还方式取得的事业收入的特点是：取得时，事业单位确认为负债，收到返还款项时再确认为收入。

具体财务处理：收到应上缴财政专户的事业收入时，按照收到的款项金额，借记"银行存款""库存现金"等科目，贷记"应缴财政款"等科目；向财政专户上缴款项时，按照实际上缴的款项金额，借记"应缴财政款"科目，贷记"银行存款"等科目；收到从财政专户返还的事业收入时，借记"银行存款"等科目，贷记"事业收入"科目。

【例2-6】某事业单位代行政职能收取费用并实行财政专户返还方式管理办法，按收入总额的50%比例返还给该单位。2019年9月发生以下业务。

（1）收到款项180 000元，当日送存银行。编制会计分录如下。

借：银行存款　　　　　　　　　　　　　　　　　　　180 000
　　贷：应缴财政款　　　　　　　　　　　　　　　　　180 000

（2）按规定将该款项送存财政专户。编制会计分录如下。

借：应缴财政款　　　　　　　　　　　　　　　　　　　180 000
　　贷：银行存款　　　　　　　　　　　　　　　　　　180 000

（3）收到从财政专户返还的事业收入90 000元。编制会计分录如下。

借：银行存款　　　　　　　　　　　　　　　　　　　　90 000
　　贷：事业收入　　　　　　　　　　　　　　　　　　90 000

（二）发生其他事业收入的核算

收到其他事业收入时，按照收到的款项金额，借记"银行存款""库存现金"等科目，贷记"事业收入"科目。涉及增值税业务的，按应交增值税额，贷记"应交增值税"科目。

【例2-7】行政事业单位人民医院2019年5月发生如下业务：

（1）开展医疗业务活动中取得一笔事业收入，具体为"事业收入——医疗收入"50 000元，款项存入银行。编制会计分录如下。

借：银行存款　　　　　　　　　　　　　　　　　　　　50 000
　　贷：事业收入——医疗收入　　　　　　　　　　　　50 000

（2）开展医疗业务活动销售自制产品一批，单价250元，共40件，计10 000元，增值税额1 300元，款已收到。编制会计分录如下。

借：银行存款　　　　　　　　　　　　　　　　　　　　113 00
　　贷：事业收入——医疗收入　　　　　　　　　　　　10 000
　　　　应交增值税（销项税额）　　　　　　　　　　　 1 300

（三）采用预收款方式确认的事业收入

（1）实际收到预收款项时，按照收到的款项金额，借记"银行存款"等科目，贷记"预收账款"科目。

（2）以合同完成进度确认事业收入时，按照基于合同完成进度计算的金额，借记"预收账款"科目，贷记本科目。

（四）采用应收款方式确认的事业收入

（1）根据合同完成进度计算本期应收的款项，借记"应收账款"科目，贷记本科目。

（2）实际收到款项时，借记"银行存款"等科目，贷记"应收账款"科目。

（五）其他方式下确认的事业收入

其他方式下确认的事业收入按照实际收到的金额，借记"银行存款""库存现金"等科目，贷记本科目。

（六）期末结转"事业收入"本期发生额

期末，将该科目本期发生额中的专项资金收入进行结转，借记"事业收入"科目下各专项资金收入明细科目，贷记"本期盈余"科目；将该科目本期发生额中的非专项资金收入结转入本期盈余，借记"事业收入"科目下各非专项资金收入明细科目，贷记"本期盈余"科目。

【例2-8】2019年年终，假定某行政事业单位"事业收入"科目贷方发生额575 000元，其中属于专项资金收入的为355 000元，其余为非专项资金收入。结转事业收入时，编制会计分录如下。

借：事业收入　　　　　　　　　　　　　　　　　　　　　　　　　575 000

　　贷：本期盈余　　　　　　　　　　　　　　　　　　　　　　　575 000

第四节　上级补助收入与附属单位上缴收入

一、上级补助收入

（一）上级补助收入的概念

上级补助收入是事业单位从主管部门和上级单位取得的非财政性资金补助收入。它是由事业单位的上级单位和主管部门用自身组织的收入或集中下级单位的收入拨给事业单位的资金，是上级单位用于调剂附属单位资金收支余缺的机动财力。也就是说，事业单位按经费领拨关系取得的财政拨款收入不足弥补正常业务活动的开支时，还可以向上级单位申请取得非财政性补助款。

（二）上级补助收入核算使用的主要科目

事业单位应设置"上级补助收入"科目，用来核算事业单位从主管部门和上级单位取得的非财政拨款收入。该科目应当按照发放补助单位、补助项目、《政府收支分类科目》中"支出功能分类"相关科目等进行明细核算。上级补助收入中如有专项资金收入，还应按具体项目进行明细核算。年终，将该科目本期发生额中的专项资金收入结转入"本期盈余"科目；将该科目本期发生额中的非专项资金收入结转入"本期盈余"科目。

（三）上级补助收入的核算

（1）确认上级补助收入时，按应收或实际收到的金额，借记"其他应收款""银行存款"等科目，贷记本科目。实际收到应收的上级补助款时，按照实际收到的金额，借记"银行存款"等科目，贷记"其他应收款"科目。

（2）期末，将本科目本期发生额转入本期盈余，借记本科目，贷记"本期盈余"科目。

【例2-9】事业单位某高校附属中学发生如下业务。

（1）接到银行通知，收到上级单位某高校拨来的一笔非财政性的补助款项，具体科目和金额："基本支出——人员经费"30 000元，编制会计分录如下。

借：银行存款　　　　　　　　　　　　　　　　　　　　　　　　　30 000

　　贷：上级补助收入——基本支出——人员经费　　　　　　　　　30 000

（2）接到银行通知，收到上级单位拨来的一笔非财政性的补助款项，具体科目和金额："基本支出——日常公用经费"50 000元，编制会计分录如下。

借：银行存款   50 000

  贷：上级补助收入——基本支出——日常公用经费   50 000

（3）接到银行通知，收到上级单位拨来的一笔非财政性的补助款项，具体科目和金额："项目支出——教学设备购买"68 000元，编制会计分录如下。

借：银行存款   68 000

  贷：上级补助收入——项目支出——教学设备购买   68 000

（4）年终，该事业单位将"上级补助收入"科目的专项资金贷方余额68 000元全数转入"本期盈余"科目。编制会计分录如下。

借：上级补助收入——项目支出——教学设备购买   68 000

  贷：本期盈余   68 000

（5）年终，该事业单位将"上级补助收入"科目下的非专项资金收入贷方余额80 000元全数转入"本期盈余"科目。编制会计分录如下。

借：上级补助收入——基本支出——人员经费   30 000

     ——基本支出——日常公用经费   50 000

  贷：本期盈余   80 000

二、附属单位上缴收入

（一）附属单位上缴收入的概念

附属单位上缴收入是指事业单位取得的独立核算的附属单位按照有关规定上缴的收入。附属单位上缴收入需要区分专项资金收入和非专项资金收入，对专项资金还应按具体项目进行明细核算。

附属独立核算的单位，一般是指有独立法人资格的单位，包括附属的事业单位和附属的企业（或公司）。事业单位取得的附属单位上缴收入，是凭借特定的经济关系获得的，一旦取得，即为事业单位拥有，即可确认为收入。事业单位开展非独立核算经营活动取得的收入，应确认为经营收入，不作为附属单位上缴收入。事业单位对附属单位经营项目的投资所获得的投资收益，应确认为投资收益，不属于附属单位上缴收入。

附属单位上缴收入一般纳入事业单位基本支出预算。若用于专门的项目，附属单位上缴收入就应当纳入事业单位项目支出预算。

（二）"附属单位上缴收入"科目记账规则

为了核算事业单位收到附属单位按规定缴来的款项，应设置"附属单位上缴收入"科目。该科目属于收入类科目，平时贷方登记增加数，反映实际收到的款项；借方登记减少数，反映其转入"本期盈余"科目数以及发生的缴款退回数。平时贷方余额反映附属单位上缴收入的累计数额。年终，将该科目本期发生额中的专项资金收入结转入"本期盈余"科目；将该科目本期发生额中的非专项资金收入结转入"本期盈余"科目。结转后，该科目无余额。该科目应当按照附属单位、缴款项目、《政府收支分类科目》中"支出功能分类"相关科目等进行明细核算。附属单位上缴收入中如有专项资金收入，还应按具体项目进行明细核算。

（三）附属单位上缴收入的核算

（1）确认附属单位上缴收入时，按照应收或收到的金额，借记"其他应收款""银行存款"等科目，贷记本科目。

（2）实际收到应收附属单位上缴款时，按照实际收到的金额，借记"银行存款"等科目，贷记"其他应收款"科目。

（3）期末，将本科目本期发生额转入本期盈余，借记本科目，贷记"本期盈余"科目。

【例2-10】某事业单位2019年2月发生如下业务。

（1）收到所属独立核算的甲单位缴来的利润，具体科目和金额："基本支出——人员经费"40 000元。编制会计分录如下。

借：银行存款　　　　　　　　　　　　　　　　　　　　　　40 000

　　贷：附属单位上缴收入——甲单位——基本支出——人员经费　　40 000

（2）收到所属独立核算的乙单位缴来的利润，具体科目和金额："项目支出——设备购置"20 000元。编制会计分录如下。

借：银行存款　　　　　　　　　　　　　　　　　　　　　　20 000

　　贷：附属单位上缴收入——乙单位——项目支出——设备购置　　20 000

（3）年终，该事业单位"附属单位上缴收入"账户贷方余额为60 000元，其中非专项资金收入40 000元，专项资金收入20 000元。编制会计分录如下。

借：附属单位上缴收入——甲单位——基本支出——人员经费　　40 000

　　贷：本期盈余　　　　　　　　　　　　　　　　　　　　40 000

借：附属单位上缴收入——乙单位——项目支出——设备购置　　20 000

　　贷：本期盈余　　　　　　　　　　　　　　　　　　　　20 000

第五节　经营收入

一、经营收入的特征与管理要求

（一）经营收入的特征

经营收入是指事业单位在专业业务活动及辅助活动之外开展非独立核算经营活动取得的收入。事业单位的经营收入具备以下两个特征。

（1）经营收入是来自专业业务活动、辅助活动以外取得的收入。例如，事业单位对社会开展服务活动，对外承揽加工、装修等工程所取得的收入，这属于经营取得的收入。但诸如学校向学生收取的学费和杂费，属于专业业务活动取得的收入，只能作为事业收入。如作为事业单位的剧院取得的演出收入是事业收入，剧院附设的商品所取得的销售收入则作为经营收入。

（2）它是非独立核算的经营活动取得的收入，而不是独立核算的经营业务取得的收入。

例如，学校的校办企业，要单独设置财会机构或配备财会人员，单独设置账簿，单独计算盈亏，属于独立核算的经营活动。校办企业将纯收入的一部分上缴学校，学校收到后应当作为附属单位缴款处理，不能作为经营收入处理。但学校的车队、食堂等后勤单位，财务上不实行独立核算，其对社会服务取得的收入由学校集中进行会计核算，这部分收入应当作为经营收入处理。

事业收入和经营收入的共同特征是，它们都是事业单位在开展业务活动过程中，从货品或服务的接受者处取得的收入，它们都体现事业单位与货品或服务的接受者之间的交换关系。只是经营收入体现经营活动的保本和获得原则，事业收入体现事业活动的公益和福利原则。

（二）经营收入的管理要求

（1）自我维持。即事业单位在经营活动中取得的经营收入，应当足够弥补在经营活动中发生的经营支出。事业单位不可以将开展事业活动中取得的资金用于弥补经营活动中发生的亏损。

（2）以辅补主。即如果事业单位在开展经营活动中取得了数额较大的经营结余，事业单位可以根据需要，按规定将一部分经营结余转出，用于支持开展事业活动，实行以辅补主。

二、经营收入核算使用的主要科目

事业单位应设置"经营收入"科目，用来核算事业单位在专业业务活动及其辅助活动之外开展非独立核算经营活动取得的收入。该科目属于收入类科目，贷方登记取得的经营收入；借方登记冲减的营业收入；平时该科目贷方余额反映经营收入累计数。年终结转时，将该科目贷方余额转入"本期盈余"科目。期末结账后，该科目无余额。该科目应当按照经营活动类别、项目、《政府收支分类科目》中"支出功能分类"相关科目等进行明细核算。

三、经营收入的核算

（一）取得经营收入的核算

经营收入应当在提供服务或发出存货，同时收讫价款或者取得索取价款的凭据时，按照实际收到或应收的金额确认收入。

1. 非增值税纳税义务的经营收入的核算

实现经营收入时，按照确定的收入金额，借记"银行存款""应收账款""应收票据"等科目，贷记"经营收入"科目。

2. 增值税纳税人经营收入的核算

属于增值税小规模纳税人的事业单位实现增值税纳税义务的经营收入时，按实际出售价款，借记"银行存款""应收账款""应收票据"等科目，按出售价款扣除增值税额后的金额，贷记"经营收入"科目，按应交增值税金额，贷记"应交增值税"科目。

属于增值税一般纳税人的事业单位实现增值税纳税义务的经营收入时，按包含增值税的价款总额，借记"银行存款""应收账款"等科目，按扣除增值税销项税额后的价款金额，贷记"经营收入"科目，按增值税专用发票上注明的增值税税额，贷记"应交增值税（销项税额）"科目。

（二）期末结转该科目本期发生额的核算

期末，将该科目本期发生额转入本期盈余，借记"经营收入"科目，贷记"本期盈余"科目。

【例2-11】某市属事业单位系小规模纳税人（税率为3%），在专业活动及其辅助活动之外发生下列经济业务。

（1）非独立核算的招待所交来住宿、餐饭等收入共4 000元，款项以现金结算。编制会计分录如下。

借：库存现金　　　　　　　　　　　　　　　　　　　4 000

　　贷：经营收入——内部招待所住宿收入　　　　　　　　　3 880

　　　　应交增值税　　　　　　　　　　　　　　　　　　　120

（2）非独立核算的车队向外提供运输劳务，获得收入2 000元，已入银行。编制会计分录如下。

借：银行存款　　　　　　　　　　　　　　　　　　　2 000

　　贷：经营收入——车队运输收入　　　　　　　　　　　1 940

　　　　应交增值税　　　　　　　　　　　　　　　　　　　60

（3）开展非独立核算的经营活动对外销售某产品100件，每件售价30.9元（含税），计3 090元，单位成本20元，购货单位以支票付款。编制会计分录如下。

借：银行存款　　　　　　　　　　　　　　　　　　　3 090

　　贷：经营收入——销售收入　　　　　　　　　　　　　3 000

　　　　应交增值税　　　　　　　　　　　　　　　　　　　90

结转该产品成本时，

借：经营费用——产品成本　　　　　　　　　　　　　2 000

　　贷：库存物品　　　　　　　　　　　　　　　　　　　2 000

（4）非独立核算的汽车修理厂对外提供服务，获取收入2 060元（含税），收进支票。编制会计分录如下。

借：银行存款　　　　　　　　　　　　　　　　　　　2 060

　　贷：经营收入——汽车厂修理收入　　　　　　　　　　2 000

　　　　应交增值税　　　　　　　　　　　　　　　　　　　60

（5）年终，该单位将"经营收入"科目的贷方余额9 200元转入"经营结余"科目。编制会计分录如下。

借：经营收入　　　　　　　　　　　　　　　　　　　9 200

　　贷：本期盈余　　　　　　　　　　　　　　　　　　　9 200

第六节　非同级财政拨款收入与投资收益

一、非同级财政拨款收入的核算

（一）非同级财政拨款收入的概念

非同级财政拨款收入是指行政事业单位从非同级行政事业单位财政部门取得的经费拨款，包括从同级政府其他部门取得的横向转拨财政款、从上级或下级政府财政部门取得的经费拨款等。

事业单位因开展科研及其辅助活动从非同级行政事业单位财政部门取得的经费拨款，应当通过"事业收入——非同级财政拨款"科目核算，不通过本科目核算。

（二）"非同级财政拨款收入"科目的记账规则

为了核算行政事业单位从非同级政府财政部门取得的经费拨款情况，应设置"非同级财政拨款收入"科目。该科目属于收入类科目，借方登记减少数，反映行政事业单位期末将其结转到本年盈余科目的金额；贷方登记增加数，反映行政事业单位从非同级政府财政部门取得的经费拨款金额。本科目应当按照本级横向转拨财政款和非本级财政拨款进行明细核算，并按照收入来源进行明细核算。期末结转后，本科目应无余额。

（三）非同级财政拨款收入的主要账务处理

（1）确认非同级财政拨款收入时，按照应收或实际收到的金额，借记"其他应收款""银行存款"等科目，贷记本科目。

（2）期末，将本科目本期发生额转入本期盈余，借记本科目，贷记"本期盈余"科目。

【例2-12】某事业单位北京××大学2019年12月发生如下业务。

（1）12月1日收到市科技局下拨的横向转拨财政款100万元。

借：银行存款   1 000 000

    贷：非同级财政拨款收入   1 000 000

（2）12月31日将本科目本期发生额2 300万元转入本期盈余

借：非同级财政拨款收入   23 000 000

    贷：本期盈余   23 000 000

二、投资收益的核算

（一）投资收益的概念

投资收益是指事业单位股权投资和债券投资所实现的收益或发生的损失。

（二）"投资收益"科目的记账规则

为了核算事业单位投资收益情况，应设置"投资收益"科目。该科目属于收入类科目，借方登记减少数，反映事业单位期末将其结转到本年盈余科目的金额；贷方登记增加数，反映事业单位获得投资收益金额。本科目应当按照投资的种类等进行明细核算。期末结转后，本科目应无余额。

（三）投资收益的主要账务处理

（1）收到短期投资持有期间的利息，按照实际收到的金额，借记"银行存款"科目，贷记"投资收益"科目。

（2）出售或到期收回短期债券本息，按照实际收到的金额，借记"银行存款"科目，按照出售或收回短期投资的成本，贷记"短期投资"科目，按照其差额，贷记或借记本科目。涉及增值税业务的，相关账务处理参见"应交增值税"科目。

（3）持有的分期付息、一次还本的长期债券投资，按期确认利息收入时，按照计算确定的应收未收利息，借记"应收利息"科目，贷记本科目；持有的到期一次还本付息的债券投资，按期确认利息收入时，按照计算确定的应收未收利息，借记"长期债券投资——应计利息"科目，贷记本科目。

（4）出售长期债券投资或到期收回长期债券投资本息，按照实际收到的金额，借记"银行存款"等科目，按照债券初始投资成本和已计未收利息金额，贷记"长期债券投资——成本、应计利息"科目[到期一次还本付息债券]或"长期债券投资""应收利息"科目[分期付息债券]，按照其差额，贷记或借记本科目。涉及增值税业务的，相关账务处理参见"应交增值税"科目。

（5）采用成本法核算的长期股权投资持有期间，被投资单位宣告分派现金股利或利润时，按照宣告分派的现金股利或利润中属于单位应享有的份额，借记"应收股利"科目，贷记本科目。采用权益法核算的长期股权投资持有期间，按照应享有或应分担的被投资单位实现的净损益的份额，借记或贷记"长期股权投资——损益调整"科目，贷记或借记本科目；被投资单位发生净亏损，但以后年度又实现净利润的，单位在其收益分享额弥补未确认的亏损分担额等后，恢复确认投资收益，借记"长期股权投资——损益调整"科目，贷记本科目。

（6）按照规定处置长期股权投资时有关投资收益的账务处理，参见"长期股权投资"科目。

（7）期末，将本科目本期发生额转入本期盈余，借记或贷记本科目，贷记或借记"本期盈余"科目。

【例2-13】某事业单位2019年10月发生如下业务。

（1）研究决定对某单位乙进行股权投资，初始投资金额2 000万元，采用成本法核算，2020年1月31日被投资单位宣告分派现金股利20万元。

借：长期股权投资	20 000 000	
贷：银行存款		20 000 000
借：应收股利	200 000	
贷：投资收益		200 000

假定该事业单位采用权益法核算，占被投资单位的股本比例为10%，2020年12月31日被投资单位实现净利润为1 000万元。

借：长期股权投资——损益调整	1 000 000	
贷：投资收益		1 000 000

假定2020年12月31日被投资单位实现净亏损为1 600万元。

借：投资收益	1 600 000	
贷：长期股权投资——损益调整		1 600 000

假定2021年12月31日被投资单位实现净利润为600万元。

借：长期股权投资——损益调整	600 000	
贷：投资收益		600 000

（2）收到上年度对投资单位甲的分期付息、一次还本的长期债券投资收益24 000元，款项存入银行。编制会计分录如下。

借：应收利息	24 000	
贷：投资收益		24 000

借：银行存款	24 000
贷：应收利息	24 000

第七节　捐赠收入与租金收入

一、捐赠收入的核算

（一）捐赠收入的概念

捐赠收入是指行政事业单位接受其他单位或者个人捐赠取得的收入。

（二）"捐赠收入"科目的记账规则

为了核算行政事业单位获得捐赠收入情况，应设置"捐赠收入"科目。该科目属于收入类科目，借方登记减少数，反映行政事业单位期末将其结转到本年盈余科目的金额；贷方登记增加数，反映行政事业单位获得捐赠收入的金额。本科目应当按照捐赠资产的用途和捐赠单位等进行明细核算。期末结转后，本科目应无余额。

（三）捐赠收入的主要账务处理

（1）接受捐赠的货币资金，按照实际收到的金额，借记"银行存款""库存现金"等科目，贷记本科目。

（2）接受捐赠的存货、固定资产等非现金资产，按照确定的成本，借记"库存物品""固定资产"等科目，按照发生的相关税费、运输费等，贷记"银行存款"等科目，按照其差额，贷记本科目。

（3）接受捐赠的资产按照名义金额入账的，按照名义金额，借记"库存物品""固定资产"等科目，贷记本科目；同时，按照发生的相关税费、运输费等，借记"其他费用"科目，贷记"银行存款"等科目。

（4）期末，将本科目本期发生额转入本期盈余，借记本科目，贷记"本期盈余"科目。

【例2-14】事业单位某艺术馆2019年12月发生以下业务。

（1）1日收到上级市文化局无偿调拨的艺术品一件，价值1 000 000元，艺术馆已经接受。编制会计分录如下。

借：文物文化资产	1 000 000
贷：无偿调拨净资产	1 000 000

（2）2日接受群众捐赠的艺术品一件，经鉴定为国家一级文物，价值不可估量。为表彰该群众的爱国主义精神，经批准，给其下发奖金10万元。编制会计分录如下。

借：文物文化资产	1
贷：捐赠收入	1

同时

借：其他费用——对外捐赠	100 000
贷：银行存款	100 000

（3）结转"捐赠收入"科目，假定期末该科目余额为30 000元。编制会计分录如下。

借：捐赠收入　　　　　　　　　　　　　　　　　　　　30 000

　　贷：本期盈余　　　　　　　　　　　　　　　　　　　　30 000

二、租金收入的核算

（一）租金收入的概念

租金收入是指行政事业单位经批准利用国有资产出租取得并按照规定纳入本单位预算管理的租金收入。

（二）"租金收入"科目的记账规则

为了核算行政事业单位经批准利用国有资产出租取得并按照规定纳入本单位预算管理的租金收入，应设置"租金收入"科目。该科目属于收入类科目，借方登记减少数，反映行政事业单位期末将其结转到"本期盈余"科目的金额；贷方登记增加数，反映行政事业单位获得租金收入的金额。本科目应当按照出租国有资产类别和收入来源等进行明细核算。期末结转后，本科目应无余额。

（三）租金收入的主要账务处理

1. 国有资产出租收入，应当在租赁期内各个期间按照直线法予以确认

（1）采用预收租金方式的，预收租金时，按照收到的金额，借记"银行存款"等科目，贷记"预收账款"科目；分期确认租金收入时，按照各期租金金额，借记"预收账款"科目，贷记本科目。

（2）采用后付租金方式的，每期确认租金收入时，按照各期租金金额，借记"应收账款"科目，贷记本科目；收到租金时，按照实际收到的金额，借记"银行存款"等科目，贷记"应收账款"科目。

（3）采用分期收取租金方式的，每期收取租金时，按照租金金额，借记"银行存款"等科目，贷记本科目。涉及增值税业务的，相关账务处理参见"应交增值税"科目。

2. 期末账务处理

期末，将本科目本期发生额转入本期盈余，借记本科目，贷记"本期盈余"科目。

【例2-15】某行政单位2019年12月发生如下业务。

（1）收到国外某组织捐赠的物品100件，单价20万元，物品已经收到。编制会计分录如下。

借：库存物品　　　　　　　　　　　　　　　　　　　20 000 000

　　贷：捐赠收入　　　　　　　　　　　　　　　　　　　20 000 000

（2）收到其他单位的未限定用途捐赠收入32 000元，款项存入银行。编制会计分录如下。

借：银行存款　　　　　　　　　　　　　　　　　　　　32 000

　　贷：捐赠收入　　　　　　　　　　　　　　　　　　　　32 000

（3）将闲置房屋出租给甲公司，到期收到租金收入12 000元，已存入银行。编制会计分录如下。

借：银行存款　　　　　　　　　　　　　　　　　　　　12 000

　　贷：租金收入　　　　　　　　　　　　　　　　　　　　12 000

（4）将闲置办公大楼出租给甲公司。合同约定，租赁期限为3年，时间是2020年1月1日至2022年12月31日，每年租金为100万元，利息为5%，签约后即支付第一年的租金，以后每年年末支付租金和利息。2019年12月31日，收到甲公司支付的第一年的租金。为简化分析，暂不考虑相关税费。

2019年12月31日，收到租金收入。编制会计分录如下。

  借：银行存款   1 000 000
    贷：预收账款   1 000 000

同时将其上缴国库。编制会计分录如下。

  借：应缴财政款   1 000 000
    贷：银行存款   1 000 000

2020年12月31日，将去年的预收账款转为收入确认。编制会计分录如下。

  借：预收账款   1 000 000
    贷：租金收入   1 000 000

2021年12月31日和2022年12月31日，收到租金100万元和利息收入5万元。编制会计分录如下。

  借：银行存款   1 000 000
    贷：租金收入   1 000 000
  借：银行存款   50 000
    贷：利息收入   50 000

第八节   其他收入

其他收入是指行政事业单位除财政拨款收入、事业收入、上级补助收入、附属单位上缴收入、经营收入以外的各项收入，包括现金盘盈收入、按照规定纳入单位预算管理的科技成果转化收入、行政单位收回已核销的其他应收款、无法偿付的应付及预收款项、置换换出资产评估增值等。

一、其他收入核算使用的主要科目

行政事业单位应设置"其他收入"科目核算上述收入之外的其他收入，该科目属于收入类科目，借方登记其他收入的退回及期末转入"本期盈余"科目中的数额，贷方登记取得的其他收入数额；该科目平时为余额在贷方，表示其他收入的累计余额。该科目应当按照其他收入的类别、《政府收支分类科目》"支出功能分类"相关科目等进行明细核算。

二、"其他收入"科目的核算

（一）现金盘盈收入

每日现金账款核对中发现的现金溢余，属于无法查明原因的部分，报经批准后，借记"待处理财产损溢"科目，贷记本科目。

（二）科技成果转化收入

单位科技成果转化所取得的收入，按照规定留归本单位的，按照所取得收入扣除相关费用之后的净收益，借记"银行存款"等科目，贷记本科目。

（三）收回已核销的其他应收款

行政单位已核销的其他应收款在以后期间收回的，按照实际收回的金额，借记"银行存款"等科目，贷记本科目。

（四）无法偿付的应付及预收款项

无法偿付或债权人豁免偿还的应付账款、预收账款、其他应付款及长期应付款，借记"应付账款""预收账款""其他应付款""长期应付款"等科目，贷记本科目。

（五）置换换出资产评估增值

资产置换过程中，换出资产评估增值的，按照评估价值高于资产账面价值或账面余额的金额，借记有关科目，贷记本科目。具体账务处理参见"库存物品"等科目。

以未入账的无形资产取得的长期股权投资，按照评估价值加相关税费作为投资成本，借记"长期股权投资"科目，按照发生的相关税费，贷记"银行存款""其他应交税费"等科目，按其差额，贷记本科目。

（六）其他收入

确认（一）条至（五）条以外的其他收入时，按照应收或实际收到的金额，借记"其他应收款""银行存款""库存现金"等科目，贷记本科目。

（七）期末结转该科目本期发生额的核算

期末，将该科目本期发生额中的专项资金收入结转入"本期盈余"，借记"其他收入"科目下各专项资金收入明细科目，贷记"本期盈余"科目。

【例2-16】某行政事业单位发生2019年6月以下经济业务。

（1）收回已作为坏账处理的乙单位的应收账款13 000元。编制会计分录如下。

借：银行存款   13 000

    贷：其他收入——收回已核销坏账收入   13 000

（2）年终资产负债清查中发现无法偿付丙单位的应付账款3 000元。编制会计分录如下。

借：应付账款——丙单位   3 000

    贷：其他收入——无法支付偿还款收入   3 000

（3）年终，假定将"其他收入"科目贷方发生额275 000元，其中属于专项资金的为155 000元，其余为非专项资金。结转其他收入时，编制会计分录如下。

借：其他收入   275 000

    贷：本期盈余   275 000

本章小结

本章全面阐述了政府财务会计收入的含义、分类和特点，以及政府财务会计收入的具体账务处理；分析收入分类的具体内容及各项收入的确认，包括这些收入的取得与分配去向的核算方法；使大家了解事业收入、经营收入两者核算内容的区分。

关键术语中英文对照

事业收入	revenue from undertakings
财政拨款收入	finances subsidy revenue
上级补助收入	higher-ups level of revenue subsidies
经营收入	manage income
其他收入	miscellaneous income

习　题

一、单项选择题

1. 收到上级单位拨入本单位当月预算经费，列入（　　）账户。

    A. "财政拨款收入"　　　　　　　　B. "上级补助收入"

    C. "其他收入"　　　　　　　　　　D. "事业收入"

2. 收到上级主管部门转拨的财政专户款，应列入（　　）账户。

    A. "财政拨款收入"　　　　　　　　B. "上级补助收入"

    C. "事业收入"　　　　　　　　　　D. "其他收入"

3. "附属单位上交收入"账户的余额年终应转入（　　）账户。

    A. "事业结余"　　　　　　　　　　B. "本期盈余"

    C. "财政补助结余"　　　　　　　　D. "专用基金"

4. 收到外单位捐赠未限定用途的财物，应列入（　　）账户。

    A. "事业收入"　　　　　　　　　　B. "捐赠收入"

    C. "财政拨款收入"　　　　　　　　D. "其他收入"

5. 行政事业单位收到"财政授权支付到账通知书"，应该按照授权支付额度借方登记"零余额账户用款额度"，贷方登记（　　）。

    A. "财政拨款收入"　　　　　　　　B. "上级补助收入"

    C. "业务活动费用"　　　　　　　　D. "其他收入"

6. 行政事业单位购买业务用材料，材料款项由国库从预算外资金财政专户中直接支付，账务上应该借记"在途物品"，贷记（　　）。

    A. "财政拨款收入"　　　　　　　　B. "上级补助收入"

    C. "事业收入"　　　　　　　　　　D. "其他收入"

二、多项选择题

1. 下列属于事业单位经营收入的是（　　）。

    A. 学费收入　　　　　　　　　　　B. 校电影院收入

    C. 校内部招待所收入　　　　　　　D. 校医务室诊疗收入

2. 下列属于行政事业单位其他收入的有（ ）。

    A. 上级拨入的补助款   B. 附属单位上缴款

    C. 现金盘盈   D. 无法偿还的应付款

3. 年终转账后应无余额的账户有（ ）。

    A. "事业收入"   B. "经营收入"

    C. "上级补助收入"   D. "附属单位上交收入"

4. 下列账户年终应转入"本期盈余"账户的有（ ）。

    A. "经营收入"   B. "其他收入"   C. "事业收入"   D. "财政拨款收入"

5. 下列款项属于专款内容的有（ ）。

    A. 专项设备拨款

    B. 财政返回的专户款

    C. 其他单位和个人具有指定用途的捐赠款

    D. 大型修缮拨款

三、业务题

某事业单位发生的经济业务如下。

1. 收到财政拨入的事业经费100 000元。

2. 收到上级用其自有资金拨入的补助款30 000元。

3. 收到财政部门拨入的大型修缮款150 000元。

4. 收到预算外资金收入20 000元。该单位预算外资金采用按收入总额50%的比例上缴财政专户的管理办法。

5. 收到所属独立核算单位通过银行上缴的款项20 000元。

6. 开展经营活动取得的应税收入10 000元，款项已存入银行。

7. 收到专业活动取得的收入50 000元，存入银行。

8. 开展专业辅助活动取得的收入30 000元，款项已存入银行。

9. 收到上级通过银行转来的财政专户返还款6 500元。

10. 变卖废旧报纸取得的现金1 300元。

要求：根据上述经济业务编制会计分录。

第三章

政府财务会计费用

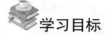 学习目标

了解行政事业单位各项费用的概念、内容、管理；

理解并掌握行政事业单位各项费用的会计核算方法。

第一节

政府财务会计费用概述

一、费用的概念与分类

费用是指行政事业单位开展专业业务活动及其辅助活动发生的费用和其他活动所发生的费用。从不同的角度，可将费用分为不同的类别。

（一）按费用发生的环节

行政事业单位开展业务活动和辅助活动所发生的费用主要分为业务活动费用与其他活动费用。业务活动费用是行政事业单位为实现其职能目标，依法履职或开展专业业务活动及其辅助活动所发生的各项费用，包括业务活动费用和单位管理费用等。其他活动费用是行政事业单位业务活动费用、单位管理费用以外的各项费用，主要包括对附属单位补助费用、上缴上级费用和其他费用等。

（二）按费用资金的性质

按费用资金的性质，行政事业单位的费用分为财政拨款性质的费用和非财政拨款性质的费用。财政拨款性质的费用是行政事业单位用财政拨款收入安排的各项费用，主要发生在行政事业单位的业务活动费用中；非财政拨款性质的费用是行政事业单位用财政拨款收入以外的资金安排的费用，包括用事业收入、上级补助收入、附属单位上缴收入、经营收入、其他收入安排的费用，如对附属单位补助费用、上缴上级费用、经营费用、其他费用等。

（三）按费用资金的限定性

按费用资金的限定性，行政事业单位的费用分为限定性费用和非限定性费用。限定性费用是用限定性收入安排的费用，非限定性费用是用非限定性安排的费用。财政性质的费用一般区分为基本费用和项目费用，非财政性质的费用一般区分为专项资金费用和非专项资金费用（其他资金费用）。

二、费用的确认

行政事业单位费用的确认应当同时满足以下条件：

（1）与费用相关的服务潜能或者经济利益很可能流出政府；

（2）服务潜能或者经济利益流出会导致政府资产减少或者负债增加；

（3）流出金额能够可靠地计量。

第二节 业务活动费用

一、业务活动费用的概念

业务活动费用是行政事业单位为实现其职能目标，依法履职或开展专业业务活动及其辅助活动所发生的各项费用。行政事业单位的专业业务活动及其辅助活动是行政事业单位持续运行的主要业务活动，且专业业务活动属于公益性质的业务活动，其业务活动收入即事业收入通常不足以弥补业务活动费用。因此，行政事业单位应当根据财政拨款收入、事业收入、上级补助收入、附属单位上缴收入和其他收入等情况统筹安排业务活动费用。

行政事业单位专业业务活动及其辅助活动的种类视不同行业的行政事业单位而定，如学校的教学活动、医院的医疗活动、博物馆和展览馆的展示活动、基础科研院所和政策研究院所的基础科研和政策研究活动、广播电视台的广播和电视节目播放活动、行政事业单位有关部门信息中心的信息统计和发布活动、行政事业单位有关部门物品或事件鉴定中心的物品或事件鉴定活动、地质勘探院的地质勘探活动、气象台的气象预报活动等。

二、业务活动费用的分类

为全面反映行政事业单位各项业务活动费用的内容，便于分析和考核各项业务活动费用的实际发生情况及其效果，行政事业单位有必要对业务活动费用按照一定的要求进行适当的分类。

（一）按费用经济分类

行政事业单位的业务活动费用应当按照《政府收支分类科目》中的"费用经济分类科目"进行分类。

1. 工资福利费用

工资福利费用反映行政事业单位开支的在职职工和临时聘用人员的各类劳动报酬，以及为上述人员缴纳的各项社会保险费等。该科目分设如下款级科目，如基本工资、津贴补贴等。

2. 商品和服务费用

商品和服务费用反映行政事业单位购买商品和服务的费用（不包括用于购置固定资产的费

用）。该科目分设如下款级科目，如办公费、印刷费、咨询费等。

3. 对个人和家庭的补助

对个人和家庭的补助反映行政事业单位用于对个人和家庭的补助费用。该科目分设如下款级科目，如离休费、退休费、退职费等。

4. 基本建设费用

基本建设费用反映行政事业单位由各级发展与改革部门集中安排的用于购置固定资产、土地和无形资产，以及购建大型修缮所发生的费用。该科目分设如下款级科目，如房屋建筑物购建、办公设备购置、专用设备购置等。

5. 其他资本性费用

其他资本性费用反映行政事业单位由非各级发展与改革部门集中安排的用于购置固定资产、土地和无形资产，以及购建大型修缮所发生的费用。该科目分设如下款级科目，如房屋建筑物购建、办公设备购置、专用设备购置等。

上述科目分类，是行政事业单位按照《政府收支分类科目》中的"费用经济分类"做出的一个完整的业务活动费用科目体系。它与《政府收支分类科目》中的"费用功能分类科目"是相互配套的两套费用科目体系。这两套费用科目体系，分别从不同的角度对行政事业单位的业务活动费用进行了全面系统的分类。例如，某市行政事业单位直属某高等学校购买了一批日常办公用品，直接交有关业务部门使用。该购买日常办公用品的费用可以同时在"一般预算费用——教育——普通教育——高等教育"科目和"基本费用——商品和服务费用——办公费"科目中反映。前者反映为行政事业单位的功能费用或职能费用，后者反映为行政事业单位或行政事业单位的经济费用或用途费用。同时设置两套完整的费用科目，分别从不同的角度反映行政事业单位和行政事业单位费用的内容，两套科目各自成体系又相互联系。

（二）按照部门预算的要求分类

按照部门预算的要求，行政事业单位的业务活动费用可分为基本费用和项目费用两大类。

1. 基本费用

基本费用是指行政事业单位为维持正常运转和完成日常工作任务而发生的各项费用。如行政事业单位按规定支付给工作人员的基本工资、津贴等；行政事业单位为完成日常工作需要所发生的办公费、水电费、差旅费等办公经费费用。基本费用是行政事业单位的基本资金消耗，具有常规性和稳定性的特点。如果没有基本费用做保证，行政事业单位就无法维持正常的运转，也无法完成日常的事业工作任务。按照部门预算管理的要求，行政事业单位的基本费用再细分为人员经费费用和日常公用经费费用两大类。其中，人员经费费用的具体科目包括《政府收支分类科目》中的"工资福利费用"科目以及"对个人和家庭的补助费用"科目；日常公用经费费用的具体科目包括《政府收支分类科目》中的"商品和服务费用"科目，以及"基本建设费用"科目和"其他资本性费用"科目中的"办公设备购置""专用设备购置"和"交通工具购置"科目。行政事业单位购置办公设备、专用设备和交通工具的费用，视情况也可以作为项目费用预算的内容。

2. 项目费用

项目费用是指行政事业单位为完成专项工作或特定任务而发生的各项费用。行政事业单位的项目费用一般指房屋建筑物购建费用、专项大型修缮费用、专项事业任务费用等，与基本费用相比具有非常规性、不稳定性的特点。行政事业单位的项目费用一般都安排有专项资金来源，如果没有安排专项资金来源，一般都作为基本费用。行政事业单位项目费用的具体科目包括《政府收支分类科目》中的"商品和服务费用""基本建设费用""其他资本性费用"科目中的相关明细科目。

（三）按不同经费性质分类

按照不同经费的性质，行政事业单位的业务活动费用可以分成财政拨款费用和非财政拨款费用两大类。

1. 财政拨款费用

财政拨款费用是指行政事业单位使用财政拨款收入而发生的业务活动费用。

2. 非财政拨款费用

非财政拨款费用是指行政事业单位使用除财政拨款收入以外的资金而发生的费用。

（四）按财政拨款所属时期分类

按照不同财政拨款所属时期，行政事业单位的业务活动费用可以分为当年财政拨款费用和以前年度财政拨款结余费用两大类。

1. 当年财政拨款费用

当年财政拨款费用是指行政事业单位使用当年财政拨款发生的业务活动费用。

2. 以前年度财政拨款费用

以前年度财政拨款费用是指行政事业单位使用以前年度财政拨款结余发生的业务活动费用。行政事业单位以前年度财政拨款结余纳入行政事业单位当年预算收入的范围。

（五）业务活动费用的综合分类

业务活动费用的综合分类一般先按不同经费性质将业务活动费用区分成财政拨款性质的费用和非财政拨款性质的费用两个种类。在财政拨款性质的费用种类下，再按部门预算管理的要求区分为基本费用和项目费用两个种类。在基本费用种类下再细分为人员经费费用和日常公用经费费用两个种类。在项目费用种类下再按具体费用项目进行分类。在人员经费、日常公用经费以及相应的项目费用下，再按《政府收支分类科目》中的费用经济分类科目进行分类。

行政事业单位应当根据需要，采用同时按照经济用途、部门预算、经费性质、财政拨款所属时期进行分类的方法，提供相应的业务活动费用的数据。多角度地提供有关业务活动费用的信息，以满足信息使用者的不同信息需求。

三、业务活动费用的管理要求

（一）严格按照部门预算规定的用途和数额使用

行政事业单位的业务活动费用必须严格按照部门预算规定的用途和数额使用，不可办理无预算、超预算范围的业务活动费用。对于违反财经纪律的开支，行政事业单位一律不得办理报销支付。

（二）保证基本费用的需要

行政事业单位的业务活动费用应当保证单位的基本费用，包括人员经费和日常公用经费的需要。对于单位的基本费用，应当实行优先保障、优先安排的管理原则，只有在基本费用安排得到保证后，才能安排项目费用。行政事业单位的基本费用一般采用定员、定额的管理方法。定员指国家机构的主管部门根据行政事业单位的性质、职能、业务范围和工作任务的人员配置标准。所谓定额，是指财政部门根据行政事业单位机构正常运转和工作内容的合理需要，对各项基本费用所规定的指标额度。基本费用的项目包括人员经费和日常公用经费两个部分。

（三）严格项目费用的管理

行政事业单位的项目费用应当实行区分轻重进行科学论证、合理排序申报、专款专用、追踪问效的管理制度，行政事业单位应当为每项项目费用单独建账，独立反映其资金来源、使用情况以及项目进度和完成情况，并及时对资金使用的效益做出评价。

（四）实行综合预算管理方法

行政事业单位应当将行政事业单位的各项收入综合的安排用于业务活动费用，包括基本费用和项目费用。即行政事业单位在安排基本费用时，需要综合安排使用各项收入，在安排项目费用时，也需要综合安排使用各项收入。

（五）划清业务活动费用与经营费用的界线

行政事业单位应当严格划清业务活动费用和经营费用的界线。不可将应列入经营费用的项目列入业务活动费用，也不可将应列入业务活动费用的项目列入经营费用。

四、业务活动费用的核算

（一）业务活动费用核算使用的主要科目

为了核算行政事业单位开展专业业务活动及其辅助活动发生的基本费用和项目费用，行政事业单位应设置"业务活动费用"科目。该科目属于费用类科目，借方登记行政事业单位为了履行其职能目标开展业务活动而发生的各种费用，贷方登记期末结转到"本期盈余"的金额。期末，本科目没有余额。

本科目下还可按照"工资福利费用""商品和服务费用""对个人和家庭的补助费用""对企业补助费用""固定资产折旧费""无形资产摊销费""公共基础设施折旧（摊销）费""保障性住房折旧费""计提专用基金"等成本项目设置明细科目，归集能够直接计入业务活动或采用一定方法计算后计入业务活动的费用。

（二）业务活动费用的核算和结转

（1）本单位从事专业业务活动及其辅助活动而发生的工资、福利费等，一般要借记"业务活动费用"科目，贷记"应付职工薪酬"等科目。

（2）为履职或开展业务活动发生的外部人员劳务费，按照计算确定的金额，借记本科目，按照代扣代缴个人所得税的金额，贷记"其他应交税费——应交个人所得税"科目，按照扣税后应付或实际支付的金额，贷记"其他应付款""财政拨款收入""零余额账户用款额度""银行存款"等科目。

（3）开展专业业务活动及其辅助活动领用存货时，按存货的实际成本，借记"业务活动费用"科目，贷记"库存物品""政府储备物资"等相关科目。

（4）为履职或开展业务活动发生其他各项费用时，按照费用确认金额，借记本科目，贷记"财政拨款收入""零余额账户用款额度""银行存款""应付账款""其他应付款""其他应收款"等科目。

（5）为履职或开展业务活动所使用的固定资产、无形资产以及为所控制的公共基础设施、保障性住房计提的折旧、摊销，按照计提金额，借记本科目，贷记"固定资产累计折旧""无形资产累计摊销""公共基础设施累计折旧（摊销）""保障性住房累计折旧"科目。

（6）为履职或开展业务活动发生的城市维护建设税、教育费附加、地方教育费附加、车船税、房产税、城镇土地使用税等，按照计算确定应缴纳的金额，借记本科目，贷记"其他应交税费"等科目。

（7）按照规定从收入中提取专用基金并计入费用的，一般按照预算会计下基于预算收入计算提取的金额，借记本科目，贷记"专用基金"科目。国家另有规定的，从其规定。

（8）发生当年购货退回等业务，对于已计入本年业务活动费用的，按照收回或应收的金额，借记"财政拨款收入""零余额账户用款额度""银行存款""其他应收款"等科目，贷记本科目。

（9）期末将"业务活动费用"本期发生额结转入"本期盈余"科目，借记"本期盈余"科目，贷记"业务活动费用"科目。

【例3-1】某市属高等学校2019年发生以下业务。

（1）收到财政国库支付执行机构委托其代理银行转来的财政直接支付入账通知书，财政国库支付执行机构通过财政零余额账户为行政事业单位支付了一笔业务活动费用，具体为："业务活动费用——财政补助费用——基本费用——人员经费——工资福利费用——基本工资"35 000元。编制会计分录如下。

借：业务活动费用   35 000

  贷：财政拨款收入   35 000

（2）通过单位零余额账户支付了一笔业务活动费用，具体为："业务活动费用——财政补助费用——基本费用——日常公用经费——商品和服务费用——办公费"25 800元。编制会计分录如下。

借：业务活动费用   25 800

  贷：零余额账户用款额度   25 800

（3）通过单位零余额账户支付了两笔业务活动费用，具体为："业务活动费用"1 500元，"业务活动费用"800元。编制会计分录如下。

借：业务活动费用   2 300

  贷：零余额账户用款额度   2 300

（4）收到财政国库支付执行机构委托其代理银行转来的财政直接费用支付入账通知书，财政国库支付执行机构通过财政零余额账户为行政事业单位支付了一笔业务活动费用，具体为："业务活动费用"15 000元。编制会计分录如下。

借：业务活动费用   15 000

  贷：财政拨款收入   15 000

（5）通过银行存款账户使用事业收入支付一笔业务活动费用，具体为："业务活动费用——其他资金费用——基本费用——人员经费——工资福利费用——伙食补助费"11 000元。编制会计分录如下。

借：业务活动费用　　　　　　　　　　　　　　　　　　　　　　　　11 000
　　贷：银行存款　　　　　　　　　　　　　　　　　　　　　　　　　　11 000

（6）年终结转。

其一，将上述"业务活动费用——财政补助费用"科目的借方余额全数转入"本期盈余"科目。编制会计分录如下。

借：本期盈余　　　　　　　　　　　　　　　　　　　　　　　　　　78 100
　　贷：业务活动费用　　　　　　　　　　　　　　　　　　　　　　　　78 100

其二，将上述"业务活动费用——其他资金费用"科目的借方余额转入"本期盈余"科目。编制会计分录如下。

借：本期盈余　　　　　　　　　　　　　　　　　　　　　　　　　　11 000
　　贷：业务活动费用　　　　　　　　　　　　　　　　　　　　　　　　11 000

第三节　上缴上级费用及对附属单位补助费用

一、上缴上级费用

上缴上级费用是指独立核算的事业单位按照财政部门和主管部门的规定标准或比例上缴上级单位的费用。它与上级单位的"附属单位上缴收入"相对应，当上缴上级款项的事业单位确认上缴上级费用时，收到附属单位缴款的事业单位确认附属单位上缴收入。这类业务所涉及的款项都属于非财政资金，上缴上级费用不能纳入事业单位的基本费用预算。

（一）上缴上级费用核算使用的主要科目

为了核算实行收入上缴办法的单位按规定的定额或比例上缴上级单位的费用，应设置"上缴上级费用"科目。该科目属于费用类科目，其借方登记上缴上级费用的增加数，贷方登记减少数或转入"本期盈余"科目的数额，该科目平时余额在借方，反映上缴上级费用的累计数。期末"上缴上级费用"科目余额结转至"本期盈余"科目后，该科目无余额。该科目应当按照收缴款项单位、缴款项目、《政府收支分类科目》中"费用功能分类"相关科目等进行明细核算。

（二）上缴上级费用的核算

事业单位按照规定将款项上缴上级单位时，按照实际上缴的金额，借记"上缴上级费用"科目，贷记"银行存款"等科目；年终，将上缴上级费用本期发生结转本期盈余时，借记"本期盈余"科目，贷记"上缴上级费用"科目。

【例3-2】某市属高校2019年9月发生如下业务。

按规定的定额上缴上级单位某高校款项30 000元，款项已通过银行支付。编制会计分录如下。

借：上缴上级费用　　　　　　　　　　　　　　　　　　　　　　　　　　30 000

　　贷：银行存款　　　　　　　　　　　　　　　　　　　　　　　　　　　　　30 000

年终结账时，将"上缴上级费用"科目借方余额300 000元全数转入"本期盈余"科目。编制会计分录如下。

借：本期盈余　　　　　　　　　　　　　　　　　　　　　　　　　　　　300 000

　　贷：上缴上级费用　　　　　　　　　　　　　　　　　　　　　　　　　　　300 000

二、对附属单位补助费用

对附属单位补助费用是指事业单位用财政拨款收入之外的收入对附属单位补助发生的费用。对附属单位补助与上级拨款收入存在对应关系。当上级单位对下级单位进行补助时，上级单位确认对附属单位补助费用，下级单位确认上级补助收入。该项补助资金的性质是非财政拨款资金，不能用财政补助资金拨付给附属单位。事业单位对附属单位的补助资金，一般是事业单位从事业务活动所取得的自有资金，或附属单位的上缴收入。对附属单位补助费用一般纳入事业单位的基本费用预算。

（一）对附属单位补助费用核算使用的主要科目

为了核算对附属单位的补助，事业单位应设置"对附属单位补助费用"科目，该科目属于费用类科目，借方发生额反映对附属单位补助费用，贷方发生额反映对附属单位拨款的收回以及年终结转，该科目平时余额在借方，表示事业单位对附属单位补助费用的累计数。期末结转后，该科目应无余额。该科目按照接收补助的附属单位设置明细账，并按照接收补助单位划分补助项目，《政府收支分类科目》中"费用功能分类"相关科目等进行明细核算。

（二）对附属单位补助费用的核算

事业单位对附属单位补助费用时，按照实际费用的金额，借记"对附属单位补助费用"科目，贷记"银行存款"等科目。年终，将对附属单位补助费用本期发生额结转本期盈余时，借记"本期盈余"科目，贷记"对附属单位补助费用"科目。

【例3-3】某高等学校2019年9月发生如下业务。

通过银行用自有资金对附属中学拨付一次性补助款30 000元。该补助属于基本费用业务补助，并规定应当用于日常公开经费开支。编制会计分录如下。

借：对附属单位补助费用——基本费用　　　　　　　　　　　　　　　　30 000

　　贷：银行存款　　　　　　　　　　　　　　　　　　　　　　　　　　　　30 000

年终结账时，将"对附属单位补助费用"科目借方余额30 000元全数转入"本期盈余"科目。编制会计分录如下。

借：本期盈余　　　　　　　　　　　　　　　　　　　　　　　　　　　　30 000

　　贷：对附属单位补助费用——基本费用　　　　　　　　　　　　　　　　　30 000

第四节 | 经营费用

一、经营费用的概念

经营费用是指事业单位在专业业务活动及其辅助活动之外开展非独立核算的经营活动时发生的各项费用。

事业单位的经营费用的主要特点：经营费用是因非独立核算单位的经营性业务而发生；经营费用需要有经营活动收入补偿；经营费用应当与经营收入配比。

经营费用与业务活动费用均为事业单位向社会提供商品或服务时而发生的费用。但不同之处在于，经营活动体现了保本获利原则，其费用只能从商品或服务接受方获得补偿，而业务活动费用体现了事业活动的公益性原则，可从商品或服务的接受方获得补偿，但主要从财政拨款收入中得到补偿。

事业单位应严格区分业务活动费用和经营费用。事业单位在经营活动中，应当正确归集和分配实际发生的各项费用。直接为经营活动所耗费的材料、工资，费用等，应直接计入经营费用。无法直接归集的各项费用，应按规定的比例合理分摊。由事业单位在业务活动费用中统一垫支的各项费用，按规定应由经营费用负担的部分，要冲减业务活动费用。

事业单位开展非独立核算经营活动的目的是为了充分利用事业单位的现有资源，通过向社会提供经营性服务筹集更多的资金，以支持事业的发展。但是事业单位不可将应当用于业务活动费用的各项收入用于经营费用。与业务活动费用相比，经营费用的范围和数额应当是比较有限的。

二、经营费用的核算

（一）经营费用核算使用的主要科目

事业单位应设置"经营费用"科目，用来核算事业单位在专业业务活动及其辅助活动之外开展非独立核算经营活动发生的费用。该科目属于费用类科目，其借方反映费用增加数；贷方表示费用收回数；借方余额反映当期经营费用的累计数。期末，将该科目贷方余额结转"本期盈余"的借方，结账后，该科目无余额。本科目应当按照经营活动类别、项目、支付对象等进行明细核算。为了满足成本核算需要，本科目下还可按照"工资福利费用""商品和服务费用""对个人和家庭的补助费用""固定资产折旧费""无形资产摊销费"等成本项目设置明细科目，归集能够直接计入单位经营活动或采用一定方法计算后计入单位经营活动的费用。

（二）经营费用的账务处理

（1）为经营活动人员计提的薪酬，按照计算确定的金额，借记本科目，贷记"应付职工薪酬"科目。

（2）开展经营活动领用或发出库存物品，按照物品实际成本，借记本科目，贷记"库存物品"科目。

（3）为经营活动所使用固定资产、无形资产计提的折旧、摊销，按照应提折旧、摊销额，借记本科目，贷记"固定资产累计折旧""无形资产累计摊销"科目。

（4）开展经营活动发生城市维护建设税、教育费附加、地方教育费附加、车船税、房产税、城镇土地使用税等，按照计算确定应缴纳的金额，借记本科目，贷记"其他应交税费"等科目。

（5）发生与经营活动相关的其他各项费用时，按照费用确认金额，借记本科目，贷记"银行存款""其他应付款""其他应收款"等科目。涉及增值税业务的，相关账务处理参见"应交增值税"科目。

（6）发生当年购货退回等业务，对于已计入本年经营费用的，按照收回或应收的金额，借记"银行存款""其他应收款"等科目，贷记本科目。

（7）期末，将本科目本期发生额转入本期盈余，借记"本期盈余"科目，贷记本科目。

【例3-4】某事业单位（一般纳税人）2019年10月发生如下经济业务。

（1）购买一批经营活动使用的日常办公用品500元，直接交有关部门使用，款项以银行存款支付。编制会计分录如下。

借：经营费用 500
　　贷：银行存款 500

（2）计提经营部门相关职工工资费用7 000元。编制会计分录如下。

借：经营费用 7 000
　　贷：应付职工薪酬 7 000

（3）经营部门领用C材料25 000元。编制会计分录如下。

借：经营费用 25 000
　　贷：库存物品——C材料 25 000

（4）办公室为下属经营单位领用劳保用品1 200元。编制会计分录如下。

借：经营费用 1 200
　　贷：库存物品——劳保用品 1 200

（5）开出转账支票支付经营部门水电费、电话费800元。编制会计分录如下。

借：经营费用 800
　　贷：银行存款 800

年终结账，将"经营费用"科目借方余额34 500元转入"本期盈余"科目。编制会计分录如下。

借：本期盈余 34 500
　　贷：经营费用 34 500

第五节　单位管理费用和资产处置费用

一、单位管理费用的核算

（一）单位管理费用的概念

单位管理费用是指事业单位本级行政及后勤管理部门开展管理活动发生

单位管理费用

的各项费用，包括单位行政及后勤管理部门发生的人员经费、公用经费、资产折旧（摊销）等费用，以及由单位统一负担的离退休人员经费、工会经费、诉讼费、中介费等。

（二）单位管理费用科目的记账规则

为了核算事业单位本级行政及后勤管理部门开展管理活动发生的各项费用情况，应设置"单位管理费用"科目。该科目属于费用类科目，借方登记增加数，反映事业单位本级行政及后勤管理部门开展管理活动发生的各项费用；贷方登记减少数，反映事业单位期末将其结转到本年盈余科目的金额。期末结转后，本科目应无余额。

本科目应当按照项目、费用类别、支付对象等进行明细核算。为了满足成本核算需要，本科目下还可按照"工资福利费用""商品和服务费用""对个人和家庭的补助费用""固定资产折旧费""无形资产摊销费"等成本项目设置明细科目，归集能够直接计入单位管理活动或采用一定方法计算后计入单位管理活动的费用。

（三）单位管理费用的主要账务处理

（1）为管理活动人员计提的薪酬，按照计算确定的金额，借记本科目，贷记"应付职工薪酬"科目。

（2）为开展管理活动发生的外部人员劳务费，按照计算确定的费用金额，借记本科目，按照代扣代缴个人所得税的金额，贷记"其他应交税费——应交个人所得税"科目，按照扣税后应付或实际支付的金额，贷记"其他应付款""财政拨款收入""零余额账户用款额度""银行存款"等科目。

（3）开展管理活动内部领用库存物品，按照领用物品实际成本，借记本科目，贷记"库存物品"科目。

（4）管理活动所使用固定资产、无形资产计提的折旧、摊销，按照应提折旧、摊销额，借记本科目，贷记"固定资产累计折旧""无形资产累计摊销"科目。

（5）为开展管理活动发生城市维护建设税、教育费附加、地方教育费附加、车船税、房产税、城镇土地使用税等，按照计算确定应交纳的金额，借记本科目，贷记"其他应交税费"等科目。

（6）为开展管理活动发生的其他各项费用，按照费用确认金额，借记本科目，贷记"财政拨款收入""零余额账户用款额度""银行存款""其他应付款""其他应收款"等科目。

（7）发生当年购货退回等业务，对于已计入本年单位管理费用的，按照收回或应收的金额，借记"财政拨款收入""零余额账户用款额度""银行存款""其他应收款"等科目，贷记本科目。

（8）期末，将本科目本期发生额转入本期盈余，借记"本期盈余"科目，贷记本科目。

✎【例3-5】某事业单位（一般纳税人）2019年10月发生如下经济业务。

（1）支付本单位后勤部门工作人员出差补助6 000元。编制会计分录如下。

借：单位管理费用   6 000

    贷：应付职工薪酬   6 000

（2）计提行政后勤等相关职工工资费用70 000元。编制会计分录如下。

借：单位管理费用   70 000

    贷：应付职工薪酬   70 000

（3）计提行政部门固定资产折旧1 000元，后勤部门固定资产折旧1 000元。编制会计分录如下。

借：单位管理费用 2 000

　　贷：固定资产累计折旧 2 000

（4）办公室购买劳保用品，发票价格1 000元。编制会计分录如下。

借：单位管理费用 1 000

　　应交增值税 130

　　贷：库存物品——劳保用品 1 130

（5）开出转账支票支付行政部门水电费、电话费800元。编制会计分录如下。

借：单位管理费用 800

　　贷：银行存款 800

年终结账，将"单位管理费用"科目借方余额34 500元转入"本期盈余"科目。编制会计分录如下。

借：本期盈余 34 500

　　贷：单位管理费用 34 500

二、资产处置费用的核算

（一）资产处置费用的概念

资产处置费用是指单位经批准处置资产如无偿调拨、出售、出让、转让、置换、对外捐赠、报废、毁损以及货币性资产损失核销等时发生的费用，包括转销的被处置资产价值，以及在处置过程中发生的相关费用或者处置收入小于相关费用形成的净费用。

单位在资产清查中查明的资产盘亏、毁损以及资产报废等，应当先通过"待处理财产损溢"科目进行核算，再将处理资产价值和处理净费用计入本科目。

（二）资产处置费用科目的记账规则

为了核算行政事业单位经批准处置资产以及在处置过程中发生的相关费用或者处置收入小于相关费用形成的净费用情况，应设置"资产处置费用"科目。该科目属于费用类科目，借方登记增加数，反映经批准处置资产以及在处置过程中发生的相关费用或者处置收入小于相关费用形成的净费用情况；贷方登记减少数，反映行政事业单位期末将其结转到本期盈余科目的金额。期末结转后，本科目应无余额。本科目应当按照处置资产的类别、资产处置的形式等进行明细核算。

（三）资产处置费用的主要账务处理

1. 不通过"待处理财产损溢"科目核算的资产处置

（1）按照规定报经批准处置资产时，按照处置资产的账面价值，借记本科目[处置固定资产、无形资产、公共基础设施、保障性住房的，还应借记"固定资产累计折旧""无形资产累计摊销""公共基础设施累计折旧（摊销）""保障性住房累计折旧"科目]，按照处置资产的账面余额，贷记"库存物品""固定资产""无形资产""公共基础设施""政府储备物资""文物文化资产""保障性住房""其他应收款""在建工程"等科目。

（2）处置资产过程中仅发生相关费用的，按照实际发生金额，借记本科目，贷记"银行存款""库存现金"等科目。

（3）处置资产过程中取得收入的，按照取得的价款，借记"库存现金""银行存款"等科目，按照处置资产过程中发生的相关费用，贷记"银行存款""库存现金"等科目，按照其差额，借记本科目或贷记"应缴财政款"等科目。涉及增值税业务的，相关账务处理参见"应交增值税"科目。

2. 通过"待处理财产损溢"科目核算的资产处置

（1）单位账款核对中发现的现金短缺，属于无法查明原因的，报经批准核销时，借记本科目，贷记"待处理财产损溢"科目。

（2）单位资产清查过程中盘亏或毁损、报废的存货、固定资产、无形资产、公共基础设施、政府储备物资、文物文化资产、保障性住房等，报经批准处理时，按照处理资产价值，借记本科目，贷记"待处理财产损溢——待处理财产价值"科目。处理收支结清时，处理过程中所取得收入小于所发生相关费用的，按照相关费用减去处理收入后的净费用，借记本科目，贷记"待处理财产损溢——处理净收入"科目。

注：到底是否通过"待处理财产损溢"科目进行核算，由单位自主决定。

3. 期末账务处理

期末，将本科目本期发生额转入本期盈余，借记"本期盈余"科目，贷记本科目。

【例3-6】某市交通管理局2019年5月发生如下经济业务。

（1）按照规定报经批准处置一项固定资产，固定资产的账面价值100万元，没有提取折旧。处置时发生清理费用1万元，变卖废料5万元。

① 不通过"待处理财产损溢"科目核算。编制会计分录如下。

借：资产处置费用　　　　　　　　　　　　　　　　　　　1 000 000
　　贷：固定资产　　　　　　　　　　　　　　　　　　　　　　1 000 000
借：资产处置费用　　　　　　　　　　　　　　　　　　　40 000
　　贷：银行存款　　　　　　　　　　　　　　　　　　　　　　40 000

② 通过"待处理财产损溢"科目核算。编制会计分录如下。

对于处置资产，需要分为两步处理，即审批前和审批后。

审批前，编制会计分录如下。

借：待处理财产损溢　　　　　　　　　　　　　　　　　　1 000 000
　　贷：固定资产　　　　　　　　　　　　　　　　　　　　　　1 000 000

审批后，编制会计分录如下。

借：资产处置费用　　　　　　　　　　　　　　　　　　　40 000
　　贷：待处理财产损溢　　　　　　　　　　　　　　　　　　　40 000

（2）在资产清查过程中发现短缺一项固定资产，其账面价值2万元，已经计提折旧1万元。经批准，记入"其他费用"科目。该单位通过"待处理财产损溢"科目核算。编制会计分录如下。

借：待处理财产损溢　　　　　　　　　　　　　　　　　　10 000
　　固定资产累计折旧　　　　　　　　　　　　　　　　　10 000
　　贷：固定资产　　　　　　　　　　　　　　　　　　　　　　20 000

借：其他费用   10 000

  贷：待处理财产损溢   10 000

（3）在资产清查过程中发现现金短缺100元。

审批前，编制会计分录如下。

借：待处理财产损溢   100

  贷：库存现金   100

审批后，编制会计分录如下。

借：资产处置费用   100

  贷：待处理财产损溢   100

第六节　其他费用

一、其他费用的概念

  其他费用是指行政事业单位除业务活动费用、上缴上级费用、对附属单位补助费用，经营费用以外的各项费用，主要包括利息费用、坏账损失、罚没支出、现金资产捐赠支出以及相关税费、运输费等。

  其他费用与行政事业单位各项业务活动无直接关系，但对这些费用进行单位核算的意义在于正确反映行政事业单位各项费用的水平，实现收支配比，以评价行政事业单位的管理业绩。

二、其他费用的核算

  （一）其他费用核算使用的主要科目

  为了核算其他费用，行政事业单位应设置"其他费用"科目。该科目属于费用类科目，其借方反映其他费用的增加数，贷方表示其他费用减少数，借方余额反映当期其他费用的累计数。期末结账后，该科目应无余额，为了严控收支，"其他费用"科目应当按照其他费用的类别、《政府收支分类科目》中"费用功能分类"相关科目等进行明细核算。其他费用中如有专项资金费用，还应按具体项目进行核算。

  （二）其他费用的账务处理

  1. 利息费用

  按期计算确认借款利息费用时，按照计算确定的金额，借记"在建工程"科目或本科目，贷记"应付利息""长期借款——应计利息"科目。

  2. 坏账损失

  年末，事业单位按照规定对收回后不需上缴财政的应收账款和其他应收款计提坏账准备时，按照计提金额，借记本科目，贷记"坏账准备"科目；冲减多提的坏账准备时，按照冲减金额，借记"坏账准备"科目，贷记本科目。

3．罚没支出

单位发生罚没支出的，按照实际缴纳或应当缴纳的金额，借记本科目，贷记"银行存款""库存现金""其他应付款"等科目。

4．现金资产捐赠

单位对外捐赠现金资产的，按照实际捐赠的金额，借记本科目，贷记"银行存款""库存现金"等科目。

5．其他相关费用

单位接受捐赠（或无偿调入）以名义金额计量的存货、固定资产、无形资产，以及成本无法可靠取得的公共基础设施、文物文化资产等发生的相关税费、运输费等，按照实际支付的金额，借记本科目，贷记"财政拨款收入""零余额账户用款额度""银行存款""库存现金"等科目。

单位发生的与受托代理资产相关的税费、运输费、保管费等，按照实际支付或应付的金额，借记本科目，贷记"零余额账户用款额度""银行存款""库存现金""其他应付款"等科目。

6．期末账务处理

期末，将本科目本期发生额转入本期盈余，借记"本期盈余"科目，贷记本科目

【例3-7】某事业单位2019年7月2日发生如下对外捐赠业务。

（1）向新希望基金会捐赠现金20 000元，以支票付讫。编制会计分录如下。

借：其他费用 20 000

　　贷：银行存款 20 000

（2）向阳光工程捐赠医疗设备、医疗用品，共计100 000元。编制会计分录如下。

借：其他费用 100 000

　　贷：库存物品 100 000

（3）经查发现现金短缺100元

借：其他费用 100

　　贷：待处理财产损溢 100

【例3-8】某事业单位无偿调入一台机器设备，用银行存款支付运输费200元。编制会计分录如下。

借：其他费用 200

　　贷：银行存款 200

【例3-9】2019年12月31日，某事业单位其他费用总额为250 000元，其中属于专项资金费用150 000元，非专项资金费用100 000元，年终结转时，编制会计分录如下。

借：本期盈余 250 000

　　贷：其他费用 250 000

本章小结

政府财务会计费用是指行政事业单位开展各项专业业务活动及其辅助活动发生的基本费用和项目费

用，包括业务活动费用、单位管理费用、对附属单位补助费用、上缴上级费用、经营费用和其他费用等。

业务活动费用是行政事业单位开展各项专业业务活动及其辅助活动发生的实际费用。业务活动费用应当按照《政府收支分类科目》中的"费用经济分类科目"进行分类，具体可分为工资福利费用、商品和服务费用、对个人和家庭的补助费用、基本建设费用、其他资本性费用、其他费用。按照部门预算的要求，业务活动费用可分为基本费用和项目费用两大类。按照不同经费的性质，业务活动费用可以分成财政补助费用和非财政补助费用两大类。

上缴上级费用是指独立核算的事业单位按照财政部门和主管部门的规定标准或比例上缴上级单位的费用。它与上级单位的"附属单位上缴收入"相对应。

对附属单位补助费用是指事业单位用财政拨款收入之外的收入对附属单位补助发生的费用。对附属单位补助与上级补助收入存在对应关系。

经营费用是指行政事业单位在专业业务活动及其辅助活动之外，开展非独立核算的经营活动时发生的各项费用。其特点：经营费用是因非独立核算单位的经营性业务而发生的；经营费用需要有经营活动收入补偿；经营费用应当与经营收入相配比。

其他费用是指行政事业单位除业务活动费用、上缴上级费用、对附属单位补助费用、经营费用以外的各项费用，如现金盘亏损失、坏账损失、罚没支出等。

关键术语中英文对照

业务活动费用	expenditure
经营费用	manage expenses
对附属单位补助费用	the subsidiary unit subsidy
上缴上级费用	payment to the higher authority
其他费用	other expenses

习　题

一、单项选择题

1. 下列业务活动费用中不属于公用经费的是（　　　）。

 A．书报费　　　　B．设备购置费　　　C．修缮费　　　　D．职工福利费

2. 专项工程完工，年终将"业务活动费用"账户余额转入（　　）账户。

 A．"事业结余"　　B．"经营结余"　　C．"事业基金"　　D．"本期盈余"

3. 行政事业单位收回以前年度费用后，一般应直接记入（　　）账户的贷方，但国家有专门规定的，从其规定。

 A．"事业收入"　　　　　　　　　B．"事业基金"

 C．"以前年度盈余调整"　　　　　D．"业务活动费用"

二、多项选择题

1. 下列项目中属于业务活动费用的有（　　　）。

 A．学校的办公费　　　　　　　　B．校电影院影片租金

      C. 学生助学金　　　　　　　　　　D. 校图书购置费

2. 下列项目中属于人员经费的有（　　　）。

    A. 职工福利费　　B. 修缮工人工资　　C. 职工差旅费　　D. 冬季取暖费

3. 用本单位自有资金对附属单位补助不能列入（　　）账户。

    A."业务活动费用"　　　　　　　　B."上缴上级费用"

    C."对附属单位补助费用"　　　　　D."其他费用"

4. 下列账户中，年终转账后没有余额的有（　　　）。

    A."事业收入"　　B."本期盈余"　　C."专用基金"　　D."业务活动费用"

三、业务题

资料（一）某事业单位发生的部分经济业务如下。

1. 从财政授权支付额度中签发转账支票购买办公用品、用具等共计1 000元，当即领用。

2. 从财政授权支付额度中转账支付应由单位缴纳的专业团体协会会费10 000元。

3. 通过银行上缴本单位利润分成款给上级单位50 000元。

4. 用自有资金给予所属单位事业补助20 000元，款已通过银行拨付。

5. 经批准，动用其他收入和事业基金建造办公楼，将自筹到的500万元基建款从单位银行存款账户转存基建存款账户。

6. 从财政授权支付额度中转账支付水费10 000元、电费20 000元。

7. 从财政授权支付额度中转账支付业务资料印刷费5 000元。

8. 从仓库领用材料一批，价款8 000元，用于专业业务活动。

9. 按规定计提单位职工养老统筹金10 000元。

10. 按规定计提单位职工医疗保险金5 000元。

11. 从财政授权支付额度中转账支付业务会议费用2 500元。

12. 现金支付办公室邮件快递费用20元。

13. 现金支付杂志订阅费900元。

14. 现金支付招待费500元。

15. 从财政授权支付额度中转账支付职工教育经费8 000元。

要求：根据上述经济业务编制会计分录。

资料（二）某事业单位发生的部分专项资金业务如下。

1. 收到上级拨入本年度科研经费110万元。

2. 拨给所属单位非包干使用本年度科研经费10万元。

3. 动用科研经费购买科研用业务资料10万元，以银行存款付讫。

4. 签发转账支票，购买科研用微机5台，价款共计5万元。

5. 年终下属单位科研项目完工，实际费用数8万元，进行核销，并缴回余款。

6. 年终，本单位科研项目已完工，共费用80万元，余款20万元转为自有资金，进行年终结转。

要求：根据上述经济业务编制会计分录。

第四章

政府财务会计资产

学习目标

了解政府财务会计资产的概念；

理解政府财务会计资产的特点；

掌握政府财务会计资产的核算，尤其是零余额账户用款额度的账务处理。

第一节 政府财务会计资产概述

一、资产的概念及特征

资产是行政事业单位占有或使用的能以货币计量的经济资源，包括各种财产、债权和其他权利。行政事业单位的资产具有以下特征。

（1）资产是指能够带来经济利益流入的经济资源。这种经济资源既可以是有形的，也可以是无形的，但它们都可以直接或间接地为单位提供未来的经济利益，但受托代理资产除外。

（2）资产应当能以货币计量。如果一项资源不能以货币计量，则行政事业单位就难以确认其价值，会计账面上也就无法加以反映。但以名义金额计量的文物文化资产除外。

（3）资产应当为行政事业单位占有或使用。资产对行政事业单位具有提供经济利益的能力，而这种能力具有排他性。如果其他单位也能分享资产提供的利益，则它就不是本单位的资产。

二、资产的内容

（一）货币资产

货币资产是指行政事业单位可以在一年内变现或者耗用的货币性流动资产，包括库存现金、银行存款、零余额账户用款额度、财政应返还额度等。其中，库存现金是指存放在行政事业单位会计部门的符合制度规定的用于日常零星开支的现金。银行存款是指行政事业单位存入银行或者其他金融机构账户上的货币资金。零余额账户用款额度是指用于核算纳入财政国库单一账户制度改革的行政事业单位在财政授权支付业务下单位零余额账户中的财政拨款收入额度。财政应返还额度是指行政事业单位当年尚未使用的预算指标数，即指年度终了预算指标数与行政事业单位从财政和单位零余额账户中实际支用数之间的差额。

（二）应收及预付款项

应收及预付款项是指单位在各项业务活动开展中由于采用商业汇票结算方式，以及赊销、预付或其他原因形成的应向有关方面收取的款项，包括应收票据、应收账款、预付账款和其他应收款等。

（三）存货类资产

存货类资产是指行政事业单位在业务活动及其他活动过程中为耗用或者为销售而储存的各种资产。由于行政事业单位一般不直接从事物质资料生产，而是直接或间接地为上层建筑、生产建设和人民生活提供各种服务和劳务，所以行政事业单位的存货主要是指各种材料物资，即为了耗用而储备的资产。另外，对于那些进行简单产品生产和商品流通的单位，其存货则还应包括在途物品、库存物品、加工物品等。

（四）固定资产

行政事业单位的固定资产是指能在较长时间内使用并消耗其价值，但能保持原有实物形态的设施和设备，如房屋、建筑物等。固定资产应同时具备两个条件：一是耐用年限在一年以上，二是单位价值在规定标准以上。

（五）无形资产

行政事业单位的无形资产是指不具有实物形态而能为行政事业单位提供某种权利的资产，包括专利权、土地使用权、非专利技术、著作权、商标权等。

（六）长期投资类资产

长期投资类资产是指行政事业单位利用货币资金、实物和无形资产等方式向其他单位的投资，包括债券投资和股权投资等。

（七）其他长期资产

其他长期资产是指除了固定资产之外能在较长时间内使用消耗其价值但能保持原有实物形态的设施和设备，如受托代理资产、保障性住房、公共基础设施、政府储备物资等。

第二节　货币资产

货币资产是指行政事业单位可以在一年内变现或者耗用的货币性流动资产，包括库存现金、银行存款、零余额账户用款额度等。

一、现金的管理和核算

（一）现金的管理

现金是指存放在财会部门并由出纳人员保管的纸币和铸币。现金是行政事业单位流动性最强的流动资产，它不受任何契约的限制，使用方便，但不能随保留时间的推移而增值。因此，行政事业单位库存的现金应以满足日常零星开支为限，并应切实加强管理，坚持以下管理原则。

1．设置专人管理

单位的现金收付业务，应由专职或兼职的出纳员办理，出纳、会计分开，钱账分管，责任分明。

2. 严格遵守库存现金限额制度

为了便于单位支付日常零星开支，银行对各单位都要核定一个库存现金限额。核定限额一般以3～5天的正常现金支付的需要量为依据。超过限额的现金应于当日营业终了前送存银行。如需要调整限额，应向开户银行提出申请。

3. 按规定范围支付现金

各单位在下列范围内可以使用现金：

（1）支付给职工个人的奖金、津贴；

（2）个人劳动报酬；

（3）根据国家规定颁发给个人的科学技术、文化艺术、体育等各种奖金；

（4）各种劳保、福利费以及国家规定对个人的其他费用；

（5）向城乡居民收购农副产品及其他物资而支付的价款；

（6）出差人员必须随身携带的差旅费；

（7）在转账结算金额起点以下的零星支付款项；

（8）中国人民银行确定需要支付现金的其他费用。

不属于上述现金结算范围的款项支付，一律通过银行办理转账结算。

4. 严格现金收付手续

出纳人员要根据经审核无误的合法凭证，办理现金收付。现金收入，应开给交款人正式、合法的收据；支付现金后，应在原始凭证上加盖"现金付讫"戳记。

5. 不准坐支现金

坐支指将本单位收入的现金直接费用。按照我国会计制度规定，单位每天收入的现金，必须当天送存银行，不能直接支用。因特殊原因需要坐支现金的，应事先报经开户银行审查批准，由开户银行核定坐支范围和限额，坐支单位应定期向银行报送坐支金额和使用情况。

6. 日清月结，保证账款相符

现金收付要及时入账，每日须清点库款；主管会计人员应定期或不定期地对库存现金实际结存进行核对与检查，做到日清月结、账款相符。不得以借据或白条抵库。

（二）库存现金的核算

为了连续、系统、全面地记录现金收支业务的情况，应由出纳人员根据原始凭证逐笔、序时登记"现金日记账"。有外币业务的单位，分别按人民币、外币现金设置"现金日记账"进行明细核算。

每日业务终了，应计算出当日现金收入合计数、现金费用合计数和结余数，并将结余数与实际库存数核对相符后，编制"库存现金日报表"，连同原始凭证一并交会计人员核收记账。

为了核算现金的收付和结存情况，行政事业单位应设置"库存现金"科目。该科目是资产类科目，其借方登记现金的收入数，贷方登记现金的付出数。余额在借方，反映现金的结存数。

对于从银行提取现金的业务，一般只编制银行存款付款凭证，不再编制现金收款凭证；将现金存入银行，一般只编制现金付款凭证，不再编制银行存款收款凭证。

【例4-1】 某事业单位工作人员王某用公务卡报销差旅费1 000元。编制会计分录如下。

借：业务活动费用   1 000

  贷：其他应付款   1 000

当单位偿还公务卡还款时：

借：其他应付款   1 000

  贷：零余额账户用款额度   1 000

【例4-2】 某事业单位用现金支付职工加班费16 000元。编制会计分录如下。

借：业务活动费用   16 000

  贷：库存现金   16 000

【例4-3】 某行政单位支付给职工王某因公出差预借的差旅费2 000元。编制会计分录如下。

借：其他应收款——王某   2 000

  贷：库存现金   2 000

【例4-4】 续【例4-3】，王某出差归来报销差旅费，实际开支1 600元，余款退回。编制会计分录如下。

借：业务活动费用   1 600

  库存现金   400

  贷：其他应收款——王某   2 000

为了加强对现金出纳、保管工作的监督，防止盗窃和营私舞弊，保护现金的安全、完整，必须建立并认真执行现金清查制度。库存现金的清查主要手段是实地盘点。清查小组盘点现金时，出纳人员应当在场，盘点后将实存数与账存数核对，并编制"库存现金盘点报告表"，列明实存、账存和余缺金额。如有余缺，应查明原因，并及时请领导审批。

发生现金溢缺，在未查明原因之前，应根据"库存现金盘点报告表"调整账务。现金短缺时，借记"其他应收款——现金短缺"科目，贷记"库存现金"科目；现金溢余时，借记"库存现金"科目，贷记"其他应付款——现金长余"科目。在查明原因并报经领导审批后，如因为工作失误造成的现金短缺，由责任人赔偿收回现金时，借记"库存现金"科目，贷记"其他应收款——现金短缺"科目；如果是属于正常误差而产生的短缺，经批准可列入"业务活动费用——其他费用"科目，借记"业务活动费用——其他费用"科目，贷记"其他应收款——现金短缺"科目。对于溢余的现金，如属错收的，应退回；如属无主款的，应作应缴预算款，借记"其他应付款——现金长余"科目，贷记"应缴财政款"科目。

【例4-5】 某行政事业单位发现库存现金长余500元。编制会计分录如下。

借：库存现金   500

  贷：其他应付款——现金长余   500

【例4-6】 续【例4-5】，上述长余现金因长期无法查明原因，经批准作为无主款处理，上缴国家。编制会计分录如下。

借：其他应付款——现金长余   500

  贷：应缴财政款   500

【例4-7】 某行政事业单位发现库存现金短缺200元。编制会计分录如下。

借：其他应收款——现金短缺　　　　　　　　　　　　　　　　　　　　　　200

　　贷：库存现金　　　　　　　　　　　　　　　　　　　　　　　　　　　　　200

【例4-8】续【例4-7】，上述短缺现金经查明属于财务人员工作疏忽，经批准由责任人赔偿80%，并收到现金；报销20%。编制会计分录如下。

借：库存现金　　　　　　　　　　　　　　　　　　　　　　　　　　　　160

　　其他费用　　　　　　　　　　　　　　　　　　　　　　　　　　　　　40

　　贷：其他应收款——现金短缺　　　　　　　　　　　　　　　　　　　　200

二、银行存款的管理和核算

（一）银行存款的管理

行政事业单位与企业一样，除按规定可以保留必要的现金以备小额零星收付外，所有货币资金都必须存入银行或其他金融机构。因此，单位应在银行或其他金融机构开立账户。

按规定，一个单位只能开一个基本账户。行政事业单位应加强对本单位银行账户的管理，由会计部门统一在银行或其他金融机构开户，避免多头开户。银行账户只限本单位使用，不能出租、出借、套用或转让。

按照现行银行结算办法的规定，银行转账结算的方式主要有以下几种。

（1）银行汇票。银行汇票是汇款人将款项交存当地银行，由银行签发给汇款人持往异地办理转账结算或支取现金的票据。

（2）商业汇票。商业汇票是由收款人或付款人签发，由承兑人承兑，并于到期日向收款人或被背书人支付款项的票据。商业汇票按承兑人不同，可分为商业承兑汇票和银行承兑汇票两种。

（3）银行本票。银行本票是申请人将款项交存银行，由银行签发给其据以在同城办理转账结算或支取现金的票据。

（4）支票。支票是银行的存款人签发给收款人办理结算或委托开户银行将款项支付给收款人的票据。支票印有"现金"字样的为现金支票，现金支票只能用于支取现金；支票上印有"转账"字样的为转账支票，转账支票只可以办理转账。支票上未印有"现金"或"转账"字样的为普通支票，普通支票可以用于支取现金，也可以用于转账；在普通支票的左上角划两条平行线的为划线支票，划线支票只能用于转账，不得支取现金。

（5）汇兑。汇兑是汇款人委托开户银行将款项汇给外地收款人的结算方式。

（6）委托收款。委托收款是收款人委托银行向付款人收取款项的结算方式。

（7）托收承付。托收承付是根据经济合同由收款单位发货后委托银行向异地付款单位收取款项，由付款单位向银行承兑付款的结算方式。

行政事业单位按开户银行和其他金融机构的名称以及存款种类等，分别设置"银行存款日记账"，由出纳人员根据收付款凭证逐笔顺序登记，每日终了应结出余额。单位银行存款日记账应定期与银行对账，至少每月核对一次。月终时，单位银行存款账面余额与银行对账单余额之间如有差额，原因主要有三种：一是计算错误，二是记账错漏，三是未达账项，应逐笔查明原因并进行处理。所谓未达账项，是指银行和单位对同一笔款项收付业务，因记账时间不同而发生的一方已入账，另一方尚未入账的款项。若属未达账项，应编制"银行存款余额调节表"，对双方的账面存款余额进行调节。

（二）银行存款的核算

为了核算银行存款的收付余存，行政事业单位应设置"银行存款"科目。未实行国库集中收付核算的"银行存款"账户，既核算财政资金，也核算非财政资金。实行国库集中收付核算后，"银行存款"账户的核算内容改变为行政事业单位的自筹资金收入、以前年度结余和各项往来款项。该科目是资产类科目，借方登记存入银行数，贷方登记从银行支付数，借方余额反映银行存款的结存数。

本科目应当设置"受托代理资产"明细科目，核算单位受托代理、代管的银行存款。

银行存款的主要账务处理如下。

（1）将款项存入银行或者其他金融机构，按照实际存入的金额，借记本科目，贷记"库存现金""应收账款""事业收入""经营收入""其他收入"等相关科目。

收到银行存款利息，按照实际收到的金额，借记本科目，贷记"利息收入"科目。

（2）从银行等金融机构提取现金，按照实际提取的金额，借记"库存现金"科目，贷记本科目。

（3）以银行存款支付相关费用，按照实际支付的金额，借记"业务活动费用""单位管理费用""其他费用"等相关科目，贷记本科目。涉及增值税业务的，相关账务处理参见"应交增值税"科目。

以银行存款对外捐赠，按照实际捐出的金额，借记"其他费用"科目，贷记本科目。

（4）收到受托代理、代管的银行存款，按照实际收到的金额，借记本科目（受托代理资产），贷记"受托代理负债"科目；支付受托代理、代管的银行存款，按照实际支付的金额，借记"受托代理负债"科目，贷记本科目（受托代理资产）。

（5）单位发生外币业务的，应当按照业务发生当日的即期汇率，将外币金额折算为人民币金额记账，并登记外币金额和汇率。期末，各种外币账户的期末余额，应当按照期末的即期汇率折算为人民币，作为外币账户期末人民币余额。调整后的各种外币账户的人民币余额与原账面余额之间的差额，作为汇兑损益计入当期费用。

① 以外币购买物资、设备等，按照购入当日的即期汇率将支付的外币或应支付的外币折算为人民币金额，借记"库存物品"等科目，贷记本科目、"应付账款"等科目的外币账户。涉及增值税业务的，相关账务处理参见"应交增值税"科目。

② 销售物品、提供服务以外币收取相关款项等，按照收入确认当日的即期汇率将收取的外币或应收取的外币折算为人民币金额，借记本科目、"应收账款"等科目的外币账户，贷记"事业收入"等相关科目。

③ 期末，根据各外币银行存款账户按照期末汇率调整后的人民币余额与原账面人民币余额的差额，作为汇兑损益，借记或贷记本科目，贷记或借记"业务活动费用""单位管理费用"等科目。

"应收账款""应付账款"等科目有关外币账户期末汇率调整业务的账务处理参照本科目。

【例4-9】某行政事业单位未进行财政国库单一账户制度改革，本月发生有关银行存款的如下业务。

（1）上级主管部门拨入本月经费100 000元。编制会计分录如下。

借：银行存款   100 000

    贷：财政拨款收入   100 000

（2）开出拨款凭证，转拨所属单位本月补助经费40 000元。编制会计分录如下。

借：对附属单位补助费用   40 000

    贷：银行存款   40 000

（3）单位开出转账支票购买办公用品3 000元。编制会计分录如下。

借：单位管理费用   3 000

    贷：银行存款   3 000

（4）根据银行转来的委托收款凭证的付款通知，支付上月水费500元。编制会计分录如下。

借：单位管理费用   500

    贷：银行存款   500

（5）单位将多余库存现金2 000元送存银行。编制会计分录如下。

借：银行存款   2 000

    贷：库存现金   2 000

【例4-10】某行政事业单位本月发生外币银行存款业务如下：

（1）收到一笔技术转让款10 000美元，当日美元汇率为1:6.3。编制会计分录如下。

借：银行存款——美元户   63 000

    贷：事业收入   63 000

（2）该单位本月只发生这一笔外币业务，月末美元汇率为1:6.1。编制会计分录如下。

汇兑损益：10 000美元×6.1-63 000=-2 000（元）

借：其他费用——汇兑损益   2 000

    贷：银行存款——美元户——汇兑损益   2 000

三、零余额账户用款额度的管理和核算

（一）国库单一账户体系

国库集中收付制度一般也称为国库单一账户体系，是指由财政部门代表政府设置国库单一账户体系，所有的财政性资金均纳入国库单一账户体系收缴、支付和管理的制度。国库集中收付制度包括国库集中支付制度和收入收缴管理制度财政收入通过国库单一账户体系，直接缴入国库；财政支出通过国库单一账户体系，以财政直接支付和财政授权支付的方式，将资金支付给商品和劳务供应者或用款单位，即预算单位使用资金但见不到资金；未支用的资金均保留在国库单一账户，由财政部门代表政府进行管理运作，以降低政府筹资成本，为实施宏观调控政策提供可选择的手段。

国库单一账户体系由下列银行账户构成。

（1）国库单一账户，用于记录、核算、反映财政预算资金和纳入预算管理的政府性基金的收入和支出。

（2）财政部门零余额账户，用于财政直接支付和与国库单一账户清算。

（3）预算单位零余额账户，用于财政授权支付清算。

（4）预算外资金专户，用于记录、核算和反映预算外资金收入和支出活动，并用于预算外资金日常收支清算。

（5）特设专户，用于记录、核算和反映预算单位的特殊专项支出活动，并用于与国库单一账户清算。

（二）单位零余额账户的含义

单位零余额账户是国库集中支付银行账户体系的重要组成部分，是行政事业单位用于财政授权支付的特设账户。行政事业单位实行国库集中收付核算的，财政部门在商业银行为事业预算单位开设零余额账户，一个基层预算单位开设一个预算单位零余额账户。

（三）单位零余额账户的使用和管理

行政事业单位零余额账户用于财政授权支付和清算。当财政部门向行政事业单位零余额账户的代理银行下达零余额账户用款额度时，行政事业单位的零余额账户用款额度增加。行政事业单位可以根据经批准的单位预算和用款计划，自行向单位零余额账户的代理银行开具支付令，从单位零余额账户向收款人支付款项，或从单位零余额账户提取现金。代理银行在将行政事业单位开具的支付令与行政事业单位的单位预算和用款计划进行核对，并向收款人支付款项后，于当日通过行政事业单位的零余额账户与财政国库单一账户进行资金清算。资金清算后，行政事业单位零余额账户的余额为零。虽然如此，只要行政事业单位从单位零余额账户中支取的款项小于财政部门下达的单位零余额账户用款额度，行政事业单位零余额账户的用款额度仍然存放在代理银行。行政事业单位仍然可以继续通过单位零余额账户使用剩余的用款额度，实现支付。所以说，零余额账户用款额度虽然只是一个额度，但它是行政事业单位可以随时使用的一项特殊的流动资产。

零余额账户可以办理转账、提取现金等结算业务，可以向本单位按账户管理规定保留的相应账户划拨工会经费、住房公积金及提租补贴，以及经财政部门批准的特殊款项，不得违反规定向本单位其他账户和上级主管单位、所属下级单位账户划拨资金。

（四）零余额账户用款额度的核算

为了核算行政事业单位零余额账户用款额度业务，行政事业单位应设置"零余额账户用款额度"科目。该科目核算纳入财政国库单一账户制度改革的行政事业单位在单位零余额账户中的财政授权支付业务。该科目借方余额反映行政事业单位尚未使用的财政授权支付额度。

零余额账户用款额度的主要账务处理如下。

1. 收到额度

单位收到"财政授权支付到账通知书"时，根据通知书所列金额，借记本科目，贷记"财政拨款收入"科目。

2. 支用额度

（1）支付日常活动费用时，按照支付的金额，借记"业务活动费用""单位管理费用"等科目，贷记本科目。

（2）购买库存物品或购建固定资产，按照实际发生的成本，借记"库存物品""固定资产""在建工程"等科目，按照实际支付或应付的金额，贷记本科目、"应付账款"等科目。涉及增值税业务的，相关账务处理参见"应交增值税"科目。

（3）从零余额账户提取现金时，按照实际提取的金额，借记"库存现金"科目，贷记本科目。

3. 额度退回

因购货退回等发生财政授权支付额度退回的，按照退回的金额，借记本科目，贷记"库存物品"等科目。

4. 年末核算

年末，根据代理银行提供的对账单作注销额度的相关账务处理，借记"财政应返还额度——财政授权支付"科目，贷记本科目。

年末，单位本年度财政授权支付预算指标数大于零余额账户用款额度下达数的，根据未下达的用款额度，借记"财政应返还额度——财政授权支付"科目，贷记"财政拨款收入"科目。

下年初，单位根据代理银行提供的上年度注销额度恢复到账通知书做恢复额度的相关账务处理，借记本科目，贷记"财政应返还额度——财政授权支付"科目。单位收到财政部门批复的上年未下达零余额账户用款额度，借记本科目，贷记"财政应返还额度——财政授权支付"科目。

【例4-11】某行政事业单位收到单位零余额账户代理银行转来的财政授权支付到账通知书，本月的财政授权支付额度为550 000元。编制会计分录如下。

借：零余额账户用款额度 550 000
　　贷：财政拨款收入 550 000

【例4-12】某行政事业单位用零余额账户用款额度支付本月采购材料费用480 000元。编制会计分录如下。

借：在途物品 480 000
　　贷：零余额账户用款额度 480 000

【例4-13】某行政事业单位从零余额账户中提取现金40 000元，用于支付困难职工的取暖费。编制会计分录如下。

借：单位管理费用 40 000
　　贷：零余额账户用款额度 40 000

四、财政应返还额度的管理和核算

为核算行政事业单位财政应返还额度业务，行政事业单位应设置"财政应返还额度"科目。该科目核算实行国库集中支付的行政事业单位应收财政返还的资金额度，本科目应该设置"财政直接支付""财政授权支付"两个明细科目进行明细核算。

　　财政直接支付是指由财政部门签发支付令，代理银行根据财政部门的支付指令，通过国库单一账户体系将资金直接支付到收款人或用款单位账户。财政直接支付的流程为：由预算单位按照年初部门预算控制数或批准的部门预算（包括调整预算），按季编制分月用款计划，向财政部门申报，并由财政部门正式批复给预算单位。预算单位需要支付资金时，由预算单位根据财政部门批复的分月用款计划，向财政部门提出支付申请。财政部门审核无误后，向代理银行签发财政直接支付令，通知代理银行从财政零余额账户付款给收款人（垫付），同时向中国人民银行或预算外非税收入财政专户行发出清算信息。每日营业终了，财政部门从国库单一账户或预算外非税收入财政专户付款到代理银行财政零余额账户。财政直接支付的范围为：工资费用、工程采购费用、货物和服务采购费用。

　　财政授权支付是指预算单位按照财政部门的授权，自行向代理银行签发支付指令，代理银行根据支付指令，在财政部门批准的预算单位的用款额度内，通过国库单一账户体系将资金支付到收款人账户。财政授权支付的流程为：由预算单位按照年初部门预算控制数或批准的部门预算（包括调整预算）按季编制分月用款计划，并向财政部门申报。财政部门批复后，每月25日向代理银行下达下一月份授权支付额度，同时通知中国人民银行或预算外非税收入资金财政专户银行。代理银行负责将授权支付额度以到账通知书的形式通知到预算单位。预算单位在月度用款额度内，根据费用需要自行开具授权支付令并通知授权支付代理银行，由代理银行按照财政部门批复的额度从预算单位零余额账户中付款垫支。每日营业终了，财政部门从国库单一账户或预算外非税收入财政专户付款到代理银行预算单位零余额账户。财政授权支付的范围为：未纳入工资费用、工程采购费用、货物和服务采购费用管理的购买费用和零星费用。

　　财政应返还额度的主要账务处理如下。

　　（一）财政直接支付

　　年末，单位根据本年度财政直接支付预算指标数大于当年财政直接支付实际发生数的差额，借记本科目（财政直接支付），贷记"财政拨款收入"科目。

　　单位使用以前年度财政直接支付额度支付款项时，借记"业务活动费用""单位管理费用"等科目，贷记本科目（财政直接支付）。

　　（二）财政授权支付

　　年末，根据代理银行提供的对账单做注销额度的相关账务处理，借记本科目（财政授权支付），贷记"零余额账户用款额度"科目。年末，单位本年度财政授权支付预算指标数大于零余额账户用款额度下达数的，根据未下达的用款额度，借记本科目（财政授权支付），贷记"财政拨款收入"科目。

　　下年年初，单位根据代理银行提供的上年度注销额度恢复到账通知书做恢复额度的相关账务处理，借记"零余额账户用款额度"科目，贷记本科目（财政授权支付）。单位收到财政部门批复的上年未下达零余额账户用款额度，借记"零余额账户用款额度"科目，贷记本科目（财政授权支付）。

　　【例4-14】某行政事业单位已经纳入财政国库单一账户制度改革，年终，本年度财政直接支付预算指标数为700 000元，财政直接支付实际费用数为600 000元，存在尚未使用的财政直接支付预算指标为100 000元。编制会计分录如下。

借：财政应返还额度   100 000

    贷：财政拨款收入   100 000

【例4-15】年终，某行政事业单位本年度财政授权支付预算指标数为500 000元，本年度财政授权支付实际费用数为420 000元。编制会计分录如下。

借：财政应返还额度   80 000

    贷：零余额账户用款额度   80 000

【例4-16】续【例4-14】，次年年初，该单位收到代理银行提供的额度恢复到账通知书，恢复财政授权支付额度60 000元，收到财政部门批复的上年年终未下达的单位零余额账户用款额度20 000元。编制会计分录如下。

借：零余额账户用款额度   60 000

    贷：财政应返还额度   60 000

同时，

借：零余额账户用款额度   20 000

    贷：财政应返还额度   20 000

【例4-17】甲研究院（以下简称"甲单位"）为实行国库集中支付的事业单位。

2019年，财政部门批准的甲单位年度财政授权支付额度预算为600万元。1～11月，甲单位累计已由财政授权支付500万元。2019年12月，甲单位经财政部门核定的财政授权额度用款计划数为100万元。

甲单位2019年12月预算收支的有关情况如下（不考虑相关税费）。

（1）1日，甲单位收到代理银行转来的财政授权支付额度到账通知书，通知书中注明的本月授权额度为100万元。

甲单位的会计处理如下。

甲单位将授权额度100万元计入"零余额账户用款额度"，并增加财政拨款收入100万元。

借：零余额账户用款额度   1 000 000

    贷：财政拨款收入   1 000 000

（2）4日，甲单位购入一批价值40万元的科研用材料，已验收入库，并向银行开具支付令。5日，甲单位收到代理银行转来的"财政授权支付凭证"和供货商的发票。

甲单位的会计处理如下。

甲单位增加材料40万元，并减少"零余额账户用款额度"40万元。

借：库存物品   400 000

    贷：零余额账户用款额度   400 000

（3）31日，甲单位2019年度财政授权支付年终结余资金为60万元。

甲单位的会计处理如下。

借：财政应返还额度——财政授权支付   600 000

    贷：零余额账户用款额度   600 000

（4）2020年1月2日，甲单位收到代理银行转来的财政授权支付额度恢复到账通知书。恢复2019年度财政授权支付额度60万元。

甲单位的会计处理如下。

对恢复财政授权支付额度的会计处理为：

借：零余额账户用款额度   600 000

    贷：财政应返还额度——财政授权支付   600 000

第三节 应收及预付款项

应收及预付款项是指单位在各项业务活动开展中由于采用商业汇票结算方式，以及赊销、预付或其他原因形成的应向有关方面收取的款项。包括应收票据、应收账款、预付账款和其他应收款等。

一、应收票据的核算

（一）应收票据的含义

事业单位与其他单位、企业之间的商品或劳务的交易除了直接用现金支付以外，还可以用票据作为结算工具。票据是指由出票人签发的，委托付款人在指定日期将一定金额的款项无条件支付给持票人或指定受款人的书面承诺，包括银行本票、银行汇票和商业汇票等。

在我国，除商业汇票外，大部分票据都是即期票据，可以即刻收款或存入银行作为货币资金，不需要作为应收票据核算。因此，我国的应收票据即指商业汇票，即应收票据是指单位采用商业汇票结算方式销售商品而收到的商业汇票。

商业汇票按承兑人不同，可分为商业承兑汇票和银行承兑汇票。商业承兑汇票是由收款人签发、经付款人承兑或由付款人签发并承兑的票据。银行承兑汇票时由收款人或承兑申请人签发并由承兑申请人向开户银行申请，由银行审查并承兑的票据。

商业汇票按是否带息，可分为带息票据和不带息票据。带息票据是指票面上载明利率的票据，其到期值等于面值加利息。不带息票据是指票面上不载明利息，持票人于票据到期日只能取得票面金额的票据。

（二）应收票据的核算

为了核算应收票据的取得和回收情况，事业单位应设置"应收票据"科目。该科目是资产类科目，借方登记收到的应收票据的票面金额，贷方登记到期收回或未到期而贴现的应收票据的票面金额，期末借方余额表示尚未收回的应收票据的票面金额。

为了便于管理和分析各种票据的具体情况，事业单位应设置"应收票据备查簿"，逐笔登记每一应收票据的种类、号数和出票日期、票面金额、付款人、承兑人、背书人的姓名或单位名称、到期日、收款日和收回金额等资料。应收票据到期收清票款后，应在"应收票据备查簿"内及时注销。

【例4-18】某事业单位销售产品一批，价款10 000元，增值税税率为13%，收到对方开出的不带息的商业承兑汇票一张，票面金额11 300元，期限2个月。编制会计分录如下。

收到商业汇票时，编制会计分录如下。

借：应收票据   11 300

  贷：经营收入   10 000

    应交增值税（销项税额）   1 300

票据到期，收到票款时，编制会计分录如下。

借：银行存款   11 300

  贷：应收票据   11 300

【例4-19】续【例4-18】，若事业单位所收到的是带息票据，年利率为12%。则到期日应收回本息和共计11 526元。编制会计分录如下。

借：银行存款   11 526

  贷：应收票据   11 300

    经营费用   226

（三）应收票据贴现的核算

事业单位持有的应收票据到期前，如遇到资金短缺，可以持未到期的应收票据向银行申请贴现。银行受理后，从票据到期值中扣除按银行贴现率计算确定的利息，然后将余款付给贴现申请人。银行贴现所扣的利息，称为贴现息；计算贴现息所用的利率，称为贴现率。不带息票据的到期值为票据的面值，带息票据的到期值为票据到期日的本金加利息。

应收票据贴现息和贴现净额的计算公式如下：

    贴现息=票据到期值×贴现率×贴现期

    贴现净额=票据到期值-贴现息

式中，贴现期是指自票据贴现日至票据到期日所间隔的日期。

单位对已贴现的汇票，按实际收到的金额借记"银行存款"科目，按票面金额贷记"应收票据"科目，按票据票面金额与贴现实收金额的差额借记或贷记"经营费用"科目。

【例4-20】某事业单位因资金周转需要，持未到期的不带息商业承兑汇票到银行贴现。票据面值10 000元，期限4个月，单位已持有2个月，银行的贴现年利率为6%。编制会计分录如下。

    贴现息=10 000×（6%÷12）×（4-2）=100（元）

    贴现净额=10 000-100=9 900（元）

借：银行存款   9 900

  经营费用   100

  贷：应收票据   10 000

【例4-21】续【例4-20】，若事业单位贴现的票据为带息票据，票据年利率为12%，其他条件不变。编制会计分录如下。

    票据到期值=10 000+10 000×12%×4÷12=10 400（元）

    贴现息=10 400×（6%÷12）×（4-2）=104（元）

    贴现净额=10 400-104=10 296（元）

借：银行存款   10 296

  贷：应收票据   10 000

    经营费用   296

如果贴现的商业承兑汇票到期，承兑人资金不足支付，银行退回已贴现的应收票据，向本单位收款时，应按所付本息借记"应收账款"科目，贷记"银行存款"科目。

【例4-22】续【例4-21】，上述已贴现的商业承兑汇票到期后，因承兑人资金不足，贴现银行退回已贴现的汇票。编制会计分录如下。

借：应收账款   10 400

  贷：银行存款   10 400

若本单位银行存款账户余额不足，无法支付上述票据。编制会计分录如下。

借：应收账款   10 400

  贷：短期借款   10 400

二、应收账款的核算

（一）应收账款的确认及计价

应收账款是指事业单位因提供劳务、开展有偿服务以及销售产品等业务形成的应向接受劳务单位或购货单位收取的款项。包括应收销售货物和提供劳务的价款、代垫的运杂费以及销售货物和提供劳务收取的销项增值税额。它是事业单位的债权，也是事业单位流动资产的重要组成部分。

应收账款的确认，应以事业单位经营收入实现，单位债权确立为基础。如在采用先发货后委托银行收款的情况下，当办妥委托银行收款或托收手续时，作为应收账款入账；在采用赊销方式，按照合同销售了货物，并取得收取货款的凭据时，作为应收账款入账。另外，事业单位应收的商业承兑汇票到期，因承兑人无力付款，银行退回商业汇票时，按规定将未收到的票据转为应收账款。

应收账款的计价，一般而言，应按买卖成交时的实际金额入账。但如果应收账款有现金折扣时，要考虑折扣因素。现金折扣是指为了鼓励客户在预定付款期内尽早付款而给予的一种现金折扣优惠。现金折扣条件通常表示为：2/10（10 天内付款，给予 2%的现金折扣），1/20（20天内付款，给予1%的现金折扣），N/30（30 天内付款不给予现金折扣）。在此种情况下，事业单位应收账款的实际数额会因客户的付款时间而异，客户付款时间不同，应收账款实收金额也不同。在存在现金折扣的情况下，应收账款入账金额的确定有两种方法：总价法和净价法。总价法是将未扣减现金折扣的价款数额作为实际售价，据以确定应收账款的入账金额。销售方给予客户的现金折扣，从融资角度上看，属于一种财务费用，计入事业单位的业务活动费用或经营费用。净价法是将扣减现金折扣后的金额作为实际售价据以确定应收账款的入账金额。将由于客户未提前付款所不能享受的现金折扣，视为提供信贷获得的收入，冲减事业单位的业务活动费用或经营费用。

（二）应收账款的核算

为了核算应收账款的发生和收回情况，事业单位应设置"应收账款"科目。该科目是资产类科目，其借方登记应收的账款；贷方登记收回或结转坏账损失或转作应收票据的应收账款。期末借方余额表示尚未收回的应收账款数额。"应收账款"科目应按不同的购货单位或接受劳务单位设置明细科目，进行明细分类核算。

【例4-23】某事业单位采用委托收款结算方式销售一批产品，售价10 000元，适用的增值税税率为13%，发运时以银行存款代垫运杂费300元，产品已发运，并向银行办妥委托收款手续。编制会计分录如下。

```
借：应收账款                                          11 600
    贷：经营收入                                        10 000
        应交增值税（销项税额）                            1 300
        银行存款                                          300
```

【例4-24】续【例4-23】，该单位收到开户银行转来的收款通知，收到上述应收款项。编制会计分录如下。

```
借：银行存款                                          11 600
    贷：应收账款                                        11 600
```

【例4-25】某事业单位收到甲公司签发的商业汇票一张，面值10 000元，用以抵付前欠的账款。编制会计分录如下。

```
借：应收票据                                          10 000
    贷：应收账款                                        10 000
```

【例4-26】某行政事业单位发生应收劳务款10 000元，规定的现金折扣条件为"2/10, N/30"。采用总价法核算，编制会计分录如下。

```
借：应收账款                                          10 000
    贷：经营收入                                        10 000
```

如果客户在10天内付款，收到款项时，编制会计分录如下。

```
借：银行存款                                           9 800
    经营费月                                            200
    贷：应收账款                                        10 000
```

如果客户在30天内付款，收到款项时，编制会计分录如下。

```
借：银行存款                                          10 000
    贷：应收账款                                        10 000
```

三、坏账准备的核算

（一）坏账准备的概念

坏账准备是指事业单位对收回后不需上缴财政的应收账款和其他应收款提取的坏账准备。

事业单位应当于每年年末，对收回后不需要上缴财政的应收账款和其他应收款进行全面检查，分析其可收回性，对预计可能产生的坏账损失计提坏账准备、确认坏账损失。事业单位可以采用应收款项余额百分比法、账龄分析法、个别认定法等方法计提坏账准备。坏账准备计提方法一经确定，不得随意变更。如需变更，应当按照规定报经批准，并在财务报表附注中予以说明。当期应补提或冲减的坏账准备金额的计算公式如下：

当期应补提或冲减的坏账准备=按照期末应收账款和其他应收款计算应计提的坏账准备金额-本科目期末贷方余额（或+本科目期末借方余额）

（二）坏账准备科目的记账规则

为了核算事业单位对收回后不需上缴财政的应收账款和其他应收款提取的坏账情况，应设置"坏账准备"科目。该科目属于资产类科目，借方登记减少数，反映事业单位按照规定转销的坏账准备；贷方登记增加数，反映事业单位按照相关规定提取的坏账准备。本科目期末贷方余额，反映事业单位提取的坏账准备金额。该科目应当分别应收账款和其他应收款进行明细核算。

（三）坏账准备的主要账务处理

（1）提取坏账准备时，借记"其他费用"科目，贷记本科目；冲减坏账准备时，借记本科目，贷记"其他费用"科目。

（2）对于账龄超过规定年限并确认无法收回的应收账款、其他应收款，应当按照有关规定报经批准后，按照无法收回的金额，借记本科目，贷记"应收账款""其他应收款"科目。已核销的应收账款、其他应收款在以后期间又收回的，按照实际收回金额，借记"应收账款""其他应收款"科目，贷记本科目；同时，借记"银行存款"等科目，贷记"应收账款""其他应收款"科目。

【例4-27】2019年事业单位某高校发生如下业务。

（1）2月1日为某企业单位提供咨询服务，价值20 000元，尚未收到款项。

借：应收账款   20 000

 贷：事业收入   20 000

（2）经了解，发现该企业财务状况不佳，12月31日为该笔应收账款提取坏账准备5 000元。

借：其他费用   5 000

 贷：坏账准备   5 000

（3）2019年3月10日，得知该企业已经破产，该笔应收款已经无法收回。编制会计分录如下。

借：坏账准备   5 000

 其他费用   15 000

 贷：应收账款   20 000

对于已冲销的应收账款，并不意味着放弃了对其的追索权。如果已冲销的应收账款以后又收回，应编制会计分录如下。

借：应收账款

 贷：其他费用

同时，应增加银行存款，减少应收账款。编制会计分录如下。

借：银行存款

 贷：应收账款

四、预付账款的核算

预付账款是指行政事业单位按照购货、劳务合同规定预先支付给供应单位的款项，属于单位的短期性债权。

为了预付账款的费用和结算情况，行政事业单位应设置"预付账款"科目。该科目是资产类科目，其借方登记按合同规定预付的账款，贷方登记办理材料、劳务结算时应结转的预付账款。期末借方余额反映尚未结算的预付款项，贷方余额反映应向供货方补付的货款。"预付账款"科目应按供应单位名称设置明细科目，进行明细分类核算。预付业务不多的单位，也可以不设置"预付账款"科目，将预付的款项直接记入"应收账款"科目核算。

行政事业单位预付款项时，借记"预付账款"科目，贷记"银行存款"科目。收到所购物品或劳务结算时，根据发票账单等所列的金额，借记"库存物品"及有关费用科目，贷记"预付账款"科目。补付款项时，借记"预付账款"科目，贷记"银行存款"科目；收到退回多付款项时，借记"银行存款"科目，贷记"预付账款"科目。

【例4-28】某事业单位订购材料一批，按购货合同规定预付货款20 000元。编制会计分录如下。

借：预付账款   20 000
    贷：银行存款   20 000

【例4-29】续【例4-28】，该事业单位收到材料和增值税专用发票，材料价款10 000元，增值税税额1 300元。同时，收到供货单位退回多付款项。编制会计分录如下。

借：库存物品   10 000
    应交增值税（进项税额）   1 300
    贷：预付账款   11 300

同时，

借：银行存款   8 700
    贷：预付账款   8 700

【例4-30】若【例4-29】中，该事业单位收到材料和增值税专用发票，材料价款20 000元，增值税税额2 600元。应补付款项2 600元。编制会计分录如下。

借：库存物品   20 000
    应交增值税（进项税额）   2 600
    贷：预付账款   22 600

同时，

借：预付账款   2 600
    贷：银行存款   2 600

五、其他应收款的核算

其他应收款是指行政事业单位除财政应返还额度、应收票据、应收账款、预付账款、应收股利、应收利息以外的其他各项应收及暂付款项，如职工预借的差旅费、已经偿还银行尚未报销的本单位公务卡欠款、拨付给内部有关部门的备用金、应向职工收取的各种垫付款项、支付的可以收回的订金或押金、应收的上级补助和附属单位上缴款项等。

本科目应当按照其他应收款的类别以及债务单位（或个人）进行明细核算。

为了核算其他应收款的发生和收回情况，行政事业单位应设置"其他应收款"科目。该科目是资产类科目，其借方登记发生的各种其他应收款，贷方登记收回的各种其他应收款及结转情况。期末借方余额反映尚未收回的其他应收款。"其他应收款"科目应按其他应收款的项目分类，并按不同的债务人设置明细科目，进行明细分类核算。

其他应收款的主要账务处理如下。

（1）发生其他各种应收及暂付款项时，按照实际发生金额，借记本科目，贷记"零余额账户用款额度""银行存款""库存现金""上级补助收入""附属单位上缴收入"等科目。涉及增值税业务的，相关账务处理参见"应交增值税"科目。

（2）收回其他各种应收及暂付款项时，按照收回的金额，借记"库存现金""银行存款"等科目，贷记本科目。

（3）单位内部实行备用金制度的，有关部门使用备用金以后应当及时到财务部门报销并补足备用金。

财务部门核定并发放备用金时，按照实际发放金额，借记本科目，贷记"库存现金"等科目。根据报销金额用现金补足备用金定额时，借记"业务活动费用""单位管理费用"等科目，贷记"库存现金"等科目，报销数和拨补数都不再通过本科目核算。

（4）偿还尚未报销的本单位公务卡欠款时，按照偿还的款项，借记本科目，贷记"零余额账户用款额度""银行存款"等科目；持卡人报销时，按照报销金额，借记"业务活动费用""单位管理费用"等科目，贷记本科目。

（5）将预付账款账面余额转入其他应收款时，借记本科目，贷记"预付账款"科目。具体说明参见"预付账款"科目。

（6）行政事业单位应当于每年年末，对其他应收款进行全面检查，如出现不能收回的迹象，应当计提坏账准备。

① 对于账龄超过规定年限、确认无法收回的其他应收款，按照规定报经批准后予以核销。按照核销金额，借记"坏账准备"科目，贷记本科目。核销的其他应收款应当在备查簿中保留登记。

② 已核销的其他应收款在以后期间又收回的，按照实际收回金额，借记本科目，贷记"坏账准备"科目；同时，借记"银行存款"等科目，贷记本科目。

（7）行政事业单位应当于每年年末，对其他应收款进行全面检查。对于超过规定年限、确认无法收回的其他应收款，应当按照有关规定报经批准后予以核销。核销的其他应收款应在备查簿中保留登记。

① 经批准核销其他应收款时，按照核销金额，借记"资产处置费用"科目，贷记本科目。

② 已核销的其他应收款在以后期间又收回的，按照收回金额，借记"银行存款"等科目，贷记"其他收入"科目。

【例4-31】某事业单位固定资产发生非正常报废，账面原值120 000元，已计提折旧80 000元，根据保险协议，应向保险公司收取保险赔款30 000元。编制会计分录如下。

借：其他应收款——保险公司　　　　　　　　　　　　　　　　　　　　　　30 000

　　固定资产累计折旧　　　　　　　　　　　　　　　　　　　　　　　　　80 000

其他费用	10 000
贷：固定资产	120 000

收到上述赔款时，编制会计分录如下。

借：银行存款	30 000
贷：其他应收款——保险公司	30 000

【例4-32】 某事业单位职工王某预借差旅费2 000元。编制会计分录如下。

借：其他应收款——王某	2 000
贷：库存现金	2 000

【例4-33】 续【例4-32】，王某出差回来，报销差旅费1 800元，退回现金200元。编制会计分录如下。

借：单位管理费用	1 800
库存现金	200
贷：其他应收款——王某	2 000

第四节　存货类科目

存货是核算行政事业单位在开展业务活动及其他活动中为耗用而储存的各种材料、燃料、包装物、低值易耗品及达不到固定资产标准的用具、装具等的实际成本。存货类会计科目主要包括在途物品、库存物品和加工物品等会计科目。

一、在途物品的核算

（一）在途物品的概念

在途物品是指行政事业单位采购材料等物资时货款已付或已开出商业汇票但尚未验收入库的物品。

（二）在途物品科目的记账规则

为了核算行政事业单位采购材料等物资时货款已付或已开出商业汇票但尚未验收入库的物品的采购成本，应设置"在途物品"科目。该科目属于资产类科目，平时借方登记增加数，反映采购材料等物资时货款已付或已开出商业汇票但尚未验收入库的在途物品的采购成本；贷方登记减少数，反映行政事业单位验收入库的在途物品的采购成本。本科目期末借方余额，反映单位在途物品的采购成本。本科目可按照供应单位和物品种类进行明细核算。

（三）在途物品的主要账务处理

（1）单位购入材料等物品，按照确定的物品采购成本的金额，借记本科目，按照实际支付的金额，贷记"财政拨款收入""零余额账户用款额度""银行存款"等科目。涉及增值税业务的，相关账务处理参见"应交增值税"科目。

（2）所购材料等物品到达验收入库，按照确定的库存物品成本金额，借记"库存物品"科目，按照物品采购成本金额，贷记本科目，按照使入库物品达到目前场所和状态所发生的其他费用，贷记"银行存款"等科目。

【例4-34】甲单位购入事业用材料一批，发票价格20 000元，运杂费5 000元，已开出银行支票付清货款和运费，材料尚在途中。为简化分析暂不考虑相关税费。编制会计分录如下。

借：在途物品	25 000
贷：银行存款	25 000

上述材料验收入库。编制会计分录如下。

借：库存物品	25 900
贷：在途物品	25 900

【例4-35】甲单位购入事业用材料一批，发票价格20 000元，运杂费5 000元，已开出银行支票付清货款和运费，材料尚在途中。该材料增值税税率13%。编制会计分录如下。

借：在途物品	25 000
应交增值税	2 600
贷：银行存款	27 600

二、库存物品的核算

（一）库存物品的概念

库存物品是指行政事业单位在开展业务活动及其他活动中为耗用或出售而储存的各种材料、产品、包装物、低值易耗品，以及达不到固定资产标准的用具、装具、动植物等的成本。已完成的测绘、地质勘察、设计成果等的成本，也通过本科目核算。

但是行政事业单位随买随用的零星办公用品，可以在购进时直接列作费用，不通过本科目核算。单位控制的政府储备物资，应当通过"政府储备物资"科目核算，不通过本科目核算。单位受托存储保管的物资和受托转赠的物资，应当通过"受托代理资产"科目核算，不通过本科目核算。单位为在建工程购买和使用的材料物资，应当通过"工程物资"科目核算，不通过本科目核算。

（二）库存物品科目的记账规则

为了核算行政事业单位在开展业务活动及其他活动中为耗用或出售而储存的各种材料、产品、包装物、低值易耗品，以及达不到固定资产标准的用具、装具、动植物等的成本，应设置"库存物品"科目。该科目属于资产类科目，借方登记增加数，反映实际收到的各种材料、产品、包装物等实际成本；贷方登记减少数，反映实际耗费的各种材料、产品、包装物等实际成本。本科目应当按照库存物品的种类、规格、保管地点等进行明细核算。单位储存的低值易耗品、包装物较多的，可以在本科目（低值易耗品、包装物）下按照"在库""在用"和"摊销"等进行明细核算。本科目期末借方余额，反映单位库存物品的实际成本。

（三）库存物品的主要账务处理

1. 取得的库存物品，应当按照其取得时的成本入账

（1）外购的库存物品验收入库，按照确定的成本，借记本科目，贷记"财政拨款收入""零

余额账户用款额度""银行存款""应付账款""在途物品"等科目。涉及增值税业务的，相关账务处理参见"应交增值税"科目。

【例4-36】甲单位购入事业用A材料一批，发票价格20 000元，运杂费5 000元，已开出银行支票付清货款和运费，材料已验收入库。为简化分析暂不考虑相关税费。编制会计分录如下。

借：库存物品   25 000

  贷：银行存款   25 000

（2）自制的库存物品加工完成并验收入库，按照确定的成本，借记本科目，贷记"加工物品——自制物品"科目。

【例4-37】事业单位长峰航空研究所用自有A材料一批，加工甲物品，材料价值20 000元，人工费5 000元。编制会计分录如下。

借：库存物品   25 000

  贷：加工物品   25 000

（3）委托外单位加工收回的库存物品验收入库，按照确定的成本，借记本科目，贷记"加工物品——委托加工物品"等科目。

（4）接受捐赠的库存物品验收入库，按照确定的成本，借记本科目，按照发生的相关税费、运输费等，贷记"银行存款"等科目，按照其差额，贷记"捐赠收入"科目。接受捐赠的库存物品按照名义金额入账的，按照名义金额，借记本科目，贷记"捐赠收入"科目；同时，按照发生的相关税费、运输费等，借记"其他费用"科目，贷记"银行存款"等科目。

【例4-38】事业单位长峰航空研究所接到某企业捐赠的材料一批，发票价格120 000元，运输该材料发生运输费用3 000元，人工费用1 000元。编制会计分录如下。

借：库存物品   120 000

  贷：捐赠收入   120 000

借：其他费用   4 000

  贷：银行存款   4 000

（5）无偿调入的库存物品验收入库，按照确定的成本，借记本科目，按照发生的相关税费、运输费等，贷记"银行存款"等科目，按照其差额，贷记"无偿调拨净资产"科目。

（6）置换换入的库存物品验收入库，按照确定的成本，借记本科目，按照换出资产的账面余额，贷记相关资产科目（换出资产为固定资产、无形资产的，还应当借记"固定资产累计折旧""无形资产累计摊销"科目），按照置换过程中发生的其他相关费用，贷记"银行存款"等科目，按照借贷方差额，借记"资产处置费用"科目或贷记"其他收入"科目。涉及补价的，分别以下情况处理。

① 支付补价的，按照确定的成本，借记本科目，按照换出资产的账面余额，贷记相关资产科目（换出资产为固定资产、无形资产的，还应当借记"固定资产累计折旧""无形资产累计摊销"科目），按照支付的补价和置换过程中发生的其他相关费用，贷记"银行存款"等科目，按照借贷方差额，借记"资产处置费用"科目或贷记"其他收入"科目。

【例4-39】事业单位长峰航空研究所用的甲材料与航空631所的乙材料进行置换。甲材料账面净值100 000元，乙材料账面净值82 000元，同时航空631所支付现金18 000元，在置换过程中，

631所共发生相关运输费、人工费合计10 000元。为简化分析，不考虑相关的税费。631所会计分录如下。

借：库存物品——甲材料   100 000

  资产处置费用   10 000

    贷：库存物品——乙材料   82 000

      银行存款   28 000

② 收到补价的，按照确定的成本，借记本科目，按照收到的补价，借记"银行存款"等科目，按照换出资产的账面余额，贷记相关资产科目（换出资产为固定资产、无形资产的，还应当借记"固定资产累计折旧""无形资产累计摊销"科目）。

按照置换过程中发生的其他相关费用，贷记"银行存款"等科目，按照补价扣减其他相关费用后的净收入，贷记"应缴财政款"科目，按照借贷方差额，借记"资产处置费用"科目或贷记"其他收入"科目。

【例4-40】事业单位长峰航空研究所用的甲材料与航空631所的乙材料进行置换。甲材料账面净值100 000元，乙材料账面净值82 000元，同时航空631所支付现金18 000元，在置换过程中，共发生相关运输费、人工费合计10 000元。为简化分析，不考虑相关的税费。长峰所会计分录如下。

借：库存物品——乙材料   82 000

  银行存款   18 000

  资产处置费用   8 000

    贷：库存物品——甲材料   100 000

      应缴财政款   8 000

2. 库存物品在发出时，分以下情况处理

（1）单位开展业务活动领用、按照规定自主出售发出或加工发出库存物品，按照领用、出售等发出物品的实际成本，借记"业务活动费用""单位管理费用""经营费用""加工物品"等科目，贷记本科目。采用一次转销法摊销低值易耗品、包装物的，在首次领用时将其账面余额一次性摊销计入有关成本费用，借记有关科目，贷记本科目。采用五五摊销法摊销低值易耗品、包装物的，首次领用时，将其账面余额的50%摊销计入有关成本费用，借记有关科目，贷记本科目；使用完时，将剩余的账面余额转销计入有关成本费用，借记有关科目，贷记本科目。

【例4-41】甲行政事业单位发出材料情况如下。

事业活动中领用甲材料4 000元，根据领料单，编制会计分录如下。

借：业务活动费用   4 000

    贷：库存物品——甲材料   4 000

（2）经批准对外出售的库存物品（不含可自主出售的库存物品）发出时，按照库存物品的账面余额，借记"资产处置费用"科目，贷记本科目；同时，按照收到的价款，借记"银行存款"等科目，按照处置过程中发生的相关费用，贷记"银行存款"等科目，按照其差额，贷记"应缴财政款"科目。

【例4-42】某事业单位经批准对外出售库存物品一批，账面价值100 000元，经评估，该批材料的公允价值为80 000元。在出售过程中，共发生清理费用10 000元。编制会计分录如下。

借：资产处置费用　　　　　　　　　　　　　　　　　　　　　　100 000

　　贷：库存物品　　　　　　　　　　　　　　　　　　　　　　　　100 000

借：银行存款　　　　　　　　　　　　　　　　　　　　　　　　80 000

　　贷：应缴财政款　　　　　　　　　　　　　　　　　　　　　　　80 000

借：资产处置费用　　　　　　　　　　　　　　　　　　　　　　10 000

　　贷：银行存款　　　　　　　　　　　　　　　　　　　　　　　　10 000

（3）经批准对外捐赠的库存物品发出时，按照库存物品的账面余额和对外捐赠过程中发生的归属于捐出方的相关费用合计数，借记"资产处置费用"科目，按照库存物品账面余额，贷记本科目，按照对外捐赠过程中发生的归属于捐出方的相关费用，贷记"银行存款"等科目。

（4）经批准无偿调出的库存物品发出时，按照库存物品的账面余额，借记"无偿调拨净资产"科目，贷记本科目；同时，按照无偿调出过程中发生的归属于调出方的相关费用，借记"资产处置费用"科目，贷记"银行存款"等科目。

【例4-43】某事业单位经批准无偿调出的库存物品一批，账面余额10 000元，发生的运输费等相关费用1 000元。编制会计分录如下。

借：无偿调拨净资产　　　　　　　　　　　　　　　　　　　　　10 000

　　贷：库存物品　　　　　　　　　　　　　　　　　　　　　　　　10 000

借：资产处置费用　　　　　　　　　　　　　　　　　　　　　　1 000

　　贷：银行存款　　　　　　　　　　　　　　　　　　　　　　　　1 000

（5）经批准置换换出的库存物品，参照本科目有关置换换入库存物品的规定进行账务处理。

3. 定期对库存商品进行盘点

单位应当定期对库存物品进行清查盘点，每年至少盘点一次。对于发生的库存物品盘盈、盘亏或者报废、毁损，应当先记入"待处理财产损溢"科目，按照规定报经批准后及时进行后续账务处理。

（1）盘盈的库存物品，其成本按照有关凭据注明的金额确定；没有相关凭据但按照规定经过资产评估的，其成本按照评估价值确定；没有相关凭据也未经过评估的，其成本按照重置成本确定。无法采用上述方法确定盘盈的库存物品成本的，按照名义金额入账。盘盈的库存物品，按照确定的入账成本，借记本科目，贷记"待处理财产损溢"科目。

【例4-44】某事业单位2017年年末对库存物品进行清查盘点，发现盘盈乙材料一批，经评估该材料价值6 000元。经批准，作为其他收入处理。

审批前的会计分录如下。

借：库存物品　　　　　　　　　　　　　　　　　　　　　　　　6 000

　　贷：待处理财产损溢　　　　　　　　　　　　　　　　　　　　　6 000

审批后的会计分录如下。

借：待处理财产损溢　　　　　　　　　　　　　　　　　　　　　6 000

　　贷：其他收入　　　　　　　　　　　　　　　　　　　　　　　　6 000

（2）盘亏或者毁损、报废的库存物品，按照待处理库存物品的账面余额，借记"待处理财产损溢"科目，贷记本科目。属于增值税一般纳税人的单位，若因非正常原因导致的库存物品盘亏或毁损，还应当将与该库存物品相关的增值税进项税额转出，按照其增值税进项税额，借记"待处理财产损溢"科目，贷记"应交税金——应交增值税（进项税额转出）"科目。

三、加工物品的核算

（一）加工物品的概念

加工物品是指行政事业单位自制或委托外单位加工的各种材料、产品、包装物、低值易耗品。

（二）加工物品科目的记账规则

为了核算行政事业单位自制或委托外单位加工的各种物品的实际成本，应设置"加工物品"科目。该科目属于资产类科目，借方登记增加数，行政事业单位自制或委托外单位加工的各种物品的实际成本；贷方登记减少数，反映行政事业单位消耗的自制或委托外单位加工的各种物品的实际成本。本科目期末借方余额，反映单位自制或委托外单位加工但尚未完工的各种物品的实际成本。

本科目应当设置"自制物品""委托加工物品"两个一级明细科目，并按照物品类别、品种、项目等设置明细账，进行明细核算。本科目"自制物品"一级明细科目下应当设置"直接材料""直接人工""其他直接费用"等二级明细科目归集自制物品发生的直接材料、直接人工（专门从事物品制造人员的人工费）等直接费用；对于自制物品发生的间接费用，应当在本科目"自制物品"一级明细科目下单独设置"间接费用"二级明细科目予以归集，期末，再按照一定的分配标准和方法，分配计入有关物品的成本。

（三）加工物品的主要账务处理

1. 自制物品

（1）为自制物品领用材料等，按照材料成本，借记本科目（自制物品——直接材料），贷记"库存物品"科目。

（2）专门从事物品制造的人员发生的直接人工费用，按照实际发生的金额，借记本科目（自制物品——直接人工），贷记"应付职工薪酬"科目。

（3）为自制物品发生的其他直接费用，按照实际发生的金额，借记本科目（自制物品——其他直接费用），贷记"零余额账户用款额度""银行存款"等科目。

（4）自制物品发生的间接费用，按照实际发生的金额，借记本科目（自制物品——间接费用），贷记"零余额账户用款额度""银行存款""应付职工薪酬""固定资产累计折旧""无形资产累计摊销"等科目。间接费用一般按照生产人员工资、生产人员工时、机器工时、耗用材料的数量或成本、直接费用（直接材料和直接人工）或产品产量等进行分配。单位可根据具体情况自行选择间接费用的分配方法。分配方法一经确定，不得随意变更。

（5）已经制造完成并验收入库的物品，按照所发生的实际成本（包括耗用的直接材料费用、直接人工费用、其他直接费用和分配的间接费用），借记"库存物品"科目，贷记本科目（自制物品）。

2. 委托加工物品

（1）发给外单位加工的材料等，按照其实际成本，借记本科目（委托加工物品），贷记"库存物品"科目。

（2）支付加工费、运输费等费用，按照实际支付的金额，借记本科目（委托加工物品），贷记"零余额账户用款额度""银行存款"等 科目。涉及增值税业务的，相关账务处理参见"应交增值税"科目。

（3）委托加工完成的材料等验收入库，按照加工前发出材料的成本和加工、运输成本等，借记"库存物品"等科目，贷记本科目（委托加工物品）。

第五节 固定资产及相关科目

一、固定资产

（一）固定资产的概念

固定资产是指使用年限在一年以上，单位价值在规定的标准以上，并在使用过程中基本保持原来实物形态的资产。行政事业单位的固定资产包括房屋和建筑物、专用设备、一般设备、文物和陈列品、图书、其他固定资产等。单位价值虽然不足规定标准，但耐用时间在 1 年以上的大批同类资产，也应当作为固定资产核算。

《政府会计准则第 3 号——固定资产》应用指南

政府会计准则第 3 号——固定资产

行政事业单位的固定资产，一般情况下，必须同时具备以下两个条件：

（1）使用时间在一年以上；

（2）单位价值在规定限额以上。一般设备价值在 1 000 元以上，专用设备价值在 1 500 元以上。

行政事业单位的一些资产，单位价值虽然达不到规定标准，但耐用时间在 1 年以上的大批同类资产，应当作为固定资产核算。不符合固定资产标准的工具、器具等，作为库存物品核算。

（二）固定资产的分类

行政事业单位的固定资产一般可以分为以下 6 类。

（1）房屋和建筑物，指行政事业单位占有或者使用的房屋、建筑物及其附属设施。其中，房屋一般包括办公用房、业务用房、库房、职工宿舍用房、职工食堂等；建筑物一般包括道路、水塔、围墙等；附属设施一般包括房屋、建筑物内的电梯、通信线路、输电线路、水气管道等。

（2）专用设备，指行政事业单位根据业务活动需要购置的各种具有专门性能和专门用途的设备，如学校的教学仪器、科研单位的科研仪器、医院的医疗仪器等。行政事业单位作为专用设备管理的固定资产，其单位价值应当在 1 500 元以上。

（3）一般设备，指行政事业单位用于业务活动需要的通用设备，如办公用的家具、交通工具等。行政事业单位作为一般设备管理的固定资产，其单位价值应当在 1 000 元以上。

（4）陈列品，指博物馆、展览馆、纪念馆等行政事业单位的各种陈列品，如字画、纪念物品等。

（5）图书，指专业图书馆、文化馆收藏的书籍，以及行政事业单位收藏的统一管理、使用的批量业务用书，如单位图书馆、阅览室的图书等。

（6）其他固定资产，指以上各类未包括的固定资产。

行政事业单位应根据规定的固定资产标准和分类，结合本单位实际情况，制定固定资产台账，作为核算的依据。

（三）固定资产的主要账务处理

1. 固定资产在取得时，应当按照成本进行初始计量

（1）购入不需安装的固定资产验收合格时，按照确定的固定资产成本，借记本科目，贷记"财政拨款收入""零余额账户用款额度""应付账款""银行存款"等科目。

【例4-45】某行政事业单位用事业经费购入一台设备，价值10 000元。款项已通过银行付讫，设备已通过验收并交付使用。编制会计分录如下。

借：固定资产　　　　　　　　　　　　　　　　　　　　　　　　　10 000
　　贷：银行存款　　　　　　　　　　　　　　　　　　　　　　　　10 000

购入需要安装的固定资产，在安装完毕交付使用前通过"在建工程"科目核算，安装完毕交付使用时再转入本科目。

购入固定资产扣留质量保证金的，应当在取得固定资产时，按照确定的固定资产成本，借记本科目[不需安装]或"在建工程"科目[需要安装]，按照实际支付或应付的金额，贷记"财政拨款收入""零余额账户用款额度""应付账款"[不含质量保证金]、"银行存款"等科目，按照扣留的质量保证金数额，贷记"其他应付款"[扣留期在1年以内（含1年）]或"长期应付款"[扣留期超过1年]科目。

质保期满支付质量保证金时，借记"其他应付款""长期应付款"科目，贷记"财政拨款收入""零余额账户用款额度""银行存款"等科目。

【例4-46】某行政事业单位用事业经费购入一台设备，价值100 000元。同时按照合同金额的20%作为质保金，期限为6个月。款项已通过银行付讫，设备已交付使用。编制会计分录如下。

借：固定资产　　　　　　　　　　　　　　　　　　　　　　　　　100 000
　　贷：银行存款　　　　　　　　　　　　　　　　　　　　　　　　80 000
　　　　其他应付款　　　　　　　　　　　　　　　　　　　　　　　20 000

6个月期满后，编制会计分录如下。

借：其他应付款　　　　　　　　　　　　　　　　　　　　　　　　20 000
　　贷：银行存款　　　　　　　　　　　　　　　　　　　　　　　　20 000

（2）自行建造的固定资产交付使用时，按照在建工程成本，借记本科目，贷记"在建工程"科目。已交付使用但尚未办理竣工决算手续的固定资产，按照估计价值入账，待办理竣工决算后再按照实际成本调整原来的暂估价值。

（3）融资租赁取得的固定资产，其成本按照租赁协议或者合同确定的租赁价款、相关税费以及固定资产交付使用前所发生的可归属于该项资产的运输费、途中保险费、安装调试费等确定。

融资租入的固定资产，按照确定的成本，借记本科目[不需安装]或"在建工程"科目[需安装]，按照租赁协议或者合同确定的租赁付款额，贷记"长期应付款"科目，按照支付的运输费、途中保险费、安装调试费等金额，贷记"财政拨款收入""零余额账户用款额度""银行存款"等科目。

定期支付租金时，按照实际支付金额，借记"长期应付款"科目，贷记"财政拨款收入""零余额账户用款额度""银行存款"等科目。

✒ 【例4-47】2019年12月1日某行政事业单位与供应商甲签订协议购买一项不需要安装的设备，价款300 000元，分三期每年年末平均支付。2019年12月31日支付第一年的货款100 000元并收到该设备。编制会计分录如下。

2019年12月1日签订协议时，编制会计分录如下。

借：固定资产   300 000

    贷：长期应付款   300 000

每年年末支付价款时，编制会计分录如下。

借：长期应付款   100 000

    贷：银行存款/零余额账户用款额度   100 000

（4）按照规定跨年度分期付款购入固定资产的账务处理，参照融资租入固定资产。

（5）接受捐赠的固定资产，按照确定的固定资产成本，借记本科目[不需安装]或"在建工程"科目[需安装]，按照发生的相关税费、运输费等，贷记"零余额账户用款额度""银行存款"等科目，按照其差额，贷记"捐赠收入"科目。

接受捐赠的固定资产按照名义金额入账的，按照名义金额，借记本科目，贷记"捐赠收入"科目；按照发生的相关税费、运输费等，借记"其他费用"科目，贷记"零余额账户用款额度""银行存款"等科目。

✒ 【例4-48】事业单位北京某高校收到企业捐赠的大楼一栋，大楼经资产评估师评估，价值2亿元。编制会计分录如下。

借：固定资产   200 000 000

    贷：捐赠收入   200 000 000

（6）无偿调入的固定资产，按照确定的固定资产成本，借记本科目[不需安装]或"在建工程"科目[需安装]，按照发生的相关税费、运输费等，贷记"零余额账户用款额度""银行存款"等科目，按照其差额，贷记"无偿调拨净资产"科目。

✒ 【例4-49】事业单位北京某高校收到市教委无偿调入的小汽车一辆，价值200 000元。编制会计分录如下。

借：固定资产   200 000

    贷：无偿调拨净资产   200 000

（7）置换取得的固定资产，参照 "库存物品"科目中置换取得库存物品的相关规定进行账务处理。固定资产取得时涉及增值税业务的，相关账务处理参见"应交增值税"科目。

2. 与固定资产有关的后续费用

（1）符合固定资产确认条件的后续费用通常情况下，将固定资产转入改建、扩建时，按照固定资产的账面价值，借记"在建工程"科目，按照固定资产已计提折旧，借记"固定资产累计折旧"科目，按照固定资产的账面余额，贷记本科目。

为增加固定资产使用效能或延长其使用年限而发生的改建、扩建等后续费用，借记"在建工程"科目，贷记"财政拨款收入""零余额账户用款额度""银行存款"等科目。

固定资产改建、扩建等完成交付使用时，按照在建工程成本，借记本科目，贷记"在建工程"科目。

（2）不符合固定资产确认条件的后续费用为保证固定资产正常使用发生的日常维修等费用，借记"业务活动费用""单位管理费用"等科目，贷记"财政拨款收入""零余额账户用款额度""银行存款"等科目。

✎【例4-50】事业单位北京某高校利用暑假对办公大楼进行日常维护，共发生材料费、人工费等合计200 000元。

　　借：业务活动费用　　　　　　　　　　　　　　　　　　　　　　　200 000
　　　　贷：财政拨款收入　　　　　　　　　　　　　　　　　　　　　　　　200 000

3. 按照规定报经批准处置固定资产，应当分别以下情况处理

（1）报经批准出售、转让固定资产，按照被出售、转让固定资产的账面价值，借记"资产处置费用"科目，按照固定资产已计提的折旧，借记"固定资产累计折旧"科目，按照固定资产账面余额，贷记本科目；同时，按照收到的价款，借记"银行存款"等科目，按照处置过程中发生的相关费用，贷记"银行存款"等科目，按照其差额，贷记"应缴财政款"科目。

（2）报经批准对外捐赠固定资产，按照固定资产已计提的折旧，借记"固定资产累计折旧"科目，按照被处置固定资产账面余额，贷记本科目，按照捐赠过程中发生的归属于捐出方的相关费用，贷记"银行存款"等科目，按照其差额，借记"资产处置费用"科目。

（3）报经批准无偿调出固定资产，按照固定资产已计提的折旧，借记"固定资产累计折旧"科目，按照被处置固定资产账面余额，贷记本科目，按照其差额，借记"无偿调拨净资产"科目；同时，按照无偿调出过程中发生的归属于调出方的相关费用，借记"资产处置费用"科目，贷记"银行存款"等科目。

（4）报经批准置换换出固定资产，参照"库存物品"中置换换入库存物品的规定进行账务处理。固定资产处置时涉及增值税业务的，相关账务处理参见"应交增值税"科目。

4. 定期盘点固定资产

单位应当定期对固定资产进行清查盘点，每年至少盘点一次。对于发生的固定资产盘盈、盘亏或毁损、报废，应当先记入"待处理财产损溢"科目，按照规定报经批准后及时进行后续账务处理。

（1）盘盈的固定资产，其成本按照有关凭据注明的金额确定；没有相关凭据但按照规定经过资产评估的，其成本按照评估价值确定；没有相关凭据也未经过评估的，其成本按照重置成本确定。如无法采用上述方法确定盘盈固定资产成本的，按照名义金额（人民币 1 元）入账。盘盈的固定资产，按照确定的入账成本，借记本科目，贷记"待处理财产损溢"科目。

（2）盘亏、毁损或报废的固定资产，按照待处理固定资产的账面价值，借记"待处理财产损溢"科目，按照已计提折旧，借记"固定资产累计折旧"科目，按照固定资产的账面余额，贷记本科目。

✎【例4-51】某行政事业单位经过上级部门批准将一台使用期不满但不能使用的设备报废。在清理过程中，通过银行支付清理费用8 000元，残料变价收入3 000元已存入银行。该设备原值22 000元，已计提折旧16 000元。

注销报废的固定资产的原值，审批前编制会计分录如下。

借：待处理资产损溢——处置资产价值 6 000

固定资产累计折旧 16 000

贷：固定资产 22 000

审批后编制会计分录如下。

借：资产处置费用 6 000

贷：待处理财产损溢——待处理财产价值 6 000

借：资产处置费用 5 000

贷：待处理资产损溢——处置净收入 5 000

【例4-52】某行政事业单位用专用基金购入一台设备，价值30 000元。款项已通过银行付讫，设备已通过验收并交付使用。编制会计分录如下。

借：专用基金 30 000

贷：累计盈余 30 000

同时，

借：固定资产 30 000

贷：银行存款 30 000

【例4-53】某行政事业单位接受捐赠一批图书，价值10 000元。编制会计分录如下。

借：固定资产 10 000

贷：捐赠收入 10 000

【例4-54】某行政事业单位年终进行固定资产清查，盘盈设备一台，重置价值15 000元。审批前，编制会计分录如下。

借：固定资产 15 000

贷：待处理财产损溢——固定资产 15 000

审批后，编制会计分录如下。

借：待处理财产损溢 15 000

贷：其他收入 15 000

【例4-55】某行政事业单位融资租入一台设备，双方协议租金12 000元，租期6年。

取得固定资产时，编制会计分录如下。

借：固定资产 12 000

贷：长期应付款 12 000

每年支付租金时，编制会计分录如下。

借：长期应付款 2 000

贷：银行存款 2 000

【例4-56】某行政事业单位出售旧设备一台，出售价格为4万元，账面价值60 000元，已经提取固定资产折旧10 000元，价款已存入银行。编制会计分录如下。

借：银行存款 40 000

贷：应缴财政款 40 000

同时，

借：资产处置费用   50 000

  固定资产累计折旧   10 000

  贷：固定资产   60 000

【例4-57】 某行政事业单位报废设备一台，账面价值20 000元，清理时取得变价收入5 000元，发生清理费用3 000元，款项均通过银行存款结算。

审批前，编制会计分录如下。

借：待处理财产损溢   20 000

  贷：固定资产   20 000

审批后，编制会计分录如下。

借：资产处置费用   20 000

  贷：待处理财产损溢   20 000

【例4-58】 某行政事业单位年终清查，盘亏设备一台，账面价值50 000元，已经提取折旧20 000元。

审批前，编制会计分录如下。

借：待处理财产损溢   30 000

  固定资产累计折旧   20 000

  贷：固定资产   50 000

【例4-59】 某行政事业单位以一台设备对外投资，该设备账面价值60 000元，双方协商作价45 000元。编制会计分录如下。

借：长期股权投资   45 000

  其他费用   15 000

  贷：固定资产   60 000

【例4-60】 某行政事业单位自筹资金自建固定资产的业务如下。

用银行存款购入建造固定资产所需材料一批，价款为15 000元；建造固定资产领用材料15 000元；结转建造固定资产应负担的职工工资2 000元；用银行存款支付建造固定资产的其他费用1 000元；固定资产建造完工，经验收合格投入使用，该项固定资产的全部费用为18 000元，增加固定资产并结转有关费用。

购入建造固定资产所需材料时，编制会计分录如下。

借：库存物品/工程物资   15 000

  贷：银行存款   15 000

领用材料时，编制会计分录如下。

借：在建工程   15 000

  贷：库存物品/工程物资   15 000

支付职工工资时，编制会计分录如下。

借：在建工程   2 000

  贷：应付职工薪酬   2 000

支付其他费用时，编制会计分录如下。

借：在建工程   1 000

  贷：银行存款   1 000

完工验收后，增加固定资产时，编制会计分录如下。

借：固定资产   18 000

  贷：在建工程   18 000

二、固定资产累计折旧

（一）固定资产累计折旧的概念

固定资产累计折旧是指在固定资产使用寿命内，按照确定的方法对应摊销金额进行系统分摊。本科目核算行政事业单位固定资产计提的累计折旧额。本科目应当按照对应固定资产的类别、项目等进行明细核算。行政事业单位应当对除下列各项资产以外的其他固定资产计提折旧：

（1）文物和陈列品；

（2）动植物；

（3）图书、档案；

（4）以名义金额计量的固定资产。

（二）固定资产累计折旧的管理

（1）行政事业单位应当根据固定资产的性质和实际使用情况，合理确定其折旧年限。省级以上财政部门、主管部门对行政事业单位固定资产折旧年限作出规定的，从其规定。

（2）行政事业单位一般应当采用年限平均法或工作量法计提固定资产折旧。

（3）行政事业单位固定资产的应折旧金额为其成本，计提固定资产折旧不考虑预计净残值。

（4）行政事业单位一般应当按月计提固定资产折旧。当月增加的固定资产，当月不提折旧，从下月起计提折旧；当月减少的固定资产，当月照提折旧，从下月起不提折旧。

（5）固定资产提足折旧后，无论能否继续使用，均不再计提折旧；提前报废的固定资产，也不再补提折旧。已提足折旧的固定资产，可以继续使用的，应当继续使用，规范管理。

（6）计提融资租入固定资产折旧时，应当采用与自有固定资产相一致的折旧政策。能够合理确定租赁期届满时将会取得租入固定资产所有权的，应当在租入固定资产尚可使用年限内计提折旧；无法合理确定租赁期届满时能够取得租入固定资产所有权的，应当在租赁期与租入固定资产尚可使用年限两者中较短的期间内计提折旧。

（7）固定资产因改建、扩建或修缮等原因而延长其使用年限的，应当按照重新确定的固定资产的成本以及重新确定的折旧年限，重新计算折旧额。

（三）固定资产累计折旧的核算

（1）按月计提固定资产折旧时，按照应计提折旧金额，借记"业务活动费用""单位管理费用""经营费用""加工物品""在建工程"等科目，贷记本科目。

（2）经批准处置或处理固定资产时，按照所处置或处理固定资产的账面价值，借记"资产处置费用""无偿调拨净资产""待处理财产损溢"等科目，按照已计提折旧，借记本科目，按照固定资产的账面余额，贷记"固定资产"科目。

【例4-61】月末某行政事业单位对一台设备提取折旧3 000元。编制会计分录如下。

借：单位管理费用   3 000

    贷：固定资产累计折旧   3 000

【例4-62】某行政事业单位将一台设备对外出售，该设备账面价值60 000元，已提取折旧20 000元，双方协商作价45 000元。编制会计分录如下。

借：资产处置费用   40 000

    固定资产累计折旧   20 000

    贷：固定资产   60 000

借：银行存款   45 000

    贷：应缴财政款   45 000

三、在建工程

（一）在建工程的概念

在建工程是指行政事业单位已经发生，但尚未完工交付使用的各种建筑（包括新建、改建、扩建、修缮等）和设备安装工程的实际成本。本科目应当按照工程性质和具体工程项目等进行明细核算。

（二）在建工程记账规则

为了核算行政事业单位已经发生，但尚未完工交付使用的各种建筑（包括新建、改建、扩建、修缮等）和设备安装工程的实际成本，行政事业单位应该设立"在建工程"科目。该科目属于资产类，借方登记单位发生的但尚未完工交付使用的各种建筑（包括新建、改建、扩建、修缮等）和设备安装工程的实际成本，贷方登记结转到固定资产的各种实际成本。结转后没有余额。该科目平时余额在借方，表示单位发生的但尚未完工交付使用的各种建筑和设备安装工程的实际成本。

本科目应当设置"建筑安装工程投资""设备投资""待摊投资""其他投资""待核销基建支出""基建转出投资" 等明细科目，并按照具体项目进行明细核算。

（1）"建筑安装工程投资"明细科目，核算单位发生的构成建设项目实际支出的建筑工程和安装工程的实际成本，不包括被安装设备本身的价值以及按照合同规定支付给施工单位的预付备料款和预付工程款。本明细科目应当设置"建筑工程"和"安装工程"两个明细科目进行明细核算。

（2）"设备投资"明细科目，核算单位发生的构成建设项目实际支出的各种设备的实际成本。

（3）"待摊投资"明细科目，核算单位发生的构成建设项目实际支出的、按照规定应当分摊计入有关工程成本和设备成本的各项间接费用和税费支出。本明细科目的具体核算内容包括以下方面。

① 勘察费、设计费、研究试验费、可行性研究费及项目其他前期费用。

② 土地征用及迁移补偿费、土地复垦及补偿费、森林植被恢复费及其他为取得土地使用权、租用权而发生的费用。

③ 土地使用税、耕地占用税、契税、车船税、印花税及按照规定缴纳的其他税费。

④ 项目建设管理费、代建管理费、临时设施费、监理费、招投标费、社会中介审计（审

查）费及其他管理性质的费用。项目建设管理费是指项目建设单位从项目筹建之日起至办理竣工财务决算之日止发生的管理性质的支出，包括不在原单位发工资的工作人员工资及相关费用、办公费、办公场地租用费、差旅交通费、劳动保护费、工具用具使用费、固定资产使用费、招募生产工人费、技术图书资料费（含软件）、业务招待费、施工现场津贴、竣工验收费等。

⑤ 项目建设期间发生的各类专门借款利息支出或融资费用。

⑥ 工程检测费、设备检验费、负荷联合试车费及其他检验检测类费用。

⑦ 固定资产损失、器材处理亏损、设备盘亏及毁损、单项工程或单位工程报废、毁损净损失及其他损失。

⑧ 系统集成等信息工程的费用支出。

⑨ 其他待摊性质支出。 本明细科目应当按照上述费用项目进行明细核算，其中有些费用（如项目建设管理费等），还应当按照更为具体的费用项目进行明细核算。

（4）"其他投资"明细科目，核算单位发生的构成建设项目实际支出的房屋购置支出，基本畜禽、林木等购置、饲养、培育支出，办公生活用家具、器具购置支出，软件研发和不能计入设备投资的软件购置等支出。单位为进行可行性研究而购置的固定资产，以及取得土地使用权支付的土地出让金，也通过本明细科目核算。本明细科目应当设置"房屋购置""基本畜禽支出""林木支出""办公生活用家具、器具购置""可行性研究固定资产购置""无形资产"等明细科目。

（5）"待核销基建支出"明细科目，核算建设项目发生的江河清障、航道清淤、飞播造林、补助群众造林、水土保持、城市绿化、取消项目的可行性研究费以及项目整体报废等不能形成资产部分的基建投资支出。本明细科目应按照待核销基建支出的类别进行明细核算。

（6）"基建转出投资"明细科目，核算为建设项目配套而建成的、产权不归属本单位的专用设施的实际成本。本明细科目应按照转出投资的类别进行明细核算。

单位在建的信息系统项目工程、公共基础设施项目工程、保障性住房项目工程的实际成本，也通过本科目核算。

（三）在建工程的核算

1. 建筑安装工程投资

（1）将固定资产等资产转入改建、扩建等时，按照固定资产等资产的账面价值，借记本科目（建筑安装工程投资），按照已计提的折旧或摊销，借记"固定资产累计折旧"等科目，按照固定资产等资产的原值，贷记"固定资产"等科目。 固定资产等资产改建、扩建过程中涉及替换（或拆除）原资产的某些组成部分的，按照被替换（或拆除）部分的账面价值，借记"待处理财产损溢"科目，贷记本科目（建筑安装工程投资）。

（2）单位对于发包建筑安装工程，根据建筑安装工程价款结算账单与施工企业结算工程价款时，按照应承付的工程价款，借记本科目（建筑安装工程投资），按照预付工程款余额，贷记"预付账款"科目，按照其差额，贷记"财政拨款收入""零余额账户用款额度""银行存款""应付账款"等科目。

（3）单位自行施工的小型建筑安装工程，按照发生的各项支出金额，借记本科目（建筑安装工程投资），贷记"工程物资""零余额账户用款额度""银行存款""应付职工薪酬"等科目。

（4）工程竣工，办妥竣工验收交接手续交付使用时，按照建筑安装工程成本（含应分摊的待摊投资），借记"固定资产"等科目，贷记本科目（建筑安装工程投资）。

2. 设备投资

（1）购入设备时，按照购入成本，借记本科目（设备投资），贷记"财政拨款收入""零余额账户用款额度""银行存款"等科目；采用预付款方式购入设备的，有关预付款的账务处理参照本科目有关"建筑安装工程投资"明细科目的规定。

（2）设备安装完毕，办妥竣工验收交接手续交付使用时，按照设备投资成本（含设备安装工程成本和分摊的待摊投资），借记"固定资产"等科目，贷记本科目（设备投资、建筑安装工程投资——安装工程）。将不需要安装的设备和达不到固定资产标准的工具、器具交付使用时，按照相关设备、工具、器具的实际成本，借记"固定资产""库存物品"科目，贷记本科目（设备投资）。

3. 待摊投资

建设工程发生的构成建设项目实际支出的、按照规定应当分摊计入有关工程成本和设备成本的各项间接费用和税费支出，先在本明细科目中归集；建设工程办妥竣工验收手续交付使用时，按照合理的分配方法，摊入相关工程成本、在安装设备成本等。

（1）单位发生的构成待摊投资的各类费用，按照实际发生金额，借记本科目（待摊投资），贷记"财政拨款收入""零余额账户用款额度""银行存款""应付利息""长期借款""其他应交税费""固定资产累计折旧""无形资产累计摊销"等科目。

（2）对于建设过程中试生产、设备调试等产生的收入，按照取得的收入金额，借记"银行存款"等科目，按照依据有关规定应当冲减建设工程成本的部分，贷记本科目（待摊投资），按照其差额贷记"应缴财政款"或"其他收入"科目。

（3）由于自然灾害、管理不善等原因造成的单项工程或单位工程报废或毁损，扣除残料价值和过失人或保险公司等赔款后的净损失，报经批准后计入继续施工的工程成本的，按照工程成本扣除残料价值和过失人或保险公司等赔款后的净损失，借记本科目（待摊投资），按照残料变价收入、过失人或保险公司赔款等，借记"银行存款""其他应收款"等科目，按照报废或毁损的工程成本，贷记本科目（建筑安装工程投资）。

（4）工程交付使用时，按照合理的分配方法分配待摊投资，借记本科目（建筑安装工程投资、设备投资），贷记本科目（待摊投资）。

待摊投资的分配方法，可按照下列公式计算。

① 按照实际分配率分配。适用于建设工期较短、整个项目的所有单项工程一次竣工的建设项目。实际分配率=待摊投资明细科目余额÷（建筑工程明细科目余额+安装工程明细科目余额+设备投资明细科目余额）×100%

② 按照概算分配率分配。适用于建设工期长、单项工程分期分批建成投入使用的建设项目。概算分配率=（概算中各待摊投资项目的合计数-其中可直接分配部分）÷（概算中建筑工程、安装工程和设备投资合计）×100%

某项固定资产应分配的待摊投资=该项固定资产的建筑工程成本或该项固定资产（设备）的采购成本和安装成本合计×分配率

4．其他投资

（1）单位为建设工程发生的房屋购置支出，基本畜禽、林木等的购置、饲养、培育支出，办公生活用家具、器具购置支出，软件研发和不能计入设备投资的软件购置等支出，按照实际发生金额，借记本科目（其他投资），贷记"财政拨款收入""零余额账户用款额度""银行存款"等科目。

（2）工程完成将形成的房屋、基本畜禽、林木等各种财产以及无形资产交付使用时，按照其实际成本，借记"固定资产""无形资产"等科目，贷记本科目（其他投资）。

5．待核销基建支出

（1）建设项目发生的江河清障、航道清淤、飞播造林、补助群众造林、水土保持、城市绿化等不能形成资产的各类待核销基建支出，按照实际发生金额，借记本科目（待核销基建支出），贷记"财政拨款收入""零余额账户用款额度""银行存款"等科目。

（2）取消的建设项目发生的可行性研究费，按照实际发生金额，借记本科目（待核销基建支出），贷记本科目待摊投资。

（3）由于自然灾害等原因发生的建设项目整体报废所形成的净损失，报经批准后转入待核销基建支出，按照项目整体报废所形成的净损失，借记本科目（待核销基建支出），按照报废工程回收的残料变价收入、保险公司赔款等，借记"银行存款""其他应收款"等科目，按照报废的工程成本，贷记本科目（建筑安装工程投资等）。

（4）建设项目竣工验收交付使用时，对发生的待核销基建支出进行冲销，借记"资产处置费用"科目，贷记本科目（待核销基建支出）。

6．基建转出投资

基建转出投资为建设项目配套而建成的、产权不归属本单位的专用设施，在项目竣工验收交付使用时，按照转出的专用设施的成本，借记本科目（基建转出投资），贷记本科目（建筑安装工程投资）；同时，借记"无偿调拨净资产"科目，贷记本科目（基建转出投资）。

【例4-63】某行政事业单位将办公厂房进行修缮，该厂房账面价值60 000元，已提取折旧20 000元。编制会计分录如下。

借：在建工程　　　　　　　　　　　　　　　　　　　　40 000
　　固定资产累计折旧　　　　　　　　　　　　　　　　20 000
　　贷：固定资产　　　　　　　　　　　　　　　　　　　　60 000

【例4-64】上述行政事业单位在进行修缮时，共发生材料及人工费用合计36 000元。编制会计分录如下。

借：在建工程　　　　　　　　　　　　　　　　　　　　36 000
　　贷：银行存款　　　　　　　　　　　　　　　　　　　　36 000

【例4-65】某行政事业单位需对某生产线进行大修，2019年1月1日特向银行借款2 000万元，年利率5%，期限2年，每季度支付利息，期满支付本金及剩余的利息。

提取专门借款利息时，编制会计分录如下。

借：在建工程   83 333

    贷：应付利息——在建工程   83 333

季度末实际支付时，编制会计分录如下。

借：其他费用   250 000

    贷：银行存款   250 000

【例4-66】2019年4月1日，甲行政事业单位采用融资租赁方式租入一台管理用设备并投入使用，发生安装调试费、运输费等合计40 000元。租赁合同规定，该设备租赁期为5年，每年4月1日支付年租金100万元，租赁期满后甲行政事业单位可按1万元的优惠价格购买该设备。当日，甲行政事业单位支付了首期租金。

2019年4月1日，编制会计分录如下。

借：固定资产   5 040 000

    贷：长期应付款——融资租赁固定资产   5 000 000

        财政拨款收入   40 000

借：长期应付款   1 000 000

    贷：财政拨款收入   1 000 000

【例4-67】某行政事业单位2019年4月用自筹资金通过行政事业单位采购拨款购入需要安装的设备一台，设备价款为25 000元，运费为1 000元。设备运回后，支付交付安装，支付安装费、专业人员服务费和人工费用共计18 000元；工程改造完成，该项固定资产已通过验收合格并交付使用。

支付购买价款时，编制会计分录如下。

借：在建工程   26 000

    贷：银行存款   26 000

支付安装费用时，编制会计分录如下。

借：业务活动费用   18 000

    贷：银行存款   18 000

安装完成验收后，增加固定资产时，编制会计分录如下。

借：固定资产   44 000

    贷：在建工程   44 000

第六节 无形资产及相关科目

一、无形资产的概念及内容

（一）无形资产的概念

无形资产是指不具有实物形态但能为行政事业单位提供某种权利的资产。无形资产通常具有以下主要特征：

政府会计准则第4号——无形资产

（1）没有实物形态；

（2）能在较长时间内为行政事业单位带来经济利益；

（3）所提供的未来经济利益的大小具有较大的不确定性；

（4）在已发生的交易或事项中取得的。

（二）无形资产的内容

行政事业单位的无形资产主要包括专利权、土地使用权、非专利技术、著作权、商标权等。

（1）专利权，是指行政事业单位在法定期限内对某一发明创造所拥有的独占权和专有权。

（2）土地使用权，是指国家准许行政事业单位在一定期间对国有土地享有开发、利用、经营的权利。

（3）非专利技术，是指行政事业单位垄断的、不公开的、具有实用价值的先进技术、资料、技能、知识等。

（4）著作权，是指著作权人对其著作依法享有的出版、发行等方面的专有权利，包括发表权、署名权、修改权、保护作品完整权、使用权和获得报酬权等。

（5）商标权，是指行政事业单位专门在某种指定的商品或产品上使用特定的名称、图案、标记的权利。

二、无形资产的计价

行政事业单位的无形资产按取得来源划分，可分为购入的无形资产、自行开发的无形资产、接受捐赠的无形资产等。无形资产根据不同来源计价方法不同，具体要求如下。

（1）购入的无形资产，应当按照购入时发生的实际成本作为入账价值。

（2）自行开发的无形资产，应当按照自行开发过程中实际发生的费用作为入账价值。

（3）接受捐赠的无形资产，应当按照有关凭据标明的金额或者同类无形资产的市场价格加上相关税费作为入账价值。

（4）商誉只有在行政事业单位合并或接受商誉投资时作为无形资产入账。除此之外，商誉不得作价入账。

（5）非大批量购入、单价小于 1 000 元的无形资产，可以于购买的当期将其成本直接计入当期费用。

三、无形资产的核算

（一）取得无形资产的核算

无形资产在取得时，应当按照其实际成本入账。

1. 外购的无形资产，其成本包括购买价款、相关税费以及可归属于该项资产达到预定用途所发生的其他费用

购入的无形资产，按照确定的无形资产成本，借记本科目，贷记"财政拨款收入""零余额账户用款额度""银行存款"等科目。

2. 委托软件公司开发软件，视同外购无形资产进行处理

合同中约定预付开发费用的，按照预付金额，借记"预付账款" 科目，贷记"财政拨款收入""零余额账户用款额度""银行存款"等科目。软件开发完成交付使用并支付剩余或全部软件开发费用时，按照软件开发费用总额，借记本科目，按照相关预付账款金额，贷记"预付账款"科目，按照支付的剩余金额，贷记"财政拨款收入""零余额账户用款额度""银行存款"等科目。

3. 自行研究开发形成的无形资产

按照研究开发项目进入开发阶段后至达到预定用途前所发生的支出总额，借记本科目，贷记"研发支出——开发支出"科目。自行研究开发项目尚未进入开发阶段，或者确实无法区分研究阶段支出和开发阶段支出，但按照法律程序已申请取得无形资产的，按照依法取得时发生的注册费、聘请律师费等费用，借记本科目，贷记"财政拨款收入""零余额账户用款额度""银行存款"等科目；按照依法取得前所发生的研究开发支出，借记"业务活动费用"等科目，贷记"研发支出"科目。

4. 接受捐赠的无形资产

按照确定的无形资产成本，借记本科目，按照发生的相关税费等，贷记"零余额账户用款额度""银行存款"等科目，按照其差额，贷记"捐赠收入"科目。接受捐赠的无形资产按照名义金额入账的，按照名义金额，借记本科目，贷记"捐赠收入"科目；同时，按照发生的相关税费等，借记"其他费用"科目，贷记"零余额账户用款额度""银行存款"等科目。

5. 无偿调入的无形资产

按照确定的无形资产成本，借记本科目，按照发生的相关税费等，贷记"零余额账户用款额度""银行存款"等科目，按照其差额，贷记"无偿调拨净资产"科目。

6. 置换取得的无形资产

参照"库存物品"科目中置换取得库存物品的相关规定进行账务处理。无形资产取得时涉及增值税业务的，相关账务处理参见"应交增值税"科目。

（二）与无形资产有关的后续支出

1. 符合无形资产确认条件的后续支出

为增加无形资产的使用效能对其进行升级改造或扩展其功能时，如需暂停对无形资产进行摊销的，按照无形资产的账面价值，借记"在建工程"科目，按照无形资产已摊销金额，借记"无形资产累计摊销"科目，按照无形资产的账面余额，贷记本科目。

无形资产后续支出符合无形资产确认条件的，按照支出的金额，借记本科目[无须暂停摊销的]或"在建工程"科目[需暂停摊销的]，贷记"财政拨款收入""零余额账户用款额度""银行存款"等科目。暂停摊销的无形资产升级改造或扩展功能等完成交付使用时，按照在建工程成本，借记本科目，贷记"在建工程"科目。

2. 不符合无形资产确认条件的后续支出

为保证无形资产正常使用发生的日常维护等支出，借记"业务活动费用""单位管理费用"等科目，贷记"财政拨款收入""零余额账户用款额度""银行存款"等科目。

（三）按照规定报经批准处置无形资产，应当分别以下情况处理

（1）报经批准出售、转让无形资产，按照被出售、转让无形资产的账面价值，借记"资产处置费用"科目，按照无形资产已计提的摊销，借记"无形资产累计摊销"科目，按照无形资产账面余额，贷记本科目；同时，按照收到的价款，借记"银行存款"等科目，按照处置过程中发生的相关费用，贷记"银行存款"等科目，按照其差额，贷记"应缴财政款"[按照规定应上缴无形资产转让净收入的]或"其他收入"[按照规定将无形资产转让收入纳入本单位预算管理的]科目。

（2）报经批准对外捐赠无形资产，按照无形资产已计提的摊销，借记"无形资产累计摊销"科目，按照被处置无形资产账面余额，贷记本科目，按照捐赠过程中发生的归属于捐出方的相关费用，贷记"银行存款"等科目，按照其差额，借记"资产处置费用"科目。

（3）报经批准无偿调出无形资产，按照无形资产已计提的摊销，借记"无形资产累计摊销"科目，按照被处置无形资产账面余额，贷记本科目，按照其差额，借记"无偿调拨净资产"科目；同时，按照无偿调出过程中发生的归属于调出方的相关费用，借记"资产处置费用"科目，贷记"银行存款"等科目。

（4）报经批准置换换出无形资产，参照"库存物品"科目中置换换入库存物品的规定进行账务处理。

（5）无形资产预期不能为单位带来服务潜力或经济利益，按照规定报经批准核销时，按照待核销无形资产的账面价值，借记"资产处置费用"科目，按照已计提摊销，借记"无形资产累计摊销"科目，按照无形资产的账面余额，贷记本科目。无形资产处置时涉及增值税业务的，相关账务处理参见"应交增值税"科目。

✎ 【例4-68】某行政事业单位购入一项专利权，价款40 000元，另支付相关税费5 000元，款项均以银行存款支付。编制会计分录如下。

借：无形资产——专利权　　　　　　　　　　　　　　　　　45 000

　　贷：银行存款　　　　　　　　　　　　　　　　　　　　　　45 000

✎ 【例4-69】续【例4-68】，若该事业单位是实行内部成本核算的事业单位，上述专利权的摊销年限为5年。每年年末摊销9 000元时，编制会计分录如下。

借：单位管理费用　　　　　　　　　　　　　　　　　　　　9 000

　　贷：无形资产累计摊销　　　　　　　　　　　　　　　　　　9 000

✎ 【例4-70】续【例4-69】，若该事业单位2年后将该专利权转让，取得价款30 000元。编制会计分录如下。

取得转让价款时，编制会计分录如下。

借：银行存款　　　　　　　　　　　　　　　　　　　　　30 000

　　贷：应缴财政款　　　　　　　　　　　　　　　　　　　　30 000

同时，结转无形资产，编制会计分录如下。

借：资产处置费用　　　　　　　　　　　　　　　　　　　27 000

　　无形资产累计摊销　　　　　　　　　　　　　　　　　18 000

　　贷：无形资产　　　　　　　　　　　　　　　　　　　　　45 000

【例4-71】续【例4-70】，若该行政事业单位2年后将该专利权对外投资，双方协议确认价值30 000元。编制会计分录如下。

借：长期股权投资	30 000
无形资产累计摊销	18 000
贷：无形资产	45 000
其他收入	3 000

四、无形资产累计摊销

（一）无形资产累计摊销的概念

无形资产累计摊销是指在无形资产使用寿命内，按照确定的方法对应摊销金额进行系统分摊。本科目核算行政事业单位无形资产计提的累计摊销额。本科目应当按照对应无形资产的类别、项目等进行明细核算。行政事业单位应当对无形资产进行摊销，以名义金额计量的无形资产除外。

（二）无形资产累计摊销的管理

（1）行政事业单位应当按照如下原则确定无形资产的摊销年限：法律规定了有效年限的，按照法律规定的有效年限作为摊销年限；法律没有规定有效年限的，按照相关合同或单位申请书中的受益年限作为摊销年限；法律没有规定有效年限、相关合同或单位申请书也没有规定受益年限的，按照不少于 10 年的期限摊销。

（2）行政事业单位应当采用平均年限法对无形资产进行摊销。

（3）行政事业单位无形资产的应摊销金额为其成本。

（4）行政事业单位应当自无形资产取得当月起，按月计提无形资产摊销。

（5）因发生后续费用而增加无形资产成本的，应当按照重新确定的无形资产成本，重新计算摊销额。

（三）无形资产累计摊销的核算

（1）按月计提无形资产摊销时，按照应摊销金额，借记"业务活动费用""单位管理费用""加工物品""在建工程"等科目，贷记本科目。

（2）经批准处置无形资产时，按照所处置无形资产的账面价值，借记"资产处置费用""无偿调拨净资产""待处理财产损溢"等科目，按照已计提摊销，借记本科目，按照无形资产的账面余额，贷记"无形资产"科目。

【例4-72】某行政事业单位将尚未到期的专利权出售，该专利原值360 000元，已提取120 000元的摊销，售价200 000元。编制会计分录如下。

借：资产处置费用	240 000
无形资产累计摊销	120 000
贷：无形资产	360 000
借：银行存款	200 000
贷：应缴财政款	200 000

五、待处理财产损溢

（一）待处理财产损溢的概念

待处理财产损溢是指行政事业单位在资产清查过程中查明的各种资产盘盈、盘亏和报废、毁损的价值。单位资产清查中查明的资产盘盈、盘亏、报废和毁损，一般应当先记入本科目，按照规定报经批准后及时进行账务处理。年末结账前一般应处理完毕。

（二）待处理财产损溢记账规则

为了核算行政事业单位在资产清查过程中查明的各种资产盘盈、盘亏和报废、毁损的情况，单位应该设置待处理财产损溢科目。该科目属于资产类，借方登记经批准转销的盘亏的各种资产，贷方登记盘盈的各种资产，本科目期末如为借方余额，反映尚未处理完毕的各种资产的净损失；期末如为贷方余额，反映尚未处理完毕的各种资产净溢余。年末，经批准处理后，本科目一般应无余额。

本科目应当按照待处理的资产项目进行明细核算；对于在资产处理过程中取得收入或发生相关费用的项目，还应当设置"待处理财产价值""处理净收入"明细科目，进行明细核算。

（三）待处理资产损溢的核算

1. 账款核对时发现的库存现金短缺或溢余

（1）每日账款核对中发现现金短缺或溢余，属于现金短缺，按照实际短缺的金额，借记本科目，贷记"库存现金"科目；属于现金溢余，按照实际溢余的金额，借记"库存现金"科目，贷记本科目。

（2）如为现金短缺，属于应由责任人赔偿或向有关人员追回的，借记"其他应收款"科目，贷记本科目；属于无法查明原因的，报经批准核销时，借记"资产处置费用"科目，贷记本科目。

（3）如为现金溢余，属于应支付给有关人员或单位的，借记本科目，贷记"其他应付款"科目；属于无法查明原因的，报经批准后，借记本科目，贷记"其他收入"科目。

2. 资产清查过程中发现的存货、固定资产、无形资产、公共基础设施、政府储备物资、文物文化资产、保障性住房等各种资产盘盈、盘亏或报废、毁损

（1）盘盈的各类资产。

① 转入待处理资产时，按照确定的成本，借记"库存物品""固定资产""无形资产""公共基础设施""政府储备物资""文物文化资产""保障性住房"等科目，贷记本科目。

② 按照规定报经批准后处理时，对于盘盈的流动资产，借记本科目，贷记"单位管理费用"［事业单位］或"业务活动费用"［行政单位］科目。对于盘盈的非流动资产，如属于本年度取得的，按照当年新取得相关资产进行账务处理；如属于以前年度取得的，按照前期差错处理，借记本科目，贷记"以前年度盈余调整"科目。

（2）盘亏或者毁损、报废的各类资产。

① 转入待处理资产时，借记本科目（待处理财产价值）［盘亏、毁损、报废固定资产、无形资产、公共基础设施、保障性住房的，还应借记"固定资产累计折旧""无形资产累计摊销""公共基础设施累计折旧（摊销）""保障性住房累计折旧"科目］，贷记"库存物品""固定资产"

"无形资产""公共基础设施""政府储备物资""文物文化资产""保障性住房""在建工程"等科目。涉及增值税业务的，相关账务处理参见"应交增值税"科目。报经批准处理时，借记"资产处置费用"科目，贷记本科目（待处理财产价值）。

② 处理毁损、报废实物资产过程中取得的残值或残值变价收入、保险理赔和过失人赔偿等，借记"库存现金""银行存款""库存物品""其他应收款"等科目，贷记本科目（处理净收入）；处理毁损、报废实物资产过程中发生的相关费用，借记本科目（处理净收入），贷记"库存现金""银行存款"等科目。处理收支结清，如果处理收入大于相关费用的，按照处理收入减去相关费用后的净收入，借记本科目（处理净收入），贷记"应缴财政款"等科目；如果处理收入小于相关费用的，按照相关费用减去处理收入后的净支出，借记"资产处置费用"科目，贷记本科目（处理净收入）。

【例4-73】甲行政事业单位为了开展业务活动，于2019年1月1日外购设备一台，价款55 000元，增值税7 150元，另支付其他相关税费5 000元，以银行存款支付。该设备单位预计使用10年，按月提取折旧。2019年9月20日，由于有了新的替代品，甲行政事业单位将该设备以50 000元的价格对外转让。

甲行政事业单位的会计处理如下。

（1）2019年1月1日购入设备。编制会计分录如下。

借：固定资产　　　　　　　　　　　　　　　　　　　　60 000
　　应交增值税　　　　　　　　　　　　　　　　　　　　7 150
　　　贷：银行存款　　　　　　　　　　　　　　　　　　67 150

（2）2019年2月到2019年9月的每个月，编制会计分录如下。

借：单位管理费用　　　　　　　　　　　　　　　　　　573
　　贷：固定资产累计折旧　　　　　　　　　　　　　　573

（3）2019年9月20日固定资产转让。编制会计分录如下。

借：资产处置费用　　　　　　　　　　　　　　　　　　64 216
　　固定资产累计折旧　　　　　　　　　　　　　　　　4 584
　　贷：固定资产　　　　　　　　　　　　　　　　　　68 800

借：银行存款　　　　　　　　　　　　　　　　　　　　50 000
　　贷：应缴财政款　　　　　　　　　　　　　　　　　50 000

【例4-74】某行政事业单位购入对外捐赠一批救灾物资，价值20万元，以银行存款支付运费2 000元。编制会计分录如下。

借：资产处置费用　　　　　　　　　　　　　　　　　　202 000
　　贷：库存物品　　　　　　　　　　　　　　　　　　200 000
　　　　银行存款　　　　　　　　　　　　　　　　　　2 000

【例4-75】甲行政事业单位发生材料清查业务如下。

（1）月末，在财产清查中，发现材料A盘亏1 800元；材料B盘盈500元。财会部门根据有关凭证，填制记账凭单。

盘亏的材料。编制会计分录如下。

借：待处理财产损溢——材料A   1 800

  贷：库存物品——材料A   1 800

盘盈的材料。编制会计分录如下。

借：库存物品——材料B   500

  贷：待处理财产损溢   500

（2）查明原因后，经批准将盘亏材料转入"其他费用"。编制会计分录如下。

借：其他费用   1 800

  贷：待处理财产损溢——材料A   1 800

【例4-76】某行政事业单位年终盘点，发现事业用甲材料盘亏200千克，单价5元，共计1 000元；经营用乙材料盘盈100千克，单价8元，共800元，经查系合理损耗和溢出。

事业用甲材料盘亏1 000元，编制会计分录如下。

借：待处理资产损溢   1 000

  贷：库存物品——甲材料   1 000

经过批准予以处置时。编制会计分录如下。

借：其他费用——财产处置损溢   1 000

  贷：待处理财产损溢   1 000

经营用乙材料盘盈800元。编制会计分录如下。

借：库存物品——乙材料   800

  贷：待处理财产损溢——财产处置损溢   800

第七节　长期投资类科目

长期投资是指事业单位依法取得的，持有时间超过 1 年（不含 1 年）的股权和债权性质的投资。事业单位长期投资主要包括长期股权投资和长期债券投资。

政府会计第 2 号——
投资

一、长期股权投资

（一）长期股权投资的概念

长期股权投资是指事业单位按照规定取得的，持有时间超过 1 年（不含 1 年）的股权性质的投资。

（二）长期股权投资的记账规则

为了核算事业单位按照规定取得的，持有时间超过 1 年（不含 1 年）的股权性质的投资情况，应设置"长期股权投资"科目。该科目属于资产类科目，平时借方登记增加数，事业单位按照规定取得的，持有时间超过 1 年（不含 1 年）的股权性质的投资的实际成本；贷方登记减少数，反映事业单位因出售、转让等缘由减少的长期股权投资。本科目期末借方余额，反映事业单位持有的长期股权投资的价值。本科目应当按照被投资单位和长期股权投资取得方式等进行明细核算。长期股权投资采用权益法核算的，还应当按照"成本""损益调整""其他权益变动"设置明细科目，进行明细核算。

（三）长期股权投资的主要账务处理

1. 长期股权投资在取得时，应当按照其实际成本作为初始投资成本

（1）以现金取得的长期股权投资，按照确定的投资成本，借记本科目或本科目（成本），按照支付的价款中包含的已宣告但尚未发放的现金股利，借记"应收股利"科目，按照实际支付的全部价款，贷记"银行存款"等科目。实际收到取得投资时所支付价款中包含的已宣告但尚未发放的现金股利时，借记"银行存款"科目，贷记"应收股利"科目。

（2）以现金以外的其他资产置换取得的长期股权投资，参照"库存物品"科目中置换取得库存物品的相关规定进行账务处理。

（3）以未入账的无形资产取得的长期股权投资，按照评估价值加相关税费作为投资成本，借记本科目，按照发生的相关税费，贷记"银行存款""其他应交税费"等科目，按其差额，贷记"其他收入"科目。

（4）接受捐赠的长期股权投资，按照确定的投资成本，借记本科目或本科目（成本），按照发生的相关税费，贷记"银行存款"等科目，按照其差额，贷记"捐赠收入"科目。

（5）无偿调入的长期股权投资，按照确定的投资成本，借记本科目或本科目（成本），按照发生的相关税费，贷记"银行存款"等科目，按照其差额，贷记"无偿调拨净资产"科目。

2. 长期股权投资持有期间，应当按照规定采用成本法或权益法进行核算

（1）采用成本法核算被投资单位宣告发放现金股利或利润时，按照应收的金额，借记"应收股利"科目，贷记"投资收益"科目。收到现金股利或利润时，按照实际收到的金额，借记"银行存款"等科目，贷记"应收股利"科目。

（2）采用权益法核算。

① 被投资单位实现净利润的，按照应享有的份额，借记本科目（损益调整），贷记"投资收益"科目。被投资单位发生净亏损的，按照应分担的份额，借记"投资收益"科目，贷记本科目（损益调整），但以本科目的账面余额减记至零为限。

发生亏损的被投资单位以后年度又实现净利润的，按照收益分享额弥补未确认的亏损分担额等后的金额，借记本科目（损益调整），贷记"投资收益"科目。

② 被投资单位宣告分派现金股利或利润的，按照应享有的份额，借记"应收股利"科目，贷记本科目（损益调整）。

③ 被投资单位发生除净损益和利润分配以外的所有者权益变动的，按照应享有或应分担的份额，借记或贷记"权益法调整"科目，贷记或借记本科目（其他权益变动）。

3. 成本法与权益法的转换

（1）单位因处置部分长期股权投资等原因而对处置后的剩余股权投资由权益法改按成本法核算的，应当按照权益法下本科目账面余额作为成本法下本科目账面余额（成本）。其后，被投资单位宣告分派现金股利或利润时，属于单位已计入投资账面余额的部分，按照应分得的现金股利或利润份额，借记"应收股利"科目，贷记本科目。

（2）单位因追加投资等原因对长期股权投资的核算从成本法改为权益法的，应当按照成本

法下本科目账面余额与追加投资成本的合计金额，借记本科目（成本），按照成本法下本科目账面余额，贷记本科目，按照追加投资的成本，贷记"银行存款"等科目。

4．按照规定报经批准处置长期股权投资

（1）按照规定报经批准出售（转让）长期股权投资时，应当区分长期股权投资取得方式分别进行处理。

① 处置以现金取得的长期股权投资，按照实际取得的价款，借记"银行存款"等科目，按照被处置长期股权投资的账面余额，贷记本科目，按照尚未领取的现金股利或利润，贷记"应收股利"科目，按照发生的相关税费等费用，贷记"银行存款"等科目，按照借贷方差额，借记或贷记"投资收益"科目。

② 处置以现金以外的其他资产取得的长期股权投资，按照被处置长期股权投资的账面余额，借记"资产处置费用"科目，贷记本科目；同时，按照实际取得的价款，借记"银行存款"等科目，按照尚未领取的现金股利或利润，贷记"应收股利"科目，按照发生的相关税费等费用，贷记"银行存款"等科目，按照贷方差额，贷记"应缴财政款"科目。按照规定将处置时取得的投资收益纳入本单位预算管理的，应当按照所取得价款大于被处置长期股权投资账面余额、应收股利账面余额和相关税费支出合计的差额，贷记"投资收益"科目。

（2）因被投资单位破产清算等原因，有确凿证据表明长期股权投资发生损失，按照规定报经批准后予以核销时，按照予以核销的长期股权投资的账面余额，借记"资产处置费用"科目，贷记本科目。

（3）报经批准置换转出长期股权投资时，参照"库存物品"科目中置换换入库存物品的规定进行账务处理。

（4）采用权益法核算的长期股权投资的处置，除进行上述账务处理外，还应结转原直接计入净资产的相关金额，借记或贷记"权益法调整"科目，贷记或借记"投资收益"科目。

【例4-77】某事业单位2020年1月1日投资75 000元购买某企业的股权，编制会计分录如下。

借：长期股权投资　　　　　　　　　　　　　　　　　　　75 000
　　贷：银行存款　　　　　　　　　　　　　　　　　　　　75 000

【例4-78】某事业单位2019年1月1日购入一台机器设备，原值为120 000元，预计使用年限为10年，2019年7月1日将该设备用于对外投资，已经提取累计折旧6 000元。编制会计分录如下。

借：长期股权投资　　　　　　　　　　　　　　　　　　　114 000
　　固定资产累计折旧　　　　　　　　　　　　　　　　　　6 000
　　贷：固定资产　　　　　　　　　　　　　　　　　　　120 000

【例4-79】某事业单位拥有一项专利权，初始入账价值为84 000元，预计使用寿命为10年。2019年1月1日以该专利权对外投资，已经累计摊销21 000元。经资产评估师评估后，双方协商确认的价值为100 000元。编制会计分录如下。

借：长期股权投资　　　　　　　　　　　　　　　　　　　100 000
　　无形资产累计摊销　　　　　　　　　　　　　　　　　　21 000
　　贷：无形资产　　　　　　　　　　　　　　　　　　　84 000
　　　　其他收入　　　　　　　　　　　　　　　　　　　37 000

【例4-80】某事业单位拥有一项土地使用权，属于国家直接无偿划拨所得，账面价值经过上级审批后，将其对外投资。经过资产评估师评估后，双方协商确认的价值为1 000 000元。编制会计分录如下。

借：长期股权投资 　　　　　　　　　　　　　　　　　　　　　　　　1 000 000

　　贷：无形资产 　　　　　　　　　　　　　　　　　　　　　　　　　　 800 000

　　　　其他收入 　　　　　　　　　　　　　　　　　　　　　　　　　　 800 000

【例4-81】某事业单位从被投资单位分得利润31 000元，存入银行。编制会计分录如下。

借：银行存款 　　　　　　　　　　　　　　　　　　　　　　　　　　　　 31 000

　　贷：投资收益 　　　　　　　　　　　　　　　　　　　　　　　　　　　 31 000

【例4-82】某事业单位2019年1月1日取得长期股权投资，账面价值50 000元。2020年1月1日以80 000元转让该长期股权投资。编制会计分录如下。

借：银行存款 　　　　　　　　　　　　　　　　　　　　　　　　　　　　 80 000

　　贷：长期股权投资 　　　　　　　　　　　　　　　　　　　　　　　　　 50 000

　　　　投资收益 　　　　　　　　　　　　　　　　　　　　　　　　　　　 30 000

【例4-83】A事业单位发生有关长期股票投资的经济业务如下。

（1）2018年2月1日，购入D股份公司股票50万股，每股成交价5元，印花税、手续费1 000元，占D股份公司有表决权资本的10%，不具有重大影响，准备长期持有。款项均以银行存款支付。

（2）D公司2019年3月5日，宣告发放2019年度的现金股利，每股0.10元。（假定D公司2018年度实现净利润为6 000万元）

（3）2019年3月28日，公司收到现金股利，存入银行。

（4）2020年4月2日，D公司宣告公司2019年度实现亏损1 000万元。

假定A单位采用权益法核算，编制会计分录如下。

（1）借：长期股权投资——成本 　　　　　　　　　　　　　　　　　　　2 501 000

　　　　贷：银行存款 　　　　　　　　　　　　　　　　　　　　　　　　2 501 000

（2）借：长期股权投资——损益调整 　　　　　　　　　　　　　　　　　 500 000

　　　　贷：投资收益 　　　　　　　　　　　　　　　　　　　　　　　　 500 000

（3）借：银行存款 　　　　　　　　　　　　　　　　　　　　　　　　　 500 000

　　　　贷：应收股利 　　　　　　　　　　　　　　　　　　　　　　　　 500 000

（4）借：投资收益——D公司 　　　　　　　　　　　　　　　　　　　　 100 000

　　　　贷：长期股权投资——损益调整 　　　　　　　　　　　　　　　　 100 000

假定A单位采用成本法核算。编制会计分录如下。

（1）借：长期股权投资——D公司 　　　　　　　　　　　　　　　　　　2 501 000

　　　　贷：银行存款 　　　　　　　　　　　　　　　　　　　　　　　　2 501 000

（2）借：应收股利——D公司 　　　　　　　　　　　　　　　　　　　　 50 000

　　　　贷：投资收益 　　　　　　　　　　　　　　　　　　　　　　　　 50 000

（3）借：银行存款 　　　　　　　　　　　　　　　　　　　　　　　　　 50 000

　　　　贷：应收股利——D公司 　　　　　　　　　　　　　　　　　　　 50 000

（4）借：投资收益　　　　　　　　　　　　　　　　　　　100 000

　　　贷：应收股利——D公司　　　　　　　　　　　　　　　　100 000

二、长期债券投资

（一）长期债券投资的概念

长期债券投资是指事业单位按照规定取得的，持有时间超过 1 年（不含 1 年）的债券性质的投资。

（二）长期债券投资的记账规则

为了核算事业单位按照规定取得的，持有时间超过 1 年（不含 1 年）的债券投资情况，应设置"长期债券投资"科目。该科目属于资产类科目，平时借方登记增加数，反映事业单位按照规定取得的，持有时间超过 1 年（不含 1 年）的债券投资的实际成本；贷方登记减少数，反映事业单位因出售、转让等原有减少的长期债券投资。本科目期末借方余额，反映事业单位持有的长期债券投资的价值。本科目应当设置"成本"和"应计利息"明细科目，并按照债券投资的种类进行明细核算。

（三）长期债券投资的主要账务处理

（1）长期债券投资在取得时，应当按照其实际成本作为投资成本。取得的长期债券投资，按照确定的投资成本，借记本科目（成本）；按照支付的价款中包含的已到付息期但尚未领取的利息，借记"应收利息"科目；按照实际支付的金额，贷记"银行存款"等科目。实际收到取得债券时所支付价款中包含的已到付息期但尚未领取的利息时，借记"银行存款"科目，贷记"应收利息"科目。

（2）长期债券投资持有期间，按期以债券票面金额与票面利率计算确认利息收入时，如为到期一次还本付息的债券投资，借记本科目（应计利息），贷记"投资收益"科目；如为分期付息、到期一次还本的债券投资，借记"应收利息"科目，贷记"投资收益"科目。收到分期支付的利息时，按照实收的金额，借记"银行存款"等科目，贷记"应收利息"科目。

（3）到期收回长期债券投资，按照实际收到的金额，借记"银行存款"科目；按照长期债券投资的账面余额，贷记本科目；按照相关应收利息金额，贷记"应收利息"科目；按照其差额，贷记"投资收益"科目。

（4）对外出售长期债券投资，按照实际收到的金额，借记"银行存款"科目；按照长期债券投资的账面余额，贷记本科目；按照已记入"应收利息"科目但尚未收取的金额，贷记"应收利息"科目；按照其差额，贷记或借记"投资收益"科目。涉及增值税业务的，相关账务处理参见"应交增值税"科目。

【例4-84】某事业单位购入国库券，2年期，年利率为5%，以银行存款支付价款100 000元，手续费2 000元。编制会计分录如下。

借：长期债券投资　　　　　　　　　　　　　　　　　　　102 000

　　　贷：银行存款　　　　　　　　　　　　　　　　　　　　102 000

✎ 【例4-85】某事业单位当年取得债券投资收益2 500元，款项已经收到并存入银行。编制会计分录如下。

　　借：银行存款　　　　　　　　　　　　　　　　　　　　　　　2 500
　　　　贷：投资收益　　　　　　　　　　　　　　　　　　　　　　2 500

✎ 【例4-86】续【例4-86】，该事业单位购入的国库券到期兑付，收回投资本金100 000元，并取得利息收入10 000元。编制会计分录如下。

　　借：银行存款　　　　　　　　　　　　　　　　　　　　　　110 000
　　　　贷：长期债券投资　　　　　　　　　　　　　　　　　　　102 000
　　　　　　投资收益　　　　　　　　　　　　　　　　　　　　　8 000

第八节　其他长期资产类科目核算

一、受托代理资产

（一）受托代理资产的概念

受托代理资产是指行政事业单位因从事受托代理交易而从委托方取得的资产。在受托代理交易过程中，行政事业单位通常只是从委托方收到受托资产，并按照委托人的意愿将资产转赠给指定的其他组织或者个人，或者按照有关规定将资产转交给指定的其他组织或者个人，行政事业单位本身并不拥有受托资产的所有权和使用权，它只是在交易过程中起中介作用。

（二）受托代理资产记账规则

受托代理资产属于资产类科目，当接收委托方的委托时，借方登记增加额，贷方登记减少额，该科目应当按照资产的种类和委托人进行明细核算；属于转赠资产的，还应当按照受赠人进行明细核算。

（三）受托代理资产的核算

1. 受托转赠物资

（1）接受委托人委托需要转赠给受赠人的物资，其成本按照有关凭据注明的金额确定；没有相关凭据可供取得的，其成本比照同类或类似物资的市场价格确定。

接受委托转赠的物资验收入库，按照确定的成本，借记本科目，贷记"受托代理负债"科目；受托协议约定由行政单位承担相关税费、运输费等的，还应当按照实际支付的相关税费、运输费等金额，借记"业务活动费用"科目，贷记"银行存款"等科目。

（2）将受托转赠物资交付受赠人时，按照转赠物资的成本，借记"受托代理负债"科目，贷记本科目。

（3）转赠物资的委托人取消了对捐赠物资的转赠要求，且不再收回捐赠物资的，应当将转赠物资转为存货或固定资产，按照转赠物资的成本，借记"受托代理负债"科目，贷记本科目；同时，借记"库存物品""固定资产"科目，贷记"其他收入"科目。

2. 受托储存管理物资

（1）接受委托人委托储存管理的物资，其成本按照有关凭据注明的金额确定。

接受委托储存的物资验收入库，按照确定的成本，借记本科目，贷记"受托代理负债"科目。

（2）支付由受托单位承担的与受托储存管理的物资相关的运输费、保管费等费用时，按照实际支付的金额，借记"业务活动费用"科目，贷记"银行存款"等科目。

（3）根据委托人要求交付受托储存管理的物资时，按照储存管理物资的成本，借记"受托代理负债"科目，贷记本科目。

【例4-87】2019年10月1日某市民政局接受某企业委托，将一批价值50万元的抗震救灾用的帐篷用于地震灾区。10月21日，该批物资转交给灾区方面，在转运过程中共发生保管费、运输费等合计2万元。

2019年10月1日，编制会计分录如下。

借：受托代理资产 500 000
　　贷：受托代理负债 500 000

2019年10月21日，编制会计分录如下。

借：受托代理负债 500 000
　　贷：受托代理资产 500 000
借：业务活动费用 20 000
　　贷：零余额账户用款额度 20 000

二、政府储备物资

（一）政府储备物资的概念

政府储备物资是指行政单位直接储存管理的各项政府应急或救灾储备物资等。负责采购并拥有储备物资调拨权力的行政单位（以下简称"采购单位"）将政府储备物资交由其他行政单位（以下简称"代储单位"）代为储存的，由采购单位通过本科目核算政府储备物资，代储单位将受托代储的政府储备物资作为受托代理资产核算。

政府储备物资

该科目是资产类科目，借方登记增加额，贷方登记减少额，期末借方余额，反映行政单位管理的政府储备物资的实际成本。本科目应当按照政府储备物资的种类、品种、存放地点等进行明细核算。

（二）政府储备物资的核算

1. 政府储备物资取得时，应当按照其成本入账

（1）购入的政府储备物资验收入库，按照确定的成本，借记本科目，贷记"财政拨款收入""零余额账户用款额度""银行存款"等科目。

（2）涉及委托加工政府储备物资业务的，相关账务处理参照"加工物品"科目。

（3）接受捐赠的政府储备物资验收入库，按照确定的成本，借记本科目，按照单位承担的相关税费、运输费等，贷记"零余额账户用款额度""银行存款"等科目，按照其差额，贷记"捐赠收入"科目。

（4）接受无偿调入的政府储备物资验收入库，按照确定的成本，借记本科目，按照单位承担的相关税费、运输费等，贷记"零余额账户用款额度""银行存款"等科目，按照其差额，贷

记"无偿调拨净资产"科目。

2. 政府储备物资发出时，分别以下情况处理

（1）因动用而发出无须收回的政府储备物资的，按照发出物资的账面余额，借记"业务活动费用"科目，贷记本科目。

（2）因动用而发出需要收回或者预期可能收回的政府储备物资的，在发出物资时，按照发出物资的账面余额，借记本科目（发出），贷记本科目（在库）；按照规定的质量验收标准收回物资时，按照收回物资原账面余额，借记本科目（在库），按照未收回物资的原账面余额，借记"业务活动费用"科目，按照物资发出时登记在本科目所属明细科目中的余额，贷记本科目（发出）。

（3）因行政管理主体变动等原因而将政府储备物资调拨给其他主体的，按照无偿调出政府储备物资的账面余额，借记"无偿调拨净资产"科目，贷记本科目。

（4）对外销售政府储备物资并将销售收入纳入单位预算统一管理的，发出物资时，按照发出物资的账面余额，借记"业务活动费用"科目，贷记本科目；实现销售收入时，按照确认的收入金额，借记"银行存款""应收账款"等科目，贷记"事业收入"等科目。对外销售政府储备物资并按照规定将销售净收入上缴财政的，发出物资时，按照发出物资的账面余额，借记"资产处置费用"科目，贷记本科目；取得销售价款时，按照实际收到的款项金额，借记"银行存款"等科目，按照发生的相关税费，贷记"银行存款"等科目，按照销售价款大于所承担的相关税费后的差额，贷记"应缴财政款"科目。

3. 单位应当定期对政府储备物资进行清查盘点，每年至少盘点一次。对于发生的政府储备物资盘盈、盘亏或者报废、毁损，应当先记入"待处理财产损溢"科目，按照规定报经批准后及时进行后续账务处理

（1）盘盈的政府储备物资，按照确定的入账成本，借记本科目，贷记"待处理财产损溢"科目。

（2）盘亏或者毁损、报废的政府储备物资，按照待处理政府储备物资的账面余额，借记"待处理财产损溢"科目，贷记本科目。

【例4-88】某省民政厅2019年12月1日收到民政部拨付的救灾物资一批，价值2 000万元，用于防范地震等自然灾害的危害。运输过程中发生运输费、保险费、过路过桥费等合计20万元，该费用由省民政厅负担。编制会计分录如下。

借：政府储备物资　　　　　　　　　　　　　　　　20 000 000
　　贷：银行存款　　　　　　　　　　　　　　　　　　200 000
　　　　无偿调拨净资产——政府储备物资　　　　　　19 800 000

【例4-89】承【例4-88】，假设2020年该省某地发生了地震，省民政厅向灾区拨付救灾物资一批，价值500万元。编制会计分录如下。

借：业务活动费用　　　　　　　　　　　　　　　　5 000 000
　　贷：政府储备物资　　　　　　　　　　　　　　　5 000 000

【例4-90】假设某省民政厅2019年12月1日收到中央行政单位拨付的救灾物资因接近保管期限，经批准对外出售，收到货款500万元。编制会计分录如下。

借：业务活动费用　　　　　　　　　　　　　　　　5 000 000
　　贷：政府储备物资　　　　　　　　　　　　　　　5 000 000

借：银行存款   5 000 000

  贷：事业收入   5 000 000

三、公共基础设施

公共基础设施是指行政事业单位占有并直接负责维护管理、供社会公众使用的工程性公共基础设施资产，包括城市交通设施、公共照明设施、环保设施、防灾设施、健身设施、广场及公共构建物等其他公共设施。该科目是资产类科目，借方登记增加额，贷方登记减少额，本科目期末借方余额，反映行政单位管理的公共基础设施的实际成本。本科目应当按照公共基础设施的类别和项目进行明细核算。

政府会计准则第5号——公共基础设施

（一）公共基础设施管理

（1）行政事业单位应当结合本单位的具体情况，制定适合于本单位管理的公共基础设施目录、分类方法，作为进行公共基础设施核算的依据。

（2）公共基础设施应当在对其取得占有权利时确认。

（二）公共基础设施的账务处理

1. 公共基础设施在取得时，应当按照其成本入账

（1）自行建造的公共基础设施完工交付使用时，按照在建工程的成本，借记本科目，贷记"在建工程"科目。已交付使用但尚未办理竣工决算手续的公共基础设施，按照估计价值入账，待办理竣工决算后再按照实际成本调整原来的暂估价值。

（2）接受其他单位无偿调入的公共基础设施，按照确定的成本，借记本科目，按照发生的归属于调入方的相关费用，贷记"财政拨款收入""零余额账户用款额度""银行存款"等科目，按照其差额，贷记"无偿调拨净资产"科目。

无偿调入的公共基础设施成本无法可靠取得的，按照发生的相关税费、运输费等金额，借记"其他费用"科目，贷记"财政拨款收入""零余额账户用款额度""银行存款"等科目。

（3）接受捐赠的公共基础设施，按照确定的成本，借记本科目，按照发生的相关费用，贷记"财政拨款收入""零余额账户用款额度""银行存款"等科目，按照其差额，贷记"捐赠收入"科目。

接受捐赠的公共基础设施成本无法可靠取得的，按照发生的相关税费等金额，借记"其他费用"科目，贷记"财政拨款收入""零余额账户用款额度""银行存款"等科目。

（4）外购的公共基础设施，按照确定的成本，借记本科目，贷记"财政拨款收入""零余额账户用款额度""银行存款"等科目。

（5）对于成本无法可靠取得的公共基础设施，单位应当设置备查簿进行登记，待成本能够可靠确定后按照规定及时入账。

2. 与公共基础设施有关的后续支出将公共基础设施转入改建、扩建时，按照公共基础设施的账面价值，借记"在建工程"科目，按照公共基础设施已计提折旧，借记"公共基础设施累计折旧（摊销）"科目，按照公共基础设施的账面余额，贷记本科目

为增加公共基础设施使用效能或延长其使用年限而发生的改建、扩建等后续支出，借记"在

建工程"科目，贷记"财政拨款收入""零余额账户用款额度""银行存款"等科目。公共基础设施改建、扩建完成，竣工验收交付使用时，按照在建工程成本，借记本科目，贷记"在建工程"科目。

为保证公共基础设施正常使用发生的日常维修等支出，借记"业务活动费用""单位管理费用"等科目，贷记"财政拨款收入""零余额账户用款额度""银行存款"等科目。

3. 按照规定报经批准处置公共基础设施，分别以下情况处理

（1）报经批准对外捐赠公共基础设施，按照公共基础设施已计提的折旧或摊销，借记"公共基础设施累计折旧（摊销）"科目，按照被处置公共基础设施账面余额，贷记本科目，按照捐赠过程中发生的归属于捐出方的相关费用，贷记"银行存款"等科目，按照其差额，借记"资产处置费用"科目。

（2）报经批准无偿调出公共基础设施，按照公共基础设施已计提的折旧或摊销，借记"公共基础设施累计折旧（摊销）"科目，按照被处置公共基础设施账面余额，贷记本科目，按照其差额，借记"无偿调拨净资产"科目；同时，按照无偿调出过程中发生的归属于调出方的相关费用，借记"资产处置费用"科目，贷记"银行存款"等科目。

4. 单位应当定期对公共基础设施进行清查盘点。对于发生的公共基础设施盘盈、盘亏、毁损或报废，应当先记入"待处理财产损溢"科目，按照规定报经批准后及时进行后续账务处理

（1）盘盈的公共基础设施，其成本按照有关凭据注明的金额确定；没有相关凭据，但按照规定经过资产评估的，其成本按照评估价值确定；没有相关凭据也未经过评估的，其成本按照重置成本确定。盘盈的公共基础设施成本无法可靠取得的，单位应当设置备查簿进行登记，待成本确定后按照规定及时入账。盘盈的公共基础设施，按照确定的入账成本，借记本科目，贷记"待处理财产损溢"科目。

（2）盘亏、毁损或报废的公共基础设施，按照待处置公共基础设施的账面价值，借记"待处理财产损溢"科目，按照已计提折旧或摊销，借记"公共基础设施累计折旧（摊销）"科目，按照公共基础设施的账面余额，贷记本科目。

【例4-91】某市城建局为市民修建健身广场，2020年1月1日与某企业达成施工协议。协议规定：该项目工期2年，总价款300万元，合同签订次日支付总价款的50%，即150万元，利率为5%，每年年末支付。2022年1月31日，项目完工交付使用，支付余款。

2020年1月2日，编制会计分录如下。

借：在建工程	1 500 000
贷：财政拨款收入	1 500 000

2020年和2021年年末，编制会计分录如下。

借：在建工程——利息支出	75 000
贷：财政拨款收入	75 000

2022年1月31日，编制会计分录如下。

借：在建工程	1 500 000
贷：财政拨款收入	1 500 000

借：公共基础设施   3 150 000

    贷：在建工程   3 150 000

【例4-92】续【例4-91】，该市城建局2022年2月为了丰富市民文化体育生活，为该广场添置健身器材，共计花费120万元，产生相关人工费2万元。2022年7月，发生相关维护费1万元。编制会计分录如下。

借：公共基础设施   1 220 000

    贷：财政拨款收入   1 220 000

借：业务活动费用   10 000

    贷：财政拨款收入   10 000

【例4-93】续上例，该市城建局在2022年12月31日进行常规资产核查中，发现盘盈健身器材一批，价值2万元。经批准作为其他收入。编制会计分录如下。

借：公共基础设施   20 000

    贷：待处理财产损溢   20 000

借：待处理财产损溢   20 000

    贷：其他收入   20 000

四、公共基础设施累计折旧（摊销）

公共基础设施累计折旧（摊销）是行政事业单位按照规定计提的公共基础设施累计折旧和累计摊销。

（一）公共基础设施累计折旧（摊销）记账规则

为了核算行政事业单位按照规定计提的公共基础设施累计折旧和累计摊销情况，行政事业单位应该设置"公共基础设施累计折旧（摊销）"科目，该科目属于资产类，借方登记期末结转到"本期盈余"科目的余额，贷方登记行政事业单位按照规定计提的公共基础设施累计折旧和累计摊销。本科目期末贷方余额，反映单位提取的公共基础设施折旧和摊销的累计数。本科目应当按照所对应公共基础设施的明细分类进行明细核算。

（二）公共基础设施累计折旧（摊销）的主要账务

（1）按月计提公共基础设施折旧时，按照应计提的折旧额，借记"业务活动费用"科目，贷记本科目。

（2）按月对确认为公共基础设施的单独计价入账的土地使用权进行摊销时，按照应计提的摊销额，借记"业务活动费用"科目，贷记本科目。

（3）处置公共基础设施时，按照所处置公共基础设施的账面价值，借记"资产处置费用""无偿调拨净资产""待处理财产损溢"等科目，按照已提取的折旧和摊销，借记本科目，按照公共基础设施账面余额，贷记"公共基础设施"科目。

【例4-94】续【例4-93】，该市城建局按照规定对新建健身广场提取折旧，假定每月折旧额为36 000元。

借：业务活动费用   36 000

    贷：公共基础设施累计折旧   36 000

【例4-95】续【例4-94】，该市城建局接受某企业捐赠100万元，将该健身广场命名为×××广场。

借：银行存款　　　　　　　　　　　　　　　　　　　　1 000 000
　　贷：捐赠收入　　　　　　　　　　　　　　　　　　　　1 000 000

五、文物文化资产

文物文化资产是指行政事业单位拥有或占用的用于展览、教育或研究等目的的历史文物、艺术品以及其他具有文化或历史价值并作长期或永久保存的典藏等。

（一）文物文化资产管理

（1）由于文物文化资产拥有不同于其他非流动资产的特征，故不能将文物文化资产作为存货、固定资产、金融资产、无形资产等进行核算。

（2）由于文物文化资产具有文化或历史价值，具有稀缺性等特点，行政单位在管理时需要专人负责，精心维护。

（3）行政事业单位应当设置文物文化资产登记簿和文物文化资产卡片，按照文物文化资产类别、项目和管理部门进行明细核算。

（二）文物文化资产计量

为了核算文物文化资产增减变动及结存情况，行政事业单位应增设"文物文化资产"科目。该科目属于资产类科目，其借方登记文物文化资产的增加额；贷方登记文物文化资产的减少额；期末借方余额反映行政事业单位期末文物文化资产的价值。其二级明细账按文物文化资产类别设置。

1. 文物文化资产在取得时，应当按照其成本入账

（1）外购的文物文化资产，其成本包括购买价款、相关税费以及可归属于该项资产达到预定用途前所发生的其他支出（如运输费、安装费、装卸费等）。外购的文物文化资产，按照确定的成本，借记本科目，贷记"财政拨款收入""零余额账户用款额度""银行存款"等科目。

（2）接受其他单位无偿调入的文物文化资产，其成本按照该项资产在调出方的账面价值加上归属于调入方的相关费用确定。

调入的文物文化资产，按照确定的成本，借记本科目，按照发生的归属于调入方的相关费用，贷记"零余额账户用款额度""银行存款"等科目，按照其差额，贷记"无偿调拨净资产"科目。

无偿调入的文物文化资产成本无法可靠取得的，按照发生的归属于调入方的相关费用，借记"其他费用"科目，贷记"零余额账户用款额度""银行存款"等科目。

（3）接受捐赠的文物文化资产，其成本按照有关凭据注明的金额加上相关费用确定；没有相关凭据可供取得，但按照规定经过资产评估的，其成本按照评估价值加上相关费用确定；没有相关凭据可供取得也未经评估的，其成本比照同类或类似资产的市场价格加上相关费用确定。

接受捐赠的文物文化资产，按照确定的成本，借记本科目，按照发生的相关税费、运输费等金额，贷记"零余额账户用款额度""银行存款"等科目，按照其差额，贷记"捐赠收入"科目。

接受捐赠的文物文化资产成本无法可靠取得的，按照发生的相关税费、运输费等金额，借

记"其他费用"科目，贷记"零余额账户用款额度""银行存款"等科目。

（4）对于成本无法可靠取得的文物文化资产，单位应当设置备查簿进行登记，待成本能够可靠确定后按照规定及时入账。

2. 文物文化资产有关的后续支出

与文物文化资产有关的后续支出，参照"公共基础设施"科目相关规定进行处理。

3. 报经批准处置文物文化资产的账务处理

按照规定报经批准处置文物文化资产，应当分别以下情况处理。

（1）报经批准对外捐赠文物文化资产，按照被处置文物文化资产账面余额和捐赠过程中发生的归属于捐出方的相关费用合计数，借记"资产处置费用"科目，按照被处置文物文化资产账面余额，贷记本科目，按照捐赠过程中发生的归属于捐出方的相关费用，贷记"银行存款"等科目。

（2）报经批准无偿调出文物文化资产，按照被处置文物文化资产账面余额，借记"无偿调拨净资产"科目，贷记本科目；同时按照无偿调出过程中发生的归属于调出方的相关费用，借记"资产处置费用"科目，贷记"银行存款"等科目。

4. 文物文化资产的清查盘点

单位应当定期对文物文化资产进行清查盘点，每年至少盘点一次。对于发生的文物文化资产盘盈、盘亏、毁损或报废等，参照"公共基础设施"科目相关规定进行账务处理。

【例4-96】 2019年8月某市文化局得知佳士得拍卖行正在出售一件我国宋朝某名人字画，经多轮竞标，最终以1 000万美元获得该字画。为取得该字画文化局共发生如下费用：支付中介方交易佣金100万美元，支付交通费、餐费、住宿费等合计2万美元，支付关税、增值税等相关税费假定200万美元，支付评估费30万元人民币。当月月末的市场汇率是1：6.6。

借：文物文化资产　　　　　　　　　　　　　　　　　　　　　　86 232 000

　　贷：银行存款　　　　　　　　　　　　　　　　　　　　　　86 232 000

【例4-97】 2019年10月某市文化局从农民手中共收购字画、青铜器、瓷器等3件文物，共计支出30万元。为简化分析不考虑为之发生的鉴定费、交通费等相关费用。经专家鉴定这三件文物分别估值为6万元、6万元和18万元。编制会计分录如下。

借：文物文化资产——字画　　　　　　　　　　　　　　　　　　60 000

　　　　　　　　——青铜器　　　　　　　　　　　　　　　　　60 000

　　　　　　　　——瓷器　　　　　　　　　　　　　　　　　 180 000

　　贷：银行存款　　　　　　　　　　　　　　　　　　　　　 300 000

【例4-98】 2019年10月某市文化局接受农民捐赠的祖传的字画、青铜器、瓷器3件文物。经专家鉴定这三件文物分别估值为40万元、40万元和120万元。同时支付文物鉴定费20万元。编制会计分录如下。

借：文物文化资产　　　　　　　　　　　　　　　　　　　　　 2 200 000

　　贷：捐赠收入——文物文化资产　　　　　　　　　　　　　　2 000 000

　　　　银行存款　　　　　　　　　　　　　　　　　　　　　　 200 000

【例4-99】 2019年1月1日省博物院按照规定无偿从某市博物馆征调文物一件，该文物系国家一级文物。编制会计分录如下。

借：文物文化资产   1

    贷：无偿调拨净资产   1

【例4-100】2019年12月31日某省博物院进行资产清查，盘盈账外资产清朝瓷器一件，该瓷器市场价值约为20万元。编制会计分录如下。

借：文物文化资产   200 000

    贷：待处理财产损溢——文物文化资产   200 000

【例4-101】2019年12月31日某省博物院进行资产清查，发现丢失账上资产清朝瓷器一件，该瓷器账面价值约为20万元。经批准，由负责该项工作的业务人员承担20%的责任。编制会计分录如下。

借：待处置财产损溢   200 000

    贷：文物文化资产   200 000

借：其他应收款   40 000

    贷：应缴财政款   40 000

六、保障性住房

（一）保障性住房的概念及分类

保障性住房是指行政事业单位满足社会公共需求而控制的保障性住房。保障房是为了解决广大中低收入家庭的住房困难问题，由行政事业单位主导并提供低租金、低价格的住宅。目前，保障性住房共有廉租房、经济适用房、公租房、限价房和棚户区改造房五种形式。

（1）廉租房。行政事业单位以较低的租金出租或发放补贴给城市住房困难家庭，户型主要为一居室、二居室、三居室，建筑面积为35平方米、45平方米和55平方米。廉租住房的所有权归国有，只租不售。

（2）经济适用房。由行政事业单位提供政策优惠，以行政事业单位指导价出售给城镇中低收入住房困难家庭（一般面积60～80平方米），具有经济性和适用性的特点。不同于普通商品房，房屋所有人在购买一定年限（通常为5年）以及缴纳土地出让金后可上市出售，且须将收益按一定比例向行政事业单位缴纳。

（3）公租房。行政事业单位给予土地、财税、信贷政策支持，由行政事业单位或公共机构组织开发建设（筹集），面对符合经济适用 住房保障条件但暂不具备购买能力的城镇中低收入住房困难家庭、新就业职工、稳定就业并居住一定年限的外来务工人员出租（以小户型为主，单套建筑面积以40平方米为主）。

（4）限价房。主要面向城市具有住房支付能力的中等收入家庭，其套型建筑面积限制在90平方米以内。限价房的价格上限由地方行政事业单位在将土地售予开发商时确定（以房价定地价），价格水平通常介于经济适用房和普通商品房之间。

（5）棚户区改造房。棚户区改造是行政事业单位为改造城镇危旧住房、改善困难家庭住房条件而推出的一项民心工程。它的运营模式是行政事业单位补助、企业投资和个人出资相结合。目前很多城市都在保障和改善民生的政策指引下，将棚户区改造与廉租房、经济适用房建设结合起来，纳入保障性住房建设规划，在保障安居的同时，实现优居、乐居。

（二）保障性住房科目的记账规则

为了核算行政事业单位为满足社会公共需求而控制的保障性住房的原值，应设置"保障性住房"科目。该科目属于资产类科目，平时借方登记增加数，反映行政事业单位因为外购、自行开发等原因而增加的为保障性住房的原值；贷方登记减少数，反映行政事业单位因为出售、转让等原因而减少的保障性住房的原值。本科目期末借方余额，反映保障性住房的原值。本科目应当按照保障性住房的类别、项目等进行明细核算。

（三）保障性住房的主要账务处理

1. 保障性住房在取得时，应当按其成本入账

（1）外购的保障性住房，其成本包括购买价款、相关税费以及可归属于该项资产达到预定用途前所发生的其他费用。外购的保障性住房，按照确定的成本，借记本科目，贷记"财政拨款收入""零余额账户用款额度""银行存款"等科目。

（2）自行建造的保障性住房交付使用时，按照在建工程成本，借记本科目，贷记"在建工程"科目。已交付使用但尚未办理竣工决算手续的保障性住房，按照估计价值入账，待办理竣工决算后再按照实际成本调整原来的暂估价值。

（3）接受其他单位无偿调入的保障性住房，其成本按照该项资产在调出方的账面价值加上归属于调入方的相关费用确定。无偿调入的保障性住房，按照确定的成本，借记本科目，按照发生的归属于调入方的相关费用，贷记"零余额账户用款额度""银行存款"等科目，按照其差额，贷记"无偿调拨净资产"科目。

（4）接受捐赠、融资租赁取得的保障性住房，参照"固定资产"科目相关规定进行处理。

2. 保障性住房有关的后续支出

与保障性住房有关的后续支出，参照"固定资产"科目相关规定进行处理。

3. 出租保障性住房的账务处理

按照规定出租保障性住房并将出租收入上缴同级财政，按照收取的租金金额，借记"银行存款"等科目，贷记"应缴财政款"科目。

4. 报经批准处置的保障性住房的账务处理

按照规定报经批准处置保障性住房，应当分别以下情况处理。

（1）报经批准无偿调出保障性住房，按照保障性住房已计提的折旧，借记"保障性住房累计折旧"科目，按照被处置保障性住房账面余额，贷记本科目，按照其差额，借记"无偿调拨净资产"科目；同时，按照无偿调出过程中发生的归属于调出方的相关费用，借记"资产处置费用"科目，贷记"银行存款"等科目。

（2）报经批准出售保障性住房，按照被出售保障性住房的账面价值，借记"资产处置费用"科目，按照保障性住房已计提的折旧，借记"保障性住房累计折旧"科目，按照保障性住房账面余额，贷记本科目；同时，按照收到的价款，借记"银行存款"等科目，按照出售过程中发生的相关费用，贷记"银行存款"等科目，按照其差额，贷记"应缴财政款"科目。

5. 保障性住房的清查盘点

单位应当定期对保障性住房进行清查盘点。对于发生的保障性住房盘盈、盘亏、毁损或报

废等，参照"固定资产"科目相关 规定进行账务处理。

【例4-102】某市住房保障局主要负责保障房建设，修建廉租房和公租房，为行政事业单位全额拨款单位。2019年投资修建A项目，总投资1 000万元。资金来源为财政资金。

1. 2019年2月，收到财政拨来廉租房建设款700万元。编制会计分录如下。

借：银行存款 ——××开户银行　　　　　　　　　　　　　　　　　7 000 000
　　贷：财政拨款收入——项目支出　　　　　　　　　　　　　　　　　　7 000 000

2. 2019年6月、9月和12月分别支付工程款200万元、200万元、300万元。

编制2019年6月、9月的会计处分录如下。

借：在建工程——基建工程——A项目　　　　　　　　　　　　　　　　2 000 000
　　贷：零余额账户用款额度　　　　　　　　　　　　　　　　　　　　2 000 000

编制2019年12月的会计分录如下。

借：在建工程——基建工程——A项目　　　　　　　　　　　　　　　　3 000 000
　　贷：零余额账户用款额度　　　　　　　　　　　　　　　　　　　　3 000 000

3. 2019年年末，结转收入费用，编制会计分录如下。

借：财政拨款收入——项目支出　　　　　　　　　　　　　　　　　　　7 000 000
　　贷：本期盈余　　　　　　　　　　　　　　　　　　　　　　　　　7 000 000

借：本期盈余　　　　　　　　　　　　　　　　　　　　　　　　　　　7 000 000
　　贷：业务活动费用——财政补助支出——项目支出　　　　　　　　　　7 000 000

4. 2020年1月，收到财政拨入廉租房A项目建设300万元，编制会计分录如下。

借：银行存款 ——××开户银行　　　　　　　　　　　　　　　　　　3 000 000
　　贷：财政拨款收入——项目支出　　　　　　　　　　　　　　　　　　3 000 000

5. 2020年6月，支付A项目工程尾款，编制会计分录如下。

借：在建工程——基建工程——A项目　　　　　　　　　　　　　　　　3 000 000
　　贷：银行存款——××开户银行　　　　　　　　　　　　　　　　　3 000 000

6. 2020年6月，工程竣工，编制会计分录如下。

借：固定资产——房屋建筑物——A项目　　　　　　　　　　　　　　10 000 000
　　贷：在建工程——基建工程——A项目　　　　　　　　　　　　　　10 000 000

7. 2019年7月至2019年12月，每月收到廉租房租金收入1万元，每个月做以下分录：

收到租金时，编制会计分录如下。

借：银行存款——××开户银行　　　　　　　　　　　　　　　　　　　10 000
　　贷：应缴财政款　　　　　　　　　　　　　　　　　　　　　　　　10 000

上缴财政时，编制会计分录如下。

借：应缴财政款　　　　　　　　　　　　　　　　　　　　　　　　　　60 000
　　贷：银行存款——××开户银行　　　　　　　　　　　　　　　　　　6 000

8. 2017年年末，结转业务活动费用，编制会计分录如下。

借：财政拨款收入——项目支出　　　　　　　　　　　　　　　　　　　7 000 000
　　贷：本期盈余　　　　　　　　　　　　　　　　　　　　　　　　　7 000 000

借：本期盈余　　　　　　　　　　　　　　　　　　　　　　　　7 000 000
　　贷：业务活动费用——财政补助支出——项目支出　　　　　　　7 000 000

资金来源为非财政资金

住房保障局修建经济适用房B项目，总投资10 000万元，项目期2年。资金来源为银行贷款10 000万元，借款期限2年，借款期末归还借款利息500万元。

1．2019年1月，收到国家开发银行贷款第一笔贷款5 000万元。编制会计分录如下。

借：银行存款——××开户银行　　　　　　　　　　　　　　　　50 000 000
　　贷：长期借款——国家开发银行××分行　　　　　　　　　　　50 000 000

2．2019年和2019年的3月、6月、9月、12月，各支付工程款1 250万元。编制会计分录如下。

借：在建工程——B项目——成本项目明细　　　　　　　　　　　12 500 000
　　贷：银行存款——××开户银行　　　　　　　　　　　　　　　12 500 000

3．2020年1月，收到第2笔贷款5 000万元。编制会计分录如下。

借：银行存款 ——××开户银行　　　　　　　　　　　　　　　　50 000 000
　　贷：长期借款——国家开发银行××分行　　　　　　　　　　　50 000 000

4．2020年1月归还借款。编制会计分录如下。

借：长期借款——国家开发银行××分行　　　　　　　　　　　105 000 000
　　贷：银行存款——××开户银行　　　　　　　　　　　　　　105 000 000

5．2020年12月工程竣工。编制会计分录如下。

借：保障性住房——B项目　　　　　　　　　　　　　　　　　105 000 000
　　贷：在建工程——B项目——成本项目明细　　　　　　　　　105 000 000

6．2021年累计收到售房款12 000万元。编制会计分录如下。

借：银行存款 ——××开户银行　　　　　　　　　　　　　　　120 000 000
　　贷：应缴财政款　　　　　　　　　　　　　　　　　　　　120 000 000

七、保障性住房累计折旧

（一）保障性住房累计折旧的概念

保障性住房累计折旧是指行政事业单位的保障性住房在使用过程中逐渐损耗而转移到商品或费用中去的那部分价值。

（二）保障性住房累计折旧科目的记账规则

为了核算行政事业单位为满足社会公共需求而控制的保障性住房的折旧情况，应设置“保障性住房累计折旧”科目。该科目属于资产类科目，平时借方登记减少数，反映行政事业单位因为保障性住房清理、出售等原因而减少的累计折旧；贷方登记增加数，反映行政事业单位每月提取的保障性住房的折旧情况。本科目期末贷方余额，反映单位计提的保障性住房折旧累计数。本科目应当按照所对应保障性住房的类别进行明细核算。

本科目期末借方余额，反映保障性住房的原值。本科目应当按照保障性住房的类别、项目等进行明细核算。

（三）保障性住房累计折旧的主要账务处理

（1）按月计提保障性住房折旧时，按照应计提的折旧额，借记"业务活动费用"科目，贷记本科目。

（2）报经批准处置保障性住房时，按照所处置保障性住房的账面价值，借记"资产处置费用""无偿调拨净资产""待处理财产损溢"等科目，按照已计提折旧，借记本科目，按照保障性住房的账面余额，贷记"保障性住房"科目。

【例4-103】某市住房保障局主要负责保障房建设，修建廉租房和公租房，为行政事业单位全额拨款单位。2017年投资修建A项目，总投资1 200万元，项目于2018年10月完成，预计使用年限50年。2020年1月将该批保障性住房出售给首钢集团，价格1 400万元。

编制2017年会计分录如下。

借：在建工程   12 000 000
  贷：银行存款   12 000 000

编制2018年10月会计分录如下。

借：保障性住房   12 000 000
  贷：在建工程   12 000 000

借：业务活动费用   20 000
  贷：保障性住房累计折旧   20 000

编制2020年会计分录如下。

借：资产处置费用   11 730 000
  保障性住房累计折旧   270 000
  贷：保障性住房   12 000 000

借：银行存款   14 000 000
  贷：应缴财政款   14 000 000

八、研发支出

（一）研发支出的概念

研发支出是指行政事业单位自行研究开发项目研究阶段和开发阶段发生的各项支出。

（二）研发支出科目的记账规则

为了核算行政事业单位自行研究开发项目研究阶段和开发阶段发生的各项支出情况，应设置"研发支出"科目。但建设项目中的软件研发支出，应当通过"在建工程"科目核算，不通过本科目核算。该科目属于资产类科目，平时借方登记增加数，反映行政事业单位自行研究开发项目研究阶段和开发阶段发生的各项支出；贷方登记减少数，反映行政事业单位自行研究开发项目研究阶段和开发阶段因为种种原因而减少的各项支出。本科目期末借方余额，反映单位预计能达到预定用途的研究开发项目在开发阶段发生的累计支出数。本科目应当按照自行研究开发项目，分别"研究支出""开发支出"进行明细核算。

（三）研发支出的主要账务处理

1. 自行研究开发项目研究阶段的支出，应当先在本科目归集。按照从事研究及其辅助活动人员计提的薪酬，研究活动领用的库存物品，发生的与研究活动相关的管理费、间接费和其他各项费用，借记本科目（研究支出），贷记"应付职工薪酬""库存物品""财政拨款收入""零余额账户用款额度""固定资产累计折旧""银行存款"等科目。期（月）末，应当将本科目归集的研究阶段的支出金额转入当期费用，借记"业务活动费用"等科目，贷记本科目（研究支出）。

2. 自行研究开发项目开发阶段的支出，先通过本科目进行归集。按照从事开发及其辅助活动人员计提的薪酬，开发活动领用的库存物品，发生的与开发活动相关的管理费、间接费和其他各项费用，借记本科目（开发支出），贷记"应付职工薪酬""库存物品""财政拨款收入""零余额账户用款额度""固定资产累计折旧""银行存款"等科目。自行研究开发项目完成，达到预定用途形成无形资产的，按照本科目归集的开发阶段的支出金额，借记"无形资产"科目，贷记本科目（开发支出）。

3. 单位应于每年年度终了评估研究开发项目是否能达到预定用途，如预计不能达到预定用途（如无法最终完成开发项目并形成无形资产的），应当将已发生的开发支出金额全部转入当期费用，借记"业务活动费用"等科目，贷记本科目（开发支出）。自行研究开发项目时涉及增值税业务的，相关账务处理参见"应交增值税"科目。

【例4-104】某航空研究所2018年4月25日获得国防科工委立项，从事一项先进航空发动机研究，项目金额40 000 000元，项目期3年。截至2019年12月31日共计发生如下费用。

（1）购买研发所用的材料A支出2 000 000元，材料已经验收入库，并领用该材料200 000元。

（2）支付研发人员工资福利费等800 000元。

（3）购买研发所用的设备一套，原值3 600 000元，预计使用10年，净残值为0。

2020年12月1日项目进入开发阶段，共发生如下费用。

（4）支付研发人员工资福利费等1 800 000元。

（5）领用A材料1 200 000元。

（6）2021年4月该项目经验收，达到预定用途。

2018年4月25日，编制会计分录如下。

借：银行存款		40 000 000
贷：非同级财政拨款收入		400 000 000

2019年12月31日，编制会计分录如下。

（1）借：库存物品		2 000 000
贷：银行存款		2 000 000
借：研发支出		200 000
贷：库存物品		200 000
（2）借：研发支出		800 000
贷：应付职工薪酬		800 000

（3）借：研发支出　　　　　　　　　　　　　　　　　　3 600 000

　　　　贷：固定资产　　　　　　　　　　　　　　　　　　　　3 600 000

　　借：业务活动费用　　　　　　　　　　　　　　　　　360 000

　　　　贷：固定资产累计折旧　　　　　　　　　　　　　　　　360 000

2020年12月1日，编制会计分录如下。

（4）借：研发支出　　　　　　　　　　　　　　　　　　1 800 000

　　　　贷：应付职工薪酬　　　　　　　　　　　　　　　　　　1 800 000

（5）借：研发支出　　　　　　　　　　　　　　　　　　1 200 000

　　　　贷：库存物品　　　　　　　　　　　　　　　　　　　　1 200 000

（6）2021年4月，编制会计分录如下。

　　借：无形资产　　　　　　　　　　　　　　　　　　　7 600 000

　　　　贷：研发支出　　　　　　　　　　　　　　　　　　　　7 600 000

本章小结

政府资产是指行政事业单位占有或者使用的能以货币计量的经济资源，包括流动资产、固定资产、无形资产和长期股权投资等。流动资产是指可以在一年内变现或者耗用的资产，包括库存现金、各种存款、财政授权用款额度、应收款项、预付款项和库存物品等。零余额账户用款额度是国库集中收付制度下，财政部门为行政事业单位在商业银行开设的零余额账户。用于财政部门对行政事业单位的授权支付，以及与财政国库单一账户进行资金清算。零余额账户用款额度既可以办理转账、提取现金等结算业务，还可以向本单位按账户管理规定保留的相应账户划拨工会经费、住房公积金及提租补贴，以及经财政部门批准的特殊款项。年终，当年尚未使用的预算指标数，经过批准后次年可以继续使用，但应当先注销后恢复，构成行政事业单位的财政应返还额。行政事业单位的存货是指行政事业单位在业务及其他活动过程中为耗用或者销售而储存的各种资产，包括材料、产成品等。固定资产是指使用年限在一年以上，单位价值在规定标准以上，并在使用过程中基本保持原来物质形态的资产。无形资产是指不具有实物形态而能为行政事业单位提供某种权利的资产，包括专利权、非专利技术、著作权、商标权、土地使用权和商誉等。长期股权投资，是指行政事业单位利用货币资金、实物和无形资产等方式向其他单位的投资。行政事业单位的对外投资包括长期债券投资和长期股权投资。政府财务会计资产还包括公共基础设施、保障性住房、受托代理资产、研发支出等相关科目。

关键术语中英文对照

零余额账户用款额度	zero-balance credit accounts
财政直接支付	direct financial payment
财政授权支付	indirect financial payment

习 题

一、单项选择题

1. 在记账无误的情况下，银行对账单与企业银行存款日记账账面余额不一致的原因是（ ）。

　　A. 应付账款　　　B. 未达账项　　　C. 在途货币资金　　D. 预收账款

2. 某行政事业单位对外提供劳务服务，收到票据一张，面额为 50 000元，年利率为10%，期限9个月，则票据到期值为（ ）元。

　　A. 50 000　　　　B. 3 750　　　　C. 46 250　　　　D. 53 750

3. 3月6日签发的票据，150天期，则到期日为（ ）。

　　A. 8月6日　　　B. 8月5日　　　C. 8月7日　　　D. 8月4日

4. 面值1 000元，6个月期，利率8%的票据，持有2个月后向银行贴现，贴现率为6%，贴现息为（ ）元。

　　A. 40　　　　　B. 30　　　　　C. 20.8　　　　D. 19.2

5. 带息应收票据的利息收入，应（ ）。

　　A. 列入利息收入　　　　　　　　B. 已列入经营收入

　　C. 冲减业务活动费用　　　　　　D. 列入事业收入

6. 购入复印机一台，买价为20 000元，运杂费100元，安装费50元，则该复印机的入账价格为（ ）元。

　　A. 20 000　　　B. 20 100　　　C. 20 150　　　D. 20 050

7. 某科研所融资租入科研仪器一台，租赁协议确定的设备价款为 60 000元，另支付运输费1 000元，途中保险费3 000元，安装调试费6 000元。则该项固定资产的入账价值应为（ ）元。

　　A. 60 000　　　B. 61 000　　　C. 66 000　　　D. 70 000

8. 行政事业单位转让无形资产的收入应记入（ ）账户。

　　A. "事业收入"　　B. "其他收入"　　C. "事业结余"　　D. "事业基金"

9. 接受捐赠的无形资产，应按照评估确认的价值列入（ ）账户。

　　A "事业收入"　　B. "经营收入"　　C. "其他收入"　　D. "捐赠收入"

10. 某行政事业单位购入企业债券，支付买价 40 000元，手续费1 000元，经纪人佣金2 600元，则债券投资的入账价值为（ ）元。

　　A. 41 000　　　B. 42 600　　　C. 40 000　　　D. 43 600

11. 购入债券，收到的利息收入记入（ ）账户。

　　A. "利息收入"　　B. "其他收入"　　C. "事业收入"　　D. "投资收益"

12. 以材料对外投资，按合同协议价记账，若合同协议价大于材料账面价值，则其差额列入（ ）账户。

　　A. "其他收入"　　B. "事业收入"　　C. "经营收入"　　D. "事业基金"

二、多项选择题

1. 行政事业单位存货发生盘亏或盘盈，属于正常的损耗或溢出时，则分别作（ ）处理。

A. 增加"经营费用"或"业务活动费用"

B. 冲减"经营费用"或"业务活动费用"

C. 增加"经营收入"或"事业收入"

D. 冲减"经营收入"或"事业收入"

2. 引起固定资产减少的因素有（　　　　）。

A. 报废　　　　　　B. 毁损　　　　　　C. 出售　　　　　　D. 投资转出

3. 引起固定资产增加的因素有（　　　　）。

A. 购入　　　　　　B. 临时租入　　　　C. 接受捐赠　　　　D. 融资租入

4. 下列科目中应进行明细分类核算的有（　　　）。

A. 固定基金　　　　B. 固定资产　　　　C. 专用基金　　　　D. 应付账款

5. 计入购入固定资产价值的费用项目有（　　　）。

A. 支付的买价　　　　　　　　　　　　B. 税金（非增值税）

C. 运杂费　　　　　　　　　　　　　　D. 安装费

三、业务题

资料（一）某事业单位2019年4月发生如下经济业务。

1. 开出现金支票，从银行提取现金700元备用。

2. 以现金预支王某出差旅费900元。

3. 王某出差回来，报销差旅费870元，退回现金30元。

4. 开户银行收到财政部门拨入的事业经费90 000元。

5. 以银行存款支付事业活动费用28 000元。

6. 收到事业活动业务收入12 000元，存入银行。

7. 以银行存款购入事业活动设备1台，价款25 000元。

8. 根据预算管理关系向所属单位拨付经费20 000元。

9. 收到经营活动业务收入6 000元，存入银行。

10. 以银行存款支付经营活动费用3 800元。

要求：根据上述经济业务编制会计分录。

资料（二）某事业单位为一般纳税人，2019年1月发生如下经济业务。

1. 开展经营活动，赊销产品一批给乙企业，产品售价20 000元，应交增值税2 600元。

2. 收到向乙企业赊销产品的款项23 400元。

3. 开展经营活动，向丙企业销售产品一批，货款共计40 000元，增值税5 200元，收到3个月的带息商业汇票一张，面值45 200元，票面年利率6%。

4. 上述商业汇票到期，收到票据本息。

要求：根据上述经济业务编制会计分录。

资料（三）某事业单位属于一般纳税人，2019年3月发生如下经济业务。

1. 购入A材料一批，该材料非自用，价款30 000元，增值税3 900元，材料已验收入库。

2. 购进B材料一批，该材料非自用，价款20 000元，增值税2 600元，运杂费500元，以上款项尚未支付，材料已验收入库。

3. 本月事业活动发出A材料25 000元，B材料10 000元。

4. 本月经营活动发出B材料4 000元。

5. 月末盘亏事业活动用A材料2千克，每千克800元，属于正常损耗，作为业务活动费用处理。

6. 以货币资金65 000元对外投资。

7. 某部门领用甲产品30件，实际成本400元，用于开展事业活动。

8. 开展事业活动销售乙产品100件，每件售价80元，应交增值税销项税1 040元，款项已存入银行。

9. 用银行存款购入某公司三个月债券50张，每张面值1 000元。

10. 由于资金需要，将上述购入50张债券出售20张，收到价款20 200元，存入银行。

11. 以某项固定资产对外投资，该项固定资产评估价85 000元，账面原价为80 000元。

12. 以甲材料对外投资，该批材料协议价50 000元，不含增值税的账面价值40 000元。

要求：根据上述经济业务编制会计分录。

资料（四）某事业单位2019年5月发生下列经济业务。

1. 购买汽车1辆，价款234 000元，车辆购置税23 400元，其他各项费用10 000元，款项以银行存款支付。

2. 以事业经费购买专用设备1台，买价68 000元，一般设备1台买价21 000元。两设备共同发生运杂费640元，款项均以银行存款支付，设备投入使用。

3. 以融资租入方式租入设备1台，合同规定租金390 000元，租期5年，每年年末支付租金。该设备发生运输费、安装费共计10 000元，已支付一期的租金80 000元。

4. 接受捐赠的计算机2台，根据发票单据价格16 400元，发生运杂费相关费用60元，以现金支付。设备投入使用。

5. 年终清查固定资产。

（1）经批准报废专用设备1台，账面价值30 000元，清理中发生清理费用124元，残值变价收入750元，款项均以银行存款结算。

（2）盘盈一般设备1台，估价2 100元。盘亏专用设备1台，账面价值3 500元。

（3）出售不需用一般设备1台，账面价值74 000元，转让费51 000元，款项存入银行。

要求：根据上述经济业务编制会计分录。

第五章

政府财务会计负债

学习目标

了解政府负债的概念；

了解政府负债的特点；

了解政府负债的对象；

掌握政府负债的核算，尤其是应缴财政款的账务处理。

第一节

政府财务会计负债概述

一、政府会计负债的概念及特征

负债是指行政事业单位承担的能以货币计量、需要以资产或者劳务偿还的债务。负债是行政事业单位资产总额中属于债权人的那部分权益或利益，它反映行政事业单位对其债权人所应承担的全部经济责任。政府会计的负债具有以下特征：

（1）负债是指已经发生的，并在未来一定时期内必须偿付的经济义务，这种偿付可以用货币、物品、提供劳务、再负债等债权人所能接受的形式来实现；

（2）负债是可计量的，有确切的或可预计的金额；

（3）负债在一般情况下有确切的债权人和到期日；

（4）大部分负债是交易的结果，而这种交易一般是以契约、合同、协议或者法律约束为前提的；

（5）负债只有在偿还或债权人放弃债权等情况发生变化后才能消失。

二、政府会计负债的内容

政府会计的负债包括借入款项、应付及预收款项、应缴款项、应付职工薪酬等。

（一）借入款项

借入款项是指行政事业单位从财政部门、上级主管部门、金融机构等借入的有偿使用的款项。归还借款时，除了归还借入的本金，还应支付利息。期末尚未归还的借入款的本金，应反映在"资产负债表"的流动负债有关项目内。

（二）应付及预收款项

应付及预收款项是指单位在各项业务活动开展中由于采用商业汇票结算方式，以及预收或其他原因形成的应向有关方面收取的款项，包括应付票据、应付账款、预收账款和其他应付款等。应付及预收款项应及时清理结算。

（三）应缴款项

行政事业单位的各种应缴款项，包括按财政部门规定应缴入国库的预算资金、应缴财政专户的预算外资金、其他应缴税费以及其他按上级单位规定应上缴的款项。

（四）应付职工薪酬

行政事业单位应付职工薪酬是指行政事业单位按照国家规定应发放给在职人员或离退休人员的工资、离退休费、津贴补贴和其他个人收入。

三、政府会计负债的管理

行政事业单位应当对不同性质的负债分别管理，及时清理并按规定办理结算，保证各项负债在规定期限内归还。负债管理主要应注意以下几个问题。

（1）要严格控制负债规模。行政事业单位是依靠自身业务优势为社会提供公共商品的社会组织，其主要任务是按照国家的计划和群众的要求发展社会事业。在社会主义市场经济条件下，国家虽然容许或鼓励一部分有条件的行政事业单位依法组织事业收入和经营收入，但必须在一定范围内进行，利用负债去组织事业收入开展经营活动要慎之又慎，要严格控制负债规模。如果行政事业单位借款超过了一定的限度，经济效益又不佳，其借款归还实际上无法得到保证，这样既影响债权人的利益，又影响行政事业单位正常工作的开展。

（2）要及时清理债权债务，按规定办理有关结算。对往来款中属于负债性质的款项，如借入款项、应付款项、预收款项和应缴款项，行政事业单位要及时组织清理，保证在规定的期限内及时进行偿还、缴纳和结算，不得长期挂账。

（3）行政事业单位的负债均以实际发生数计价入账，对已经发生而价款尚需确定的负债应当以合理预计价格入账，待实际价款正式确定后再按实际数额进行调整。

第二节 借入款项

借入款项是指事业单位从财政部门、上级主管部门、金融机构或其他单位借入的有偿使用的款项。事业单位借入款项一般是为满足事业单位资金周转不足的需要而发生的，用以开展事业单位的正常经营活动。借入款项是事业单位有偿使用的资金，需要按期偿还本金并支付借款利息。事业单位应当根据业务发展的需要，确定合理的负债规模，保持合理的负债结构。

事业单位的借入款项，内容较为广泛。从借款的渠道来看，借入款项不但包括事业单位从银行等金融机构取得的借款，还包括事业单位从财政部门、上级单位和其他单位借入的款项。从借款的期限来看，事业单位的借入款项既包括短期借款，又包括长期借款。

一、短期借款

为了核算借入款项的借入和归还情况，事业单位应设置"短期借款"科目。该科目是负债类科目，贷方登记借入款的本金，借方登记偿还的借入款的本金。期末贷方余额反映尚未偿还的借入款本金。借入款项类科目应按债权人设置明细科目，并按借款种类进行明细核算。

事业单位借款时间不超过 1 年的借款，通过"短期借款"科目核算。事业单位借入款项时，借记"银行存款"科目，贷记"短期借款"科目；归还本金时，借记"短期借款"科目，贷记"银行存款"科目。借款所产生的利息，根据借款的用途不同记入不同的费用科目。为事业类业务借款所产生的借款利息，计入业务活动费用；为经营类业务所产生的借款利息，计入经营费用。支付借款利息时，借记"业务活动费用""经营费用"等科目，贷记"银行存款"科目。

【例5-1】某事业单位在开展事业业务活动中发生临时性资金周转困难，向银行借入款项100 000元，借款期限6个月，年利率6%，到期归还本息。

借入款项时，编制会计分录如下。

借：银行存款   100 000
    贷：短期借款   100 000

到期归还本金并支付利息时，编制会计分录如下。

借：短期借款   100 000
    其他费用   3 000
    贷：银行存款   103 000

二、长期借款

长期借款是指事业单位向银行或其他金融机构借入的期限在 1 年以上（不含 1 年）的各项借款。

该科目属于负债类科目，借方登记已经偿还的长期借款，贷方登记事业单位应该偿还的长期借款，一般来说，期末余额在贷方，表示应当事业单位应该偿还的长期借款。

本科目设置"本金"和"应计利息"明细科目，并按照贷款单位和贷款种类进行明细核算。对于建设项目借款，还应按照具体项目进行明细核算。

长期借款的主要账务处理如下。

（1）借入各项长期借款时，按照实际借入的金额，借记"银行存款"科目，贷记本科目（本金）。

（2）为建造固定资产、公共基础设施等应支付的专门借款利息，按期计提利息时，分别以下情况处理。

① 属于工程项目建设期间发生的利息，计入工程成本，按照计算确定的应支付的利息金额，借记"在建工程"科目，贷记"应付利息"科目。

② 属于工程项目完工交付使用后发生的利息，计入当期费用，按照计算确定的应支付的利息金额，借记"其他费用"科目，贷记"应付利息"科目。

（3）按期计提其他长期借款的利息时，按照计算确定的应支付的利息金额，借记"其他费用"科目，贷记"应付利息"科目[分期付息、到期还本借款的利息]或本科目（应计利息）[到期一次还本付息借款的利息]。

（4）到期归还长期借款本金、利息时，借记本科目（本金、应计利息），贷记"银行存款"科目。

【例5-2】某事业单位于2020年4月30日从工商银行借入资金200万元，借款期限为2年，年利率为6%，款项已存入银行，利息于每年度支付一次。该借款用于购买某项工程所需的一台设备。5月15日，公司收到该设备，价款195万元，安装费为5万元，均用银行存款支付，设备已于当月16日交付使用。

（1）取得借款时，编制会计分录如下。

借：银行存款 2 000 000

　　贷：长期借款 2 000 000

（2）支付设备款和安装费时，编制会计分录如下。

借：在建工程 2 000 000

　　贷：银行存款 2 000 000

（3）在建工程交付使用时，编制会计分录如下。

借：固定资产 2 000 000

　　贷：在建工程 2 000 000

【例5-3】根据【例5-2】的资料，计算该事业单位借入银行款项的利息，并做出支付利息和到期归还本金的账务处理。

（1）计算应计入固定资产成本的利息并结转固定资产。

该事业单位于4月30日借入款项，5月15日设备投入使用，因此在4月30日至5月15日间发生的利息应当计入固定资产的成本，5月16日以后发生的利息应当计入当期损益。

应计入固定资产成本的利息金额为：$2\ 000\ 000 \times 6\% \div 12 \times 0.5 = 5\ 000$（元）。编制会计分录如下。

借：在建工程 5 000

　　贷：银行存款 5 000

（2）2020年12月31日，此笔长期借款偿还的利息为：$2\ 000\ 000 \times 6\% \div 12 \times 7.5 = 75\ 000$（元）。编制会计分录如下。

借：其他费用——利息费用 75 000

　　贷：银行存款 75 000

（3）2021年12月31日，此笔长期借款偿还的利息为：$2\ 000\ 000 \times 6\% = 120\ 000$（元）。编制会计分录如下。

借：其他费用——利息费用   120 000

    贷：银行存款   120 000

（4）2022年4月30日，应偿还的利息为：$2\ 000\ 000 \times 6\% \div 12 \times 4 = 40\ 000$（元）。编制会计分录如下。

借：其他费用——利息费用   40 000

    贷：银行存款   40 000

（5）2023年4月30日，归还本金时，编制会计分录如下。

借：长期借款   2 000 000

    贷：银行存款   2 000 000

第三节　应付预收款项

应付及预收款项是事业单位在与其他单位及个人之间由于购买商品、接受劳务，或其他结算关系形成的待结算债务款项。事业单位的应付及预收款项主要包括应付票据、应付账款、预收账款、其他应付款等内容。

一、应付票据

（一）应付票据的概念

应付票据是指事业单位对外发生债务时所开出、承兑的商业汇票。商业汇票是单位之间根据赊销合同进行延期付款的商品交易时开具的反映债权债务关系的票据，包括银行承兑汇票和商业承兑汇票。

（二）应付票据的核算

为了核算商业汇票的开出或承兑以及支付情况，事业单位应设置"应付票据"科目。该科目是负债类科目，其贷方登记行政事业单位因购买商品、劳务等而开出商业汇票的面值，借方登记已支付的票据款项。期末贷方余额反映尚未支付的票据款项。

事业单位应设置"应付票据备查簿"，详细登记每一应付票据的种类、号数、签发日期、到期日、票面金额、收款人姓名或单位名称以及付款日期和金额等详细资料。应付票据到期付清时，应在备查簿内逐笔注销。

事业单位开出、承兑汇票或以汇票抵付货款时，借记"材料""应付账款"等科目，贷记"应付票据"科目。如果行政事业单位开出的是银行承兑汇票，须按票面金额的一定比例支付手续费，借记"业务活动费用""经营费用"科目，贷记"银行存款"科目。

汇票到期时，借记"应付账款"科目，贷记"银行存款"科目。如果票据为带息票据，除了要支付票面金额外，还要支付利息。收到银行支付本息通知时，借记"应付票据"科目和"业务活动费用""经营费用"科目，贷记"银行存款"科目。

开出并承兑的商业承兑汇票如果不能如期支付，应在票据到期并未签发新的票据时，将"应付票据"的账面余额转入"应付账款"科目。在采用银行承兑汇票方式下，如果对方已经将应收票据向银行贴现，在付款期满时，如果无力付款，由银行代为扣款或作为逾期借款处理，借记"应付票据"科目，贷记"银行存款"或"应付账款"科目。

✎ **【例5-4】**某事业单位采用商业承兑汇票结算方式购入一批产品生产用材料，价款10 000元，应交增值税1 300元。单位开出期限为6个月的商业承兑汇票一张，年利率为12%，材料已验收入库。

（1）购入材料时，编制会计分录如下。

借：库存物品	10 000
应交增值税（进项税额）	1 300
贷：应付票据	11 300

（2）票据到期偿还时，编制会计分录如下。

借：应付票据	11 300
经营费用	1 392
贷：银行存款	12 692

（3）若到期不能如期支付票款时，编制会计分录如下。

借：应付票据	11 300
经营费用	1 392
贷：应付账款	12 692

二、应付账款

（一）应付账款的概念

应付账款是指行政事业单位因购买材料、物资或接受劳务供应而应付给供应单位的款项。这是买卖双方在购销活动中由于取得物资或劳务与支付价款在时间上不一致而产生的负债。非购销活动产生的应付其他单位或个人款项（如应付赔偿款、应付租金等）则应列入其他应付款范畴，不属于应付账款的核算内容。

（二）应付账款的核算

为了核算单位因购买材料、物资、接受劳务等而产生的应付账款及其偿还情况，行政事业单位应设置"应付账款"科目。该科目是负债类科目，其贷方登记单位应支付的款项，借方登记已支付或已转销或转作商业汇票结算方式的款项。期末贷方余额反映尚未支付的应付款项。"应付账款"科目应按照供应单位设置明细科目，进行明细分类核算。

单位购入材料、物资等并已验收入库，但款项尚未支付的，根据有关凭证，借记"库存物品"及有关科目，贷记"应付账款"科目。单位接受其他单位提供的劳务而发生的应付未付款项，应根据供应单位提供的发票账单，借记"业务活动费用""经营费用"等科目，贷记"应付账款"科目。

单位偿付应付账款时，借记"应付账款"科目，贷记"银行存款"科目。单位开出、承兑商业汇票冲抵应付账款时，借记"应付账款"科目，贷记"应付票据"科目。

【例5-5】 某行政事业单位购入一批自用材料，价款5 000元，应交增值税650元。材料已验收入库，款项尚未支付。编制会计分录如下。

借：库存物品 　　　　　　　　　　　　　　　　　　　　　　　　　　5 650
　　贷：应付账款 　　　　　　　　　　　　　　　　　　　　　　　　　5 650

【例5-6】 续【例5-5】，该行政事业单位偿付上述货款。编制会计分录如下。

借：应付账款 　　　　　　　　　　　　　　　　　　　　　　　　　　5 650
　　贷：银行存款 　　　　　　　　　　　　　　　　　　　　　　　　　5 650

若该行政事业单位开出商业汇票一张，抵付上述所欠的应付账款。编制会计分录如下。

借：应付账款 　　　　　　　　　　　　　　　　　　　　　　　　　　5 650
　　贷：应付票据 　　　　　　　　　　　　　　　　　　　　　　　　　5 650

三、预收账款

（一）预收账款的概念

预收账款是指事业单位按照合同规定，向购货单位或接受劳务单位预收的款项。事业单位预收的款项，是以买卖双方的协议或合同为依据，需要在以后以交付产品或提供劳务等方式来偿付，因此，在事业单位收到款项但尚未交付产品或提供劳务之前，预收账款就形成事业单位的一项负债。

（二）预收账款的核算

为了核算预收账款的增减变动情况，事业单位应设置"预收账款"科目。该科目是负债类科目，其贷方登记预收的货款和补付的货款，借方登记销售实现（劳务兑现）的款项和退回多余的款项。期末，贷方余额反映尚未结清的预收款项，借方余额反映应收的款项。"预收账款"科目应按购买单位设置明细科目，进行明细分类核算。

预收账款业务不多的事业单位，也可以不设置"预收账款"科目，而将预收的账款直接记入"应收账款"科目的贷方。

1. 事业单位从付款方预收款项时，按照实际预收的金额，借记"银行存款"等科目，贷记本科目。

2. 确认有关收入时，按照预收账款账面余额，借记本科目，按照应确认的收入金额，贷记"事业收入""经营收入"等科目，按照付款方补付或退回付款方的金额，借记或贷记"银行存款"等科目。涉及增值税业务的，相关账务处理参见"应交增值税"科目。

3. 无法偿付或债权人豁免偿还的预收账款，应当按照规定报经批准后进行账务处理。经批准核销时，借记本科目，贷记"其他收入"科目。

【例5-7】 某事业单位接受一项订货合同，按合同规定，货款总额20 000元，预计2个月完成。订货单位预付货款的50%，其余款项待收到产品后支付（假设该产品为免税产品）。

（1）收到订货单位预付的货款时，编制会计分录如下。

借：银行存款   10 000

  贷：预收账款   10 000

（2）2个月后产品发出时，编制会计分录如下。

借：预收账款   20 000

  贷：经营收入   20 000

（3）收到订货单位补付的货款时，编制会计分录如下。

借：银行存款   10 000

  贷：预收账款   10 000

四、其他应付款

（一）其他应付款的概念

其他应付款是指行政事业单位除应交增值税、其他应交税费、应缴财政款、应付职工薪酬、应付票据、应付账款、应付政府补贴款、应付利息、预收账款以外，其他各项偿还期限在 1 年内（含 1 年）的应付及暂收款项，如收取的押金、存入保证金、已经报销但尚未偿还银行的本单位公务卡欠款等。

同级政府财政部门预拨的下期预算款和没有纳入预算的暂付款项，以及采用实拨资金方式通过本单位转拨给下属单位的财政拨款，也通过本科目核算。

（二）其他应付款记账规则

为核算行政事业单位发生的其他各项偿还期限在 1 年内（含 1 年）的应付及暂收款项，单位应该设置"其他应付款"科目，本科目是负债类科目，借方登记行政事业单位已经偿还的其他各项偿还期限在 1 年内（含 1 年）的应付及暂收款项，贷方登记行政事业单位发生的其他各项偿还期限在 1 年内（含 1 年）的应付及暂收款项。本科目期末贷方余额，反映单位尚未支付的其他应付款金额。本科目应当按照其他应付款的类别以及债权人进行明细核算。

（三）其他应付款的主要账务处理

（1）发生其他应付及暂收款项时，借记"银行存款"等科目，贷记本科目。支付（或退回）其他应付及暂收款项时，借记本科目，贷记"银行存款"等科目。将暂收款项转为收入时，借记本科目，贷记"事业收入"等科目。

（2）收到同级政府财政部门预拨的下期预算款和没有纳入预算的暂付款项，按照实际收到的金额，借记"银行存款"等科目，贷记本科目；待到下一预算期或批准纳入预算时，借记本科目，贷记"财政拨款收入"科目。采用实拨资金方式通过本单位转拨给下属单位的财政拨款，按照实际收到的金额，借记"银行存款"科目，贷记本科目；向下属单位转拨财政拨款时，按照转拨的金额，借记本科目，贷记"银行存款"科目。

（3）本单位公务卡持卡人报销时，按照审核报销的金额，借记"业务活动费用""单位管理费用"等科目，贷记本科目；偿还公务卡欠款时，借记本科目，贷记"零余额账户用款额度"等科目。

（4）涉及质保金形成其他应付款的，相关账务处理参见"固定资产"科目。

（5）无法偿付或债权人豁免偿还的其他应付款项，应当按照规定报经批准后进行账务处理。经批准核销时，借记本科目，贷记"其他收入"科目。核销的其他应付款应在备查簿中保留登记。

【例5-8】北京某大学2018年10月共计发生如下业务。

1. 2018年10月8日收到大一新生交来的公物押金200万元。编制会计分录如下。

借：银行存款 2 000 000

　　贷：其他应付款 2 000 000

2. 2018年10月20日收到同级政府财政部门预拨的下期预算款2 800万元。编制会计分录如下。

借：银行存款 28 000 000

　　贷：其他应付款 280 000 000

3. 2018年10月20日本单位公务卡持卡人刘某报销交通费1 200元。编制会计分录如下。

借：业务活动费用 1 200

　　贷：其他应付款 1 200

4. 2018年10月28日得知去年其他应付款10万元因对方豁免而转销。编制会计分录如下。

借：其他应付款 100 000

　　贷：其他收入 100 000

五、长期应付款

（一）长期应付款的概念

长期应付款是指行政事业单位发生的偿还期限超过 1 年（不含 1 年）的应付款项，主要指行政事业单位融资租入固定资产发生的应付租赁款。

（二）长期应付款的核算

为了核算长期应付款的增减变动情况，行政事业单位应设置"长期应付款"科目。该科目是负债类科目，其贷方登记各种长期的款项，借方登记各种款项的偿还或转销。期末贷方余额反映应付未付的款项。"长期应付款"科目应按款项的类别或单位、个人设置明细科目，进行明细分类核算。

行政事业单位发生各种长期应付款项时，借记"银行存款""业务活动费用""经营费用"等科目，贷记"长期应付款"科目；支付各种长期应付款项时，借记"长期应付款"科目，贷记"银行存款"等科目。

【例5-9】2019年1月1日，甲行政事业单位与乙公司签订一项购货合同，从乙公司购入一台不需要安装的特大型设备。合同约定，甲行政事业单位采用分期付款方式支付价款。该设备价款共计900万元，在2019年至2024年的5年内每半年支付90万元，每年的付款日期分别为当年6月30日和12月31日。

2019年1月1日，甲行政事业单位将设备入账。编制会计分录如下。

借：固定资产 9 000 000

　　贷：长期应付款 9 000 000

```
借：业务活动费用                                    900 000
    贷：银行存款                                          900 000
```

六、预提费用

（一）预提费用的概念

预提费用是指行政事业单位预先提取的已经发生但尚未支付的费用，如预提租金费用等。

（二）预提费用科目的记账规则

为了核算行政事业单位预先提取的已经发生但尚未支付的费用情况，应设置"预提费用"科目。该科目属于负债类科目，平时借方登记减少数，反映行政事业单位已经支付的各种预提费用；贷方登记增加数，反映行政事业单位每月提取的但尚未支付的费用。

本科目期末贷方余额，反映单位已预提但尚未支付的各项费用。本科目应当按照预提费用的种类进行明细核算。对于提取的项目间接费用或管理费，应当在本科目下设置"项目间接费用或管理费"明细科目，并按项目进行明细核算。

事业单位按规定从科研项目收入中提取的项目间接费用或管理费，也通过本科目核算。事业单位计提的借款利息费用，通过"应付利息""长期借款"科目核算，不通过本科目核算。

（三）预提费用的主要账务处理

1. 项目间接费用或管理费

按规定从科研项目收入中提取项目间接费用或管理费时，按照提取的金额，借记"单位管理费用"科目，贷记本科目（项目间接费用或管理费）。实际使用计提的项目间接费用或管理费时，按照实际支付的金额，借记本科目（项目间接费用或管理费），贷记"银行存款""库存现金"等科目。

【例5-10】某高校2019年全年共收到科研经费70 000 000元，其中纵向项目40 000 000元，横向项目30 000 000元。按照学校收取管理费的相关规定，假定本年共计应该提取的管理费为400 000元。年底共使用管理费1 300 000元。编制会计分录如下。

```
借：单位管理费用                                  4 000 000
    贷：预提费用                                        4 000 000
借：预提费用                                      1 300 000
    贷：银行存款                                        1 300 000
```

2. 其他预提费用

按期预提租金等费用时，按照预提的金额，借记"业务活动费用""单位管理费用""经营费用"等科目，贷记本科目。实际支付款项时，按照支付金额，借记本科目，贷记"零余额账户用款额度""银行存款"等科目。

【例5-11】某市房管局因年久失修，需要重新构建。2017年8月与某企业签订办公大楼租赁协议。协议规定：租赁期为3年，租金每年为120万元，每年年末支付，无须支付相关利息。2018年1月1日房管局搬到新址办公，同日预提2018年的房租。编制会计分录如下。

```
借：业务活动费用                                 12 000 000
    贷：预提费用                                        1 200 000
```

12月31日支付时

借：预提费用　　　　　　　　　　　　　　　　　　1 200 000

　　贷：财政拨款收入　　　　　　　　　　　　　　　　　1 200 000

第四节 | 应缴款项

应缴款项是行政事业单位按规定应向有关部门上缴的各种款项，主要包括应缴财政款、应付财政补贴款、应交增值税、其他应交税费等。这些应缴的收入与税费，国家都有专门规定，行政事业单位应当严格按照国家规定执行，按时、足额上缴，不得无故拖欠、提留和坐支。

一、应缴财政款

（一）应缴财政款的概念

应缴财政款是指行政事业单位按规定代收的、应上缴财政的预算外资金。预算外资金是指行政单位为履行或事业单位代行行政单位职能，依据国家法律、法规和具有法律效力的规章而收取、提取和安排使用的未纳入国家预算管理的各种财政性资金。此项资金在未上缴之前，构成行政事业单位的一项负债，

应缴财政款

不得作为行政事业单位的收入处理。行政事业单位按规定代收的预算外资金必须上缴同级财政专户，费用由同级财政按预算外资金收支计划和单位财务收支计划统筹安排，从财政专户中拨付，实行收支两条线管理。对其中少数费用开支有特殊需要的预算外资金，经财政部门核定收支计划后，可按确定的比例或收支结余的数额定期缴入同级财政专户。

按照上述规定，预算外资金管理方法有三种。

（1）全额上缴。实行全额上缴财政专户的预算外资金，不能直接作为事业收入处理，应缴入同级财政专户，待同级财政部门拨付本单位使用时，才能计入事业收入。

（2）比例上缴。实行按比例上缴财政的预算外资金，其上缴部分不能直接作为事业收入处理，应缴入同级财政，待同级财政拨付本单位使用时，才能计入事业收入，其留用部分可以直接作为事业收入处理。

（3）结余上缴。实行按收支结余的数额上缴财政专户的预算外资金，平时可以直接作为事业收入处理，年终按该项预算外资金的收支结余数额上缴财政专户。

（二）应缴财政款的核算

为了核算应缴财政款的增减变动情况，行政事业单位应设置"应缴财政款"科目。该科目是负债类科目，其贷方登记收到应缴财政的各种收入，借方登记上缴财政的数额。贷方余额反映应缴未缴数额，年终该科目应无余额。

根据预算外资金管理方法，行政事业单位应缴财政款的核算方法有三种。

（1）全额上缴。行政事业单位收到应缴财政的各项收入时，借记"银行存款"等科目，贷记"应缴财政款"科目；上缴财政时，借记"应缴财政款"科目，贷记"银行存款"科目。

（2）比例上缴。行政事业单位取得收入时，借记"银行存款"等科目，按核定的留用比例

确定留用数额，贷记"事业收入"科目，按上缴部分，贷记"应缴财政款"科目；上缴财政时，借记"应缴财政款"科目，贷记"银行存款"科目。

（3）结余上缴。行政事业单位取得收入时，借记"银行存款"等科目，贷记"事业收入"科目；定期结算预算外资金结余时，借记"事业收入"科目，贷记"应缴财政款"科目；上缴财政时，借记"应缴财政款"科目，贷记"银行存款"科目。

【例5-12】某行政事业单位预算外资金采用全额上缴管理方法，收到应缴财政的预算外资金5 000元，存入银行。

收到预算外资金时，编制会计分录如下。

借：银行存款	5 000
贷：应缴财政款	5 000

上缴财政时，编制会计分录如下。

借：应缴财政款	5 000
贷：银行存款	5 000

【例5-13】某行政事业单位预算外资金采用比例上缴管理方法，财政部门核定的预算外资金上缴比例为80%。该行政事业单位收到预算外资金10 000元，应上缴财政8 000元。

收到预算外资金时，编制会计分录如下。

借：银行存款	10 000
贷：事业收入	2 000
应缴财政款	8 000

上缴财政时，编制会计分录如下。

借：应缴财政款	8 000
贷：银行存款	8 000

【例5-14】某行政事业单位预算外资金采用结余上缴管理方法，收到预算外资金20 000元。

收到预算外资金时，编制会计分录如下。

借：银行存款	20 000
贷：事业收入	20 000

月末结算上述预算外资金结余6 000元时，编制会计分录如下。

借：事业收入	6 000
贷：应缴财政款	6 000

上缴财政时，编制会计分录如下。

借：应缴财政款	6 000
贷：银行存款	6 000

二、应交增值税

（一）应交增值税的概念

应交增值税是指行政事业单位按照税法规定计算应交纳、尚未缴纳的增值税。

（二）应交增值税科目的记账规则

为了核算行政事业单位按照税法规定计算应交纳、尚未缴纳的增值税情况，应设置"应交增值税"科目。该科目属于负债类科目，平时借方登记减少数，反映行政事业单位已经缴纳的增值税；贷方登记增加数，反映行政事业单位按照税法规定计算应交纳、尚未缴纳的增值税。本科目期末贷方余额，反映单位应交未交的增值税；期末如为借方余额，反映单位尚未抵扣或多交的增值税。属于增值税一般纳税人的单位，应当在本科目下设置"应交税金""未交税金""预交税金""待抵扣进项税额""待认证进项税额""待转销项税额""简易计税""转让金融商品应交增值税""代扣代交增值税"等明细科目。

（1）"应交税金"明细账

内应当设置"进项税额""已交税金""转出未交增值税""减免税款""销项税额""进项税额转出""转出多交增值税"等专栏。其中：

①"进项税额"专栏，记录单位购进货物、加工修理修配劳务、服务、无形资产或不动产而支付或负担的、准予从当期销项税额中抵扣的增值税额；

②"已交税金"专栏，记录单位当月已交纳的应交增值税额；

③"转出未交增值税"和"转出多交增值税"专栏，分别记录一般纳税人月度终了转出当月应交未交或多交的增值税额；

④"减免税款"专栏，记录单位按照现行增值税制度规定准予减免的增值税额；

⑤"销项税额"专栏，记录单位销售货物、加工修理修配劳务、服务、无形资产或不动产应收取的增值税额；

⑥"进项税额转出"专栏，记录单位购进货物、加工修理修配劳务、服务、无形资产或不动产等发生非正常损失以及其他原因而不应从销项税额中抵扣、按照规定转出的进项税额。

（2）"未交税金"明细科目

核算单位月度终了从"应交税金"或"预交税金"明细科目转入当月应交未交、多交或预缴的增值税额，以及当月交纳以前期间未交的增值税额。

（3）"预交税金"明细科目

核算单位转让不动产、提供不动产经营租赁服务等，以及其他按照现行增值税制度规定应预缴的增值税额。

（4）"待抵扣进项税额"明细科目

核算单位已取得增值税扣税凭证并经税务机关认证，按照现行增值税制度规定准予以后期间从销项税额中抵扣的进项税额。

（5）"待认证进项税额"明细科目

核算单位由于未经税务机关认证而不得从当期销项税额中抵扣的进项税额。包括：一般纳税人已取得增值税扣税凭证并按规定准予从销项税额中抵扣，但尚未经税务机关认证的进项税额；一般纳税人已申请稽核但尚未取得稽核相符结果的海关缴款书进项税额。

（6）"待转销项税额"明细科目

核算单位销售货物、加工修理修配劳务、服务、无形资产或不动产，已确认相关收入（或利得）但尚未发生增值税纳税义务而需于以后期间确认为销项税额的增值税税额。

（7）"简易计税"明细科目

核算单位采用简易计税方法发生的增值税计提、扣减、预缴、缴纳等业务。

（8）"转让金融商品应交增值税"明细科目

核算单位转让金融商品发生的增值税税额。

（9）"代扣代交增值税"明细科目

核算单位购进在境内未设经营机构的境外单位或个人在境内的应税行为代扣代缴的增值税。属于增值税小规模纳税人的单位只需在本科目下设置"转让金融商品应交增值税""代扣代交增值税"明细科目。

（三）应交增值税的主要账务处理

1. 单位取得资产或接受劳务等业务

（1）采购等业务进项税额允许抵扣单位购买用于增值税应税项目的资产或服务等时，按照应计入相关成本费用或资产的金额，借记"业务活动费用""在途物品""库存物品""工程物资""在建工程""固定资产""无形资产"等科目，按照当月已认证的可抵扣增值税额，借记本科目（应交税金——进项税额），按照当月未认证的可抵扣增值税额，借记本科目（待认证进项税额），按照应付或实际支付的金额，贷记"应付账款""应付票据""银行存款""零余额账户用款额度"等科目。发生退货的，如原增值税专用发票已做认证，应根据税务机关开具的红字增值税专用发票做相反的会计分录；如原增值税专用发票未做认证，应将发票退回并做相反的会计分录。小规模纳税人购买资产或服务等时不能抵扣增值税，发生的增值税计入资产成本或相关成本费用。

（2）采购等业务进项税额不得抵扣单位购进资产或服务等，用于简易计税方法计税项目、免征增值税项目、集体福利或个人消费等，其进项税额按照现行增值税制度规定不得从销项税额中抵扣的，取得增值税专用发票时，应按照增值税发票注明的金额，借记相关成本费用或资产科目，按照待认证的增值税进项税额，借记本科目（待认证进项税额），按照实际支付或应付的金额，贷记"银行存款""应付账款""零余额账户用款额度"等科目。经税务机关认证为不可抵扣进项税时，借记本科目（应交税金——进项税额）科目，贷记本科目（待认证进项税额），同时将进项税额转出，借记相关成本费用科目，贷记本科目（应交税金——进项税额转出）。

（3）购进不动产或不动产在建工程按照规定进项税额分年抵扣单位取得应税项目为不动产或者不动产在建工程，其进项税额按照现行增值税制度规定自取得之日起分 2 年从销项税额中抵扣的，应当按照取得成本，借记"固定资产""在建工程"等科目，按照当期可抵扣的增值税额，借记本科目（应交税金——进项税额），按照以后期间可抵扣的增值税额，借记本科目（待抵扣进项税额），按照应付或实际支付的金额，贷记"应付账款""应付票据""银行存款""零余额账户用款额度"等科目。尚未抵扣的进项税额待以后期间允许抵扣时，按照允许抵扣的金额，借记本科目（应交税金——进项税额），贷记本科目（待抵扣进项税额）。

（4）进项税额抵扣情况发生改变单位因发生非正常损失或改变用途等，原已计入进项税额、待抵扣进项税额或待认证进项税额，但按照现行增值税制度规定不得从销项税额中抵扣的，借记"待处理财产损溢""固定资产""无形资产"等科目，贷记本科目（应交税金——进项税额转出）、本科目（待抵扣进项税额）或本科目（待认证进项税额）。

原不得抵扣且未抵扣进项税额的固定资产、无形资产等，因改变用途等用于允许抵扣进项税额的应税项目的，应按照允许抵扣的进项税额，借记本科目（应交税金——进项税额），贷记"固定资产""无形资产"等科目。

固定资产、无形资产等经上述调整后，应按照调整后的账面价值在剩余尚可使用年限内计提折旧或摊销。单位购进时已全额计入进项税额的货物或服务等转用于不动产在建工程的，对于结转以后期间的进项税额，应借记本科目（待抵扣进项税额），贷记本科目（应交税金——进项税额转出）。

（5）购买方作为扣缴义务人按照现行增值税制度规定，境外单位或个人在境内发生应税行为，在境内未设有经营机构的，以购买方为增值税扣缴义务人。

境内一般纳税人购进服务或资产时，按照应计入相关成本费用或资产的金额，借记"业务活动费用""在途物品""库存物品""工程物资""在建工程""固定资产""无形资产"等科目，按照可抵扣的增值税税额，借记本科目（应交税金——进项税额）[小规模纳税人应借记相关成本费用或资产科目]，按照应付或实际支付的金额，贷记"银行存款""应付账款"等科目，按照应代扣代缴的增值税税额，贷记本科目（代扣代交增值税）。

实际缴纳代扣代缴增值税时，按照代扣代缴的增值税额，借记本科目（代扣代交增值税），贷记"银行存款""零余额账户用款额度"等科目。

2. 单位销售资产或提供服务等业务

（1）销售资产或提供服务业务单位销售货物或提供服务，应当按照应收或已收的金额，借记"应收账款""应收票据""银行存款"等科目，按照确认的收入金额，贷记"经营收入""事业收入"等科目，按照现行增值税制度规定计算的销项税额（或采用简易计税方法计算的应纳增值税额），贷记本科目（应交税金——销项税额）或本科目（简易计税）[小规模纳税人应贷记本科目]。发生销售退回的，应根据按照规定开具的红字增值税专用发票做相反的会计分录。

按照本制度及相关行政事业单位会计准则确认收入的时点早于按照增值税制度确认增值税纳税义务发生时点的，应将相关销项税额计入本科目（待转销项税额），待实际发生纳税义务时再转入本科目（应交税金——销项税额）或本科目（简易计税）。按照增值税制度确认增值税纳税义务发生时点早于按照本制度及相关行政事业单位会计准则确认收入的时点的，应按照应纳增值税额，借记"应收账款"科目，贷记本科目（应交税金——销项税额）或本科目（简易计税）。

（2）金融商品转让按照规定以盈亏相抵后的余额作为销售额金融商品实际转让月末，如产生转让收益，则按照应纳税额，借记"投资收益"科目，贷记本科目（转让金融商品应交增值税）；如产生转让损失，则按照可结转下月抵扣税额，借记本科目（转让金融商品应交增值税），贷记"投资收益"科目。

交纳增值税时，应借记本科目（转让金融商品应交增值税），贷记"银行存款"等科目。年末，本科目（转让金融商品应交增值税）如有借方余额，则借记"投资收益"科目，贷记本科目（转让金融商品应交增值税）。

3. 月末转出多交增值税和未交增值税月度终了，单位应当将当月应交未交或多交的增值税自"应交税金"明细科目转入"未交税金"明细科目。对于当月应交未交的增值税，借记本科目（应交税金——转出未交增值税），贷记本科目（未交税金）；对于当月多交的增值税，借记本科目（未交税金），贷记本科目（应交税金——转出多交增值税）

4. 交纳增值税

（1）交纳当月应交增值税 单位交纳当月应交的增值税，借记本科目（应交税金——已交税金）[小规模纳税人借记本科目]，贷记"银行存款"等科目。

（2）交纳以前期间未交增值税。单位交纳以前期间未交的增值税，借记本科目（未交税金）[小规模纳税人借记本科目]，贷记"银行存款"等科目。

（3）预交增值税单位预交增值税时，借记本科目（预交税金），贷记"银行存款"等科目。月末，单位应将"预交税金"明细科目余额转入"未交税金"明细科目，借记本科目（未交税金），贷记本科目（预交税金）。

（4）减免增值税对于当期直接减免的增值税，借记本科目（应交税金——减免税款），贷记"业务活动费用""经营费用"等科目。按照现行增值税制度规定，单位初次购买增值税税控系统专用设备支付的费用以及缴纳的技术维护费允许在增值税应纳税额中全额抵减的，按照规定抵减的增值税应纳税额，借记本科目（应交税金——减免税款）[小规模纳税人借记本科目]，贷记"业务活动费用""经营费用"等科目。

【例5-15】属于一般纳税人的某事业单位，2018年3月8日购入一批材料，价款10 000元，增值税额1 300元，货款已经支付，材料已经验收入库。

3月20日该单位销售产品一批，价款50 000元，增值税税额8 000元，款项已经到账。

材料入库时，编制会计分录如下。

借：库存物品　　　　　　　　　　　　　　　　　　　10 000
　　应交增值税（进项税额）　　　　　　　　　　　　　1 300
　　　贷：银行存款　　　　　　　　　　　　　　　　　　　　11 300

实现销售时，编制会计分录如下。

借：银行存款　　　　　　　　　　　　　　　　　　　58 000
　　贷：经营收入　　　　　　　　　　　　　　　　　　　　50 000
　　　　应交增值税（销项税额）　　　　　　　　　　　　　8 000

【例5-16】某事业单位，购入一批材料，价款10 000元，增值税税额1 300元，货款尚未支付。

该单位销售产品一批，含税价格为21 200元，该单位适用的增值税税率为6%，款项尚未收到。

材料入库时，编制会计分录如下。

借：库存物品　　　　　　　　　　　　　　　　　　　11 300
　　贷：应付账款　　　　　　　　　　　　　　　　　　　　11 300

实现销售时，编制会计分录如下。

不含税价格=21 200÷（1+6%）=20 000（元）

应交增值税=20 000×6%=1 200（元）

```
借：应收账款                                                    21 200
    贷：经营收入                                                         20 000
        应交增值税                                                       1 200
```

三、其他应交税费

其他应交税费是指行政事业单位按税法规定应缴纳的各种税费，主要包括消费税、城市维护建设税、教育费附加、资源税和所得税等。这些税费在尚未缴纳时就形成行政事业单位的一项负债。

为了核算应缴纳的各种税费，行政事业单位应设置"其他应交税费"科目。该科目是负债类科目，其贷方登记发生的应交税金，借方登记已上交的数额。期末借方余额反映多交纳的税金，贷方余额反映应缴未缴的税费。"应交税费"科目应按所缴纳的税费种类进行明细核算。其中属于一般纳税人的行政事业单位，其应交增值税明细账中应设置"进项税额""已交税金""销项税额"等专栏。

（一）应交消费税的核算

消费税是以特定消费品为课税对象所征收的一种税，属于流转税的范畴。在对货物普遍征收增值税的基础上，选择部分消费品再征收一道消费税，目的是为了调节产品结构，引导消费方向，保证国家财政收入。消费税实行从价定率、从量定额以及从价从量复合计征三种方法征税，实行从价定率办法计算的应纳税额=销售额×适用税率；实行从量定额办法计算的应纳税额=销售数量×单位税额；从价从量复合计征计算的应纳税额=销售数量×单位税额+销售额×适用税率。

行政事业单位月末计算出本期应缴纳的消费税税额时，借记"其他费用"科目，贷记"其他应交税费——应交消费税"科目；实际缴纳税款时，借记"其他应交税费——应交消费税"科目，贷记"银行存款"科目。

【例5-17】某行政事业单位月末计算出本月应缴纳的消费税为1 500元。编制会计分录如下。

```
借：其他费用                                                     1 500
    贷：其他应交税费——应交消费税                                        1 500
```

【例5-18】续【例5-17】，该行政事业单位缴纳上述应缴消费税1 500元。编制会计分录如下。

```
借：其他应交税费——应交消费税                                     1 500
    贷：银行存款                                                        1 500
```

（二）应交所得税的核算

根据《中华人民共和国企业所得税法实施条例》第三条规定："企业所得税法第二条所称依法在中国境内成立的企业，包括依照中国法律、行政法规在中国境内成立的企业、行政事业单位、社会团体以及其他取得收入的组织"；及《中华人民共和国企业所得税法》第五条规定："企业每一纳税年度的收入总额，减除不征税收入、免税收入、各项扣除以及允许弥补的以前年度亏损后的余额，为应纳税所得额"。

根据国家税务总局 1999 年颁布的《行政事业单位、社会团体、民办非企业单位企业所得税征收管理办法》的相关规定，行政事业单位、社会团体、民办非企业单位的收入，除国务院或财政部、国家税务总局规定免征企业所得税的项目外，均应计入应纳税收入总额，依法计征企业所得税。计算公式如下：

应纳税收入总额=收入总额-免征企业所得税的收入项目金额

上式中的收入总额，包括行政事业单位、社会团体、民办非企业单位的财政拨款收入、上级补助收入、事业收入、经营收入、附属单位上交收入和其他收入。

除另有规定者外，上式中免征企业所得税的收入项目，具体是：

（1）财政拨款；

（2）经国务院及财政部批准设立和收取，并纳入财政预算管理或财政预算外资金专户管理的行政事业单位性基金、资金、附加收入等；

（3）经国务院、省级人民行政事业单位（不包括计划单列市）批准，并纳入财政预算管理或财政预算外资金专户管理的行政事业性收费；

（4）经财政部核准不上交财政专户管理的预算外资金；

（5）行政事业单位从主管部门和上级单位取得的用于事业发展的专项补助收入；

（6）行政事业单位从其所属独立核算经营单位的税后利润中取得的收入；

（7）社会团体取得的各级行政事业单位资助；

（8）社会团体按照省级以上民政、财政部门规定收取的会费；

（9）社会各界的捐赠收入。

行政事业单位如果需要缴纳所得税，应当在会计期末根据当期事业结余、经营结余（主要是经营结余）的数额确定应纳税所得额，再按一定的税率计算本期应当缴纳的所得税。行政事业单位的所得税不计入当期费用，通过"本期盈余"科目核算。在计算本期应缴所得税时，借记"本期盈余"科目，贷记"其他应交税费——应交所得税"科目；实际缴纳税款时，借记"其他应交税费——应交所得税"科目，贷记"银行存款"科目。

【例5-19】某事业单位根据本年经营业务活动的应纳税所得额计算出本期应缴纳的所得税35 000元。编制会计分录如下。

借：所得税费用　　　　　　　　　　　　　　　　　　　35 000

　　贷：其他应交税费——应交所得税　　　　　　　　　　　　　35 000

【例5-20】续【例5-19】，该事业单位缴纳上述应交所得税35 000元。编制会计分录如下。

借：其他应交税费——应交所得税　　　　　　　　　　　35 000

　　贷：银行存款　　　　　　　　　　　　　　　　　　　　　35 000

（三）应交城市维护建设税的核算

为了加强城市的维护建设，扩大和稳定城市维护建设资金来源，国家开征了城市维护建设税。行政事业单位按规定计算出城市维护建设税时，借记"其他费用"等科目，贷记"其他应缴税费——应交城市维护建设税"科目；实际缴纳税款时，借记"其他应交税费——应交城市维护建设税"科目，贷记"银行存款"科目。

（四）应交房产税、土地使用税、车船使用税和印花税的核算

行政事业单位按规定计算出应交的房产税、土地使用税、车船使用税时，借记"业务活动费用"或"经营费用"科目，贷记"其他应交税费——应交房产税、土地使用税、车船使用税"科目；实际缴纳税款时，借记"其他应交税费——应交房产税、土地使用税、车船使用税"科目，贷记"银行存款"科目。

由于行政事业单位缴纳的印花税，是由纳税人根据规定自行计算应纳税额以购买并一次贴足印花税票的方法缴纳的税款。行政事业单位缴纳的印花税，不会发生应付未付税款的情况，不需要预计应纳税金额，同时也不存在与税务机关结算或清算的问题，因此，行政事业单位缴纳的印花税不需要通过"其他应交税费"科目核算，于购买印花税票时，直接借记"业务活动费用"或"经营费用"科目，贷记"银行存款"等科目。

【例5-21】某行政事业单位系小规模纳税人，出租一项专利权，取得收入50万元，款项已存入银行。适用的增值税税率3%。假定按税额的7%和3%分别征收城市维护建设税和教育费附加。

（1）取得转让收入时，编制会计分录如下。

借：银行存款　　　　　　　　　　　　　　　　　500 000

　　贷：事业收入　　　　　　　　　　　　　　　　　500 000

（2）月末按规定计算出应负担的税金和附加费时，编制会计分录如下。

应交增值税=500 000×3%=15 000（元）

应交城市维护建设税=15 000×7%=1 050（元）

应交教育费附加=15 000×3%=450（元）

借：其他费用——税费支出　　　　　　　　　　　16 500

　　贷：应交增值税　　　　　　　　　　　　　　　　15 000

　　　　其他应交税费——应交城市维护建设税　　　　1 050

　　　　　　　　　　——教育费附加　　　　　　　　　450

（3）缴纳税金和附加费时，编制会计分录如下。

借：应交增值税　　　　　　　　　　　　　　　　15 000

　　其他应交税费——应交城市维护建设税　　　　　1 050

　　　　　　　——教育费附加　　　　　　　　　　450

　　贷：银行存款　　　　　　　　　　　　　　　　16 500

【例5-22】某行政事业单位需缴纳营业用房的房产税5 000元。编制会计分录如下。

借：其他费用——税费支出　　　　　　　　　　　5 000

　　贷：其他应交税费——应交房产税　　　　　　　　5 000

【例5-23】某行政事业单位业务用车辆缴纳车船税500元。编制会计分录如下。

借：其他费用——税费支出　　　　　　　　　　　500

　　贷：其他应交税费——应交车船税　　　　　　　　500

借：其他应交税费——应交车船税　　　　　　　　500

　　贷：银行存款　　　　　　　　　　　　　　　　500

【例5-24】某行政事业单位2019年会计收益为250 000元，未按期缴纳税金，支付罚款和滞纳金6 000元；取得国库券利息收入11 000元，用于某公司开业的赞助费用20 000元；1至11月已经预缴所得税60 000元，计算该行政事业单位年终应该补（退）的所得税。

年终应纳税所得额=250 000+6 000-11 000+20 000=265 000（元）

年终应纳所得税额=265 000×25%=66 250（元）

年终汇算清缴应补缴所得税额=66 250-60 000=6 250（元）

该单位计算应缴所得税时，编制会计分录如下。

借：其他费用——税费费用　　　　　　　　　　　　　　　　　66 250

　　贷：其他应交税费——应交所得税　　　　　　　　　　　　　　66 250

汇算清缴补缴所得税时，编制会计分录如下。

借：其他应交税费——应交所得税　　　　　　　　　　　　　　　6 250

　　贷：银行存款　　　　　　　　　　　　　　　　　　　　　　　6 250

四、应付职工薪酬

（一）应付职工薪酬的概念

应付职工薪酬核算行政事业单位按有关规定应付给职工及为职工支付的各种薪酬，包括基本工资、绩效工资、国家统一规定的津贴补贴、社会保险费、住房公积金等。

为了核算行政事业单位支付的各种工资、津贴、补贴等，行政事业单位应设置"应付职工薪酬"科目。该科目是负债类科目，其贷方登记应该支付给职工的各种薪酬，借方登记已经支付的各种薪酬额。期末余额一般在贷方，表示行政事业单位应该支付还没支付的各种薪酬。本科目应当根据国家有关规定按照"工资（离退休费）""地方（部门）津贴补贴""其他个人收入"以及"社会保险费""住房公积金"等进行明细核算。

（二）应付职工薪酬的核算

1. 计算确认当期应付职工薪酬（含单位为职工计算缴纳的社会保险费、住房公积金）

（1）计提从事专业及其辅助活动人员的职工薪酬，借记"业务活动费用""单位管理费用"科目，贷记本科目。

（2）计提应由在建工程、加工物品、自行研发无形资产负担的职工薪酬，借记"在建工程""加工物品""研发支出"等科目，贷记本科目。

（3）计提从事专业及其辅助活动之外的经营活动人员的职工薪酬，借记"经营费用"科目，贷记本科目。

（4）因解除与职工的劳动关系而给予的补偿，借记"单位管理费用"等科目，贷记本科目。

2. 支付工资、津贴补贴

向职工支付工资、津贴补贴等薪酬时，按照实际支付的金额，借记本科目，贷记"财政拨款收入""零余额账户用款额度""银行存款"等科目。

3. 代扣职工个人所得税

按照税法规定代扣职工个人所得税时，借记本科目（基本工资），贷记"其他应交税费——

应交个人所得税"科目。从应付职工薪酬中代扣为职工垫付的水电费、房租等费用时，按照实际扣除的金额，借记本科目（基本工资），贷记"其他应收款"等科目。从应付职工薪酬中代扣社会保险费和住房公积金，按照代扣的金额，借记本科目（基本工资），贷记本科目（社会保险费、住房公积金）。

4. 缴纳职工社会保险费和住房公积金

按照国家有关规定缴纳职工社会保险费和住房公积金时，按照实际支付的金额，借记本科目（社会保险费、住房公积金），贷记"财政拨款收入""零余额账户用款额度""银行存款"等科目。

5. 从应付职工薪酬中支付其他款项

从应付职工薪酬中支付的其他款项，借记本科目，贷记"零余额账户用款额度""银行存款"等科目。

【例5-25】某行政事业单位2019年12月计提本月应该支付一线员工的工资90 000元。

借：业务活动费用 90 000
　　贷：应付职工薪酬 90 000
借：应付职工薪酬 90 000
　　贷：财政拨款收入 90 000

五、预计负债

（一）预计负债的概念

预计负债是指行政事业单位对因或有事项所产生的现时义务而确认的负债，如对未决诉讼等确认的负债。

（二）预计负债的记账规则

为了核算行政事业单位对因或有事项所产生的现时义务而确认的负债，如对未决诉讼等确认的负债等情况，行政事业单位应该设置"预计负债"会计科目。该科目属于负债类，借方登记已经偿还的负债，贷方登记根据会计师、律师等专业人士的估计而提取的负债。期末余额一般在贷方，表示行政事业单位因或有事项所产生的现时义务而确认的负债。本科目应当按照预计负债的项目进行明细核算。

（三）预计负债的核算

1. 确认预计负债时，按照预计的金额，借记"业务活动费用""经营费用""其他费用"等科目，贷记本科目。

2. 实际偿付预计负债时，按照偿付的金额，借记本科目，贷记"银行存款""零余额账户用款额度"等科目。

3. 根据确凿证据需要对已确认的预计负债账面余额进行调整的，按照调整增加的金额，借记有关科目，贷记本科目；按照调整减少的金额，借记本科目，贷记有关科目。

【例5-26】事业单位甲系三甲医院，2020年发生如下事项。

（1）2020年11月5日，因医院发生医疗事故，致使一名患者死亡。12月3日患者家属上诉至法院，要求赔偿80万元，截至12月31日，本诉讼尚未判决。医院经研究认为，质量事故已被权威部门认定，本诉讼胜诉的可能性几乎为零。根据有关法律相关的赔偿规定，律师认为赔偿金额为60万元。

（2）2020年12月1日，医院接到法院的通知，通知中说由于某下属单位在2年前的一笔借款到期，本息合计为120万元。因下属单位无力偿还，债权单位（贷款单位）已将本笔贷款的担保方甲医院告上法庭，要求甲医院履行担保责任，代为清偿。甲医院经研究认为，目前下属单位的财务状况很差，甲公司有80%的可能性承担全部本息的偿还责任。

（3）2020年12月12日，医院司机驾驶客车在高速公路上追尾，致使被追尾车辆连同贵重原材料遭受重大损失，受害单位要求赔偿20万元。交警已明确责任，这次事故应由甲医院负完全责任。

（4）2021年3月9日，法院做出最终判决，责令医院赔偿患者家属80万元，医院经研究决定不上诉，并于次日将赔偿款交付患者。

编制会计分录如下。

（1）借：其他费用　　　　　　　　　　　　　　　　　　　　600 000
　　　　贷：预计负债　　　　　　　　　　　　　　　　　　　　600 000
（2）借：其他费用　　　　　　　　　　　　　　　　　　　1 200 000
　　　　贷：预计负债　　　　　　　　　　　　　　　　　　　1 200 000
（3）借：其他费用　　　　　　　　　　　　　　　　　　　　200 000
　　　　贷：银行存款　　　　　　　　　　　　　　　　　　　　200 000
（4）借：预计负债　　　　　　　　　　　　　　　　　　　　600 000
　　　　其他费用　　　　　　　　　　　　　　　　　　　　200 000
　　　　贷：银行存款　　　　　　　　　　　　　　　　　　　　800 000

六、应付政府补贴款

（一）应付政府补贴款的概念

应付政府补贴款是指负责发放政府补贴的行政单位，按照规定应当支付给政府补贴接受者的各种政府补贴款。

（二）应付政府补贴款的记账规则

为了核算负责发放政府补贴的行政单位，按照规定应当支付给政府补贴接受者的各种政府补贴款情况，行政单位应该设置"应付政府补贴款"账户。该科目属于负债类，借方登记已经支付给政府补贴接受者的各种政府补贴款，贷方登记应该支付还没有支付给政府补贴接受者的各种政府补贴款。本科目期末贷方余额，反映行政单位应付未付的政府补贴金额。本科目应当按照应支付的政府补贴种类进行明细核算。

（三）应付政府补贴款的核算

（1）发生应付政府补贴时，按照依规定计算确定的应付政府补贴金额，借记"业务活动费用"科目，贷记本科目。

（2）支付应付政府补贴款时，按照支付金额，借记本科目，贷记"零余额账户用款额度""银行存款"等科目。

【例5-27】某市民政局2019年11月1日收到上级下拨的救济款1 000 000元，12月20日将该笔救济款下发给相关人员。

2019年11月1日，编制会计分录如下。

借：银行存款   1 000 000

  贷：应付政府补贴款   1 000 000

12月20日，编制会计分录如下。

借：应付政府补贴款   1 000 000

  贷：银行存款   1 000 000

本章小结

负债是指行政事业单位所承担的能以货币计量的、需要以资产或劳务偿付的债务，主要包括：借入款项、应付及预收款项、应缴款项、应付职工薪酬及津贴补贴。行政事业单位应严格控制负债规模，及时清理并按规定办理清算。借入款项是指行政事业单位从财政部门、上级单位、金融机构借入的有偿使用的各种款项。应付及预收款项是指行政事业单位因购买货品或接受劳务等而形成的应予以偿还或预收的款项，包括应付票据、应付账款、预收账款和其他应付款。应缴款项是指行政事业单位按规定应向有关部门上缴的各种款项，包括：应缴国库款、应缴财政款和应交增值税等。应付职工薪酬是指行政事业单位发放给职工的劳务报酬，包括工资（离退休费）、地方（部门）津贴补贴和其他个人收入等。

关键术语中英文对照

应缴财政款	payable financial account
长期应付款	long term payables
其他应付款	accounts payable-others

习 题

一、单项选择题

1. 行政事业单位支付借入款项的利息时，借记（   ）科目，贷记"银行存款"科目。

  A. 业务活动费用   B. 应付账款   C. 借入款项   D. 预收账款

2. 行政事业单位的负债种类中不包括（   ）。

  A. 应付票据   B. 预收账款   C. 应付债券   D. 应付账款

3. 医院向住院病人预收的医疗费用应当记入（   ）账户。

  A. 应付账款   B. 其他应付款   C. 应付票据   D. 预收账款

4. 行政事业单位计算出应缴纳的税金时，应当贷记（　　）。

    A. 其他应交税费　B. 应缴财政款　　　C. 其他应付款　　D. 其他费用

二、多项选择题

1. 下列会计科目中属于行政事业单位负债的是（　　）。

    A. 其他应交税费　B. 应缴财政款　　　C. 其他应付款　　　D. 应缴财政专户款

2. 其他应交税费主要核算行政事业单位按税法规定应缴纳的各种税费，主要包括（　　）。

    A. 增值税　　　　　　　　　　　　B. 消费税

    C. 城市维护建设税　　　　　　　　D. 教育费附加

3. 应缴款项是行政事业单位按规定应向有关部门上缴的各种款项，主要包括（　　）。

    A. 应缴国库款　　B. 应交增值税　　C. 其他应交税费　D. 应缴财政款

4. 借入款项是指行政事业单位从财政部门、上级主管部门、金融机构或其他单位借入的有偿使用的款项，主要包括（　　）。

    A. 长期借款　　　B. 短期借款　　　C. 其他借款　　　D. 临时借款

三、业务题

资料（一）某事业单位2019年1月发生下列经济业务。

1. 为开展事业活动向银行临时借款100 000元，时间6个月，月利率0.6%，到期一次还本付息。

2. 上述借款到期，归还其本金和借款利息。

3. 为开展经营活动向银行借款项100 000元，年利率为6%，期限1年，到期一次还本付息，取得了银行存款。

4. 上项借款1年期满，归还全部本金和利息。

要求：根据上述经济业务编制会计分录。

资料（二）某事业单位2019年2月发生下列经济业务。

1. 为开展事业活动购入材料一批，开出3个月期限带息银行承兑汇票一张，面值15 000元，月利率0.5%，同时支付银行承兑手续费60元。

2. 上述银行承兑汇票到期，收到本金和利息。

3. 为开展经营活动购入材料一批，买价20 000元，增值税税额3 200元，开出期限6个月的无息银行承兑汇票一张。

4. 以银行存款支付上述材料运费120元。

5. 以银行存款支付该无息银行承兑汇票手续费60元。

6. 以银行存款上缴统筹退休金1 800元。

7. 为开展事业活动需要，向甲企业购入材料一批，价款共计6 000元，材料验收入库，款项尚未支付。

8. 以银行存款偿还上述欠甲企业的材料款。

9. 开出商业承兑汇票一张，抵付欠丙企业材料款8 000元。

10. 为开展经营活动购入材料一批，月终发票账单仍未到达，估价4 000元入账。

11. 下月月初红字冲销上项估价入账记录。

12. 上项材料入库，发票账单到达，买价5 000元，增值税税额800元。

13. 在折扣优惠期内支付上述材料款，取得现金优惠600元。

14. 在开展经营活动中预收某单位款项6 000元，存入银行。

15. 按合同规定向某单位提供劳务，应收费5 800元，退还多收款项200元。

16. 按合同收到某单位交来包装物押金1 200元，存入银行。

要求：根据上述经济业务编制会计分录。

资料（三）某事业单位为一般纳税人，2019年3月发生下列经济业务。

1. 开展业务活动应缴增值税2 400元。

2. 开展经营活动应缴所得税6 800元。

3. 为开展经营活动购入材料一批，买价8 000元，增值税税额1 040元，款项以银行存款支付。

4. 开展经营活动销售产品一批，价款10 000元，增值税税额1 300元，款项收到存入银行。

5. 以银行存款上缴上述应交增值税5 280元。

6. 以银行存款上缴上述所得税。

要求：根据上述经济业务编制会计分录。

第六章

政府财务会计净资产

 学习目标

熟悉掌握本期盈余、累计盈余、专用基金、结余及其分配的核算。

第一节 政府财务会计净资产概述

一、结转分配类净资产

结转和结余简称结转（余），是指行政事业单位一定期间收入与支出相抵后的余额。行政事业单位在各项业务活动中会取得一定的收入，发生一定的支出，要求根据预算收入的数额控制预算支出，达到一定期间的收入与支出的平衡。但收入与支出之间的平衡是相对的，行政事业单位的收入与支出会存在一定的差额，形成行政事业单位的结转（余），行政事业单位不以盈利为目的，并不追求结余的数额，所以，结转（余）的数额不能过大，应当控制在当期收入总额的一定比例之内。

行政事业单位结转分配类净资产包括本期盈余、本年盈余分配、累计盈余、专业基金等。

（一）本期盈余

本期盈余是指核算单位本期各项收入、费用相抵后的余额。

（二）本年盈余分配

本年盈余分配是指行政事业单位本年度盈余分配的情况和结果。

（三）专用基金

专用基金是指事业单位按照规定提取或设置的具有专门用途的净资产，主要包括职工福利基金、科技成果转化基金等。

（四）累计盈余

累计盈余是指行政事业单位历年实现的盈余扣除盈余分配后滚存的金额，以及因无偿调入调出资产产生的净资产变动额。

二、调整类净资产

调整类净资产是指事业单位由于长期股权投资权益法调整、以前年度差错等原因而对净资产产生的影响，主要包括权益法调整、以前年度盈余调整、无偿调拨净资产。

（一）权益法调整

权益法调整是指事业单位持有的长期股权投资采用权益法核算时，按照被投资单位除净损益和利润分配以外的所有者权益变动份额，调整长期股权投资账面余额而计入净资产的金额。

（二）以前年度盈余调整

以前年度盈余调整是指行政事业单位本年度发生的调整以前年度盈余的事项，包括本年度发生的重要前期差错更正涉及调整以前年度盈余的事项。

（三）无偿调拨净资产

无偿调拨净资产是指行政事业单位无偿调入或调出非现金资产所引起的净资产变动金额。

第二节 结转分配类净资产

一、本期盈余

（一）本期盈余的概念

本期盈余是指核算单位本期各项收入、费用相抵后的余额。

（二）本期盈余的记账规则

为了核算行政事业单位本期各项收入、费用相抵后的余额情况，应设置"本期盈余"科目。该科目属于净资产类科目，借方登记减少数，反映行政事业单位将各类费用科目本期发生额转入本期盈余后的减少额；贷方登记增加数，反映行政事业单位将各类收入科目本期发生额转入本期盈余后的增加额。本科目期末如为贷方余额，反映单位自年初至当期期末累计实现的盈余；如为借方余额，反映单位自年初至当期期末累计发生的亏损。年末结账后，本科目应无余额。

（三）本期盈余的主要账务处理

（1）期末，将各类收入科目的本期发生额转入本期盈余，借记"财政拨款收入""事业收入""上级补助收入""附属单位上缴收入""经营收入""非同级财政拨款收入""投资收益""捐赠收入""利息收入""租金收入""其他收入"科目，贷记本科目；

将各类费用科目本期发生额转入本期盈余，借记本科目，贷记"业务活动费用""单位管理费用""经营费用""所得税费用""资产处置费用""上缴上级费用""对附属单位补助费用""其他费用"科目。

（2）年末，完成上述结转后，将本科目余额转入"本年盈余分配"科目，借记或贷记本科目，贷记或借记"本年盈余分配"科目。

✍ **【例6-1】**事业单位某高校2019年12月31日收入类科目余额如表6-1所示，费用类各科目余额如表6-2所示。

表6-1   收入类科目余额

财政拨款收入	120 万元
事业收入	100 万元
上级补助收入	200 万元
附属单位上缴收入	40 万元
经营收入	300 万元
非同级财政拨款收入	50 万元
投资收益	20 万元
捐赠收入	2 万元
利息收入	10 万元
其他收入	2 万元

表6-2   费用类科目余额

业务活动费用	200 万元
单位管理费用	180 万元
经营费用	210 万元
所得税费用	21 万元
资产处置费用	30 万元
上缴上级费用	18 万元
其他费用	8 万元

请结转相关科目

借：财政拨款收入   1 200 000

　　事业收入   1 000 000

　　上级补助收入   2 000 000

　　附属单位上缴收入   400 000

　　经营收入   3 000 000

　　非同级财政拨款收入   500 000

　　投资收益   200 000

　　捐赠收入   20 000

　　利息收入   100 000

　　其他收入   20 000

　　贷：本期盈余   8 440 000

借：本期盈余   6 670 000

　　贷：业务活动费用   2 000 000

　　　　单位管理费用   1 800 000

　　　　经营费用   2 100 000

　　　　所得税费用   210 000

　　　　资产处置费用   300 000

　　　　上缴上级费用   180 000

　　　　其他费用   80 000

二、本年盈余分配

（一）本年盈余分配的概念

本年盈余分配是指行政事业单位本年度盈余分配的情况和结果。

（二）本年盈余分配的记账规则

为了核算行政事业单位本年度盈余分配的情况和结果，应设置"本年盈余分配"科目。该科目属于净资产类科目，借方登记减少数，反映行政事业单位将"本期盈余"科目余额转入本科目后的减少额；贷方登记增加数，反映行政事业单位"本期盈余"科目余额转入本科目后的增加额。年末结账后，本科目应无余额。

（三）本年盈余分配的主要账务处理

（1）年末，将"本期盈余"科目余额转入本科目，借记或贷记"本期盈余"科目，贷记或借记本科目。

（2）年末，根据有关规定从本年度非财政拨款结余或经营结余中提取专用基金的，按照预算会计计算的提取金额，借记本科目，贷记"专用基金"科目。

（3）年末，按照规定完成上述（1）（2）步处理后，将本科目余额转入累计盈余，借记或贷记本科目，贷记或借记"累计盈余"科目。

【例6-2】续【例6-1】，结转本期盈余，并按照经营结余的30%提取科技成果转化基金。编制会计分录如下。

借：本期盈余   1 770 000
 贷：本年盈余分配   1 770 000
借：本年盈余分配   270 000
 贷：专用基金   270 000

三、专用基金

（一）专用基金的概念

专用基金是指事业单位按照规定提取或设置的具有专门用途的净资产，主要包括职工福利基金、科技成果转化基金等。

专用基金

专用基金的用途明确、单一，要求单位专款专用，不得随意改变资金的用途或挪作他用。专用基金管理应当遵循先提后用、收支平衡、专款专用的原则，支出不得超出基金规模。主要包括职工福利基金、学生奖助基金、医疗基金、科技成果转化基金、住房基金、其他基金等。实行固定资产折旧的事业单位不提取修购基金，所以专用基金中的修购基金已经不再计提和使用。

1. 职工福利基金

按照非财政拨款结余的一定比例以及按照其他规定提取转入，用于本单位职工的集体福利设施、集体福利待遇等的资金。财政部颁布的《关于事业单位提取专用基金比例问题的通知》明确规定，事业单位职工福利基金的提取比例，在单位年度非财政拨款结余的40%以内确定。

2. 学生奖助基金

高校按照国家有关规定，从本年事业收入中按比例足额提取的，主要用于学校学生学费减免、勤工助学、校内奖助学金和特殊困难补助等专门用途的资金。

3. 科技成果转换基金

科技成果转换基金即单位从事业收入中提取，在事业支出的相关科目中列支，以及在经营收支结余中提取转入，用于科技成果转化的资金。事业收入和经营收支结余较少的单位可以不提取科技成果转化基金。根据财政部、科技部关于执行《科学事业单位财务制度》有关问题的通知规定：科技成果转化基金仍从事业收入和经营收支结余中提取，但调整计提的基数和列支的科目，即事业收入扣除从财政部门、财务主管部门和其他相关部门取得的有指定项目和用途的专项资金形成的事业收入后，按照不超过 10%的比例提取并在事业支出的相关科目中列支；以及按照当年经营收支结余的 10%提取。

（二）专用基金科目的记账规则

为了核算事业单位按照规定提取或设置的具有专门用途的净资产情况，应设置"专用基金"科目。该科目属于净资产类科目，借方登记减少数，反映事业单位使用具有专门用途的净资产情况；贷方登记增加数，反映事业单位提取或设置的具有专门用途的净资产。本科目期末贷方余额，反映事业单位累计提取或设置的尚未使用的专用基金。本科目应当按照专用基金的类别进行明细核算。

（三）专用基金的主要账务处理

（1）年末，根据有关规定从本年度非财政拨款结余或经营结余中提取专用基金的，按照预算会计计算的提取金额，借记"本年盈余分配"科目，贷记本科目。

（2）根据有关规定从收入中提取专用基金并计入费用的，一般按照预算会计下基于预算收入计算提取的金额，借记"业务活动费用"等科目，贷记本科目。国家另有规定的，从其规定。

（3）根据有关规定设置的其他专用基金，按照实际收到的基金金额，借记"银行存款"等科目，贷记本科目。

（4）按照规定使用提取的专用基金时，借记本科目，贷记"银行存款"等科目。使用提取的专用基金购置固定资产、无形资产的，按照固定资产、无形资产成本金额，借记"固定资产""无形资产"科目，贷记"银行存款"等科目；同时，按照专用基金使用金额，借记本科目，贷记"累计盈余"科目。

【例6-3】某高校2019年12月31日按照经营结余的20%提取科技成果转化基金，使用科技转化基金48万元，购置小汽车一辆。编制会计分录如下。

```
借：本年盈余分配                                    180 000
    贷：专用基金                                        180 000
借：专用基金                                        480 000
    贷：累计盈余                                        480 000
同时，
借：固定资产                                        480 000
    贷：银行存款                                        480 000
```

四、累计盈余

（一）累计盈余的概念

累计盈余是指行政事业单位历年实现的盈余扣除盈余分配后滚存的金额，以及因无偿调入调出资产产生的净资产变动额。按照规定上缴、缴回、单位间调剂结转结余资金产生的净资产变动额，以及对以前年度盈余的调整金额，也通过本科目核算。

（二）累计盈余科目的记账规则

为了核算行政事业单位历年实现的盈余扣除盈余分配后滚存的金额，以及因无偿调入调出资产产生的净资产变动额，应设置"累计盈余"科目。该科目属于净资产类科目，借方登记减少数，反映行政事业单位按照规定提取累计盈余以及无偿调出资产产生的净资产变动额；贷方登记增加数，反映行政事业单位实现的盈余扣除盈余分配后滚存的金额，以及因无偿调入资产产生的净资产变动额。本科目期末余额，反映单位未分配盈余（或未弥补亏损）的累计数以及截至上年年末无偿调拨净资产变动的累计数。

（三）累计盈余的主要账务处理

（1）年末，将"本年盈余分配"科目的余额转入累计盈余，借记或贷记"本年盈余分配"科目，贷记或借记本科目。

（2）年末，将"无偿调拨净资产"科目的余额转入累计盈余，借记或贷记"无偿调拨净资产"科目，贷记或借记本科目。

（3）按照规定上缴财政拨款结转结余、缴回非财政拨款结转资金、向其他单位调出财政拨款结转资金时，按照实际上缴、缴回、调出金额，借记本科目，贷记"财政应返还额度""零余额账户用款额度""银行存款"等科目。按照规定从其他单位调入财政拨款结转资金时，按照实际调入金额，借记"零余额账户用款额度""银行存款"等科目，贷记本科目。

（4）将"以前年度盈余调整"科目的余额转入本科目，借记或贷记"以前年度盈余调整"科目，贷记或借记本科目。

（5）按照规定使用专用基金购置固定资产、无形资产的，按照固定资产、无形资产成本金额，借记"固定资产""无形资产"科目，贷记"银行存款"等科目；同时，按照专用基金使用金额，借记"专用基金"科目，贷记本科目。

【例6-4】续【例6-2】，结转本年盈余分配科目。编制会计分录如下。

借：本年盈余分配   1 500 000

    贷：累计盈余   1 500 000

假定本年度此高校使用专用基金40万元购置了一项固定资产，为简化分析，不考虑相关税费。编制会计分录如下。

借：固定资产   400 000

    贷：银行存款   400 000

借：专用基金   400 000

    贷：累计盈余   400 000

假定本年度此高校"无偿调拨净资产"科目贷方余额180万元。编制会计分录如下。

借：无偿调拨净资产 1 800 000

　　贷：累计盈余 1 800 000

<h1>第三节 调整类净资产</h1>

一、无偿调拨净资产

（一）无偿调拨净资产的概念

无偿调拨净资产是指行政事业单位无偿调入或调出非现金资产所引起的净资产变动金额。

（二）无偿调拨净资产的记账规则

为了核算行政事业单位无偿调入或调出非现金资产所引起的净资产变动金额，应设置"无偿调拨净资产"科目。该科目属于净资产类科目，借方登记减少数，反映行政事业单位无偿调出非现金资产所引起的净资产变动金额；贷方登记增加数，反映行政事业单位无偿调入非现金资产所引起的净资产变动金额。年末结账后，本科目应无余额。

（三）无偿调拨净资产的主要账务处理

（1）按照规定取得无偿调入的存货、长期股权投资、固定资产、无形资产、公共基础设施、政府储备物资、文物文化资产、保障性住房等，按照确定的成本，借记"库存物品""长期股权投资""固定资产""无形资产""公共基础设施""政府储备物资""文物文化资产""保障性住房"等科目，按照调入过程中发生的归属于调入方的相关费用，贷记"零余额账户用款额度""银行存款"等科目，按照其差额，贷记本科目。

（2）按照规定经批准无偿调出存货、长期股权投资、固定资产、无形资产、公共基础设施、政府储备物资、文物文化资产、保障性住房等，按照调出资产的账面余额或账面价值，借记本科目，按照固定资产累计折旧、无形资产累计摊销、公共基础设施累计折旧或摊销、保障性住房累计折旧的金额，借记"固定资产累计折旧""无形资产累计摊销""公共基础设施累计折旧（摊销）""保障性住房累计折旧"科目，按照调出资产的账面余额，贷记"库存物品""长期股权投资""固定资产""无形资产""公共基础设施""政府储备物资""文物文化资产""保障性住房"等科目；同时，按照调出过程中发生的归属于调出方的相关费用，借记"资产处置费用"科目，贷记"零余额账户用款额度""银行存款"等科目。

（3）年末，将本科目余额转入累计盈余，借记或贷记本科目，贷记或借记"累计盈余"科目。

【例6-5】市属某重点大学2019年度涉及"无偿调拨净资产"科目的业务如下：

（1）无偿收到市教委调入的固定资产一台，原值200 000元，已经计提折旧12万元；

（2）新房产一栋，价值1 500万元；

（3）无偿收到市文化局调入的文物10件，价值300万元，接收文物过程中，共发生相关费用2万元；

（4）无偿调出保障性住房一套，价值500万元，已经计提折旧200万元。

请将上述业务进行登记并结转。

（1）借：固定资产　　　　　　　　　　　　　　　　　　　　 200 000

　　　　贷：固定资产累计折旧　　　　　　　　　　　　　　　　 120 000

　　　　　　无偿调拨净资产　　　　　　　　　　　　　　　　　　 80 000

（2）借：固定资产　　　　　　　　　　　　　　　　　　　 15 000 000

　　　　贷：无偿调拨净资产　　　　　　　　　　　　　　　 15 000 000

（3）借：文物文化资产　　　　　　　　　　　　　　　　　　 3 000 000

　　　　贷：无偿调拨净资产　　　　　　　　　　　　　　　　 2 980 000

　　　　　　银行存款　　　　　　　　　　　　　　　　　　　　 20 000

（4）借：无偿调拨净资产　　　　　　　　　　　　　　　　　 3 000 000

　　　　　保障性住房累计折旧　　　　　　　　　　　　　　　 2 000 000

　　　　贷：保障性住房　　　　　　　　　　　　　　　　　　 5 000 000

（5）借：无偿调拨净资产　　　　　　　　　　　　　　　　 15 060 000

　　　　贷：累计盈余　　　　　　　　　　　　　　　　　　 15 060 000

二、权益法调整

（一）权益法调整的概念

权益法调整是指事业单位持有的长期股权投资采用权益法核算时，按照被投资单位除净损益和利润分配以外的所有者权益变动份额调整长期股权投资账面余额而计入净资产的金额。

（二）权益法调整的记账规则

为了核算事业单位持有的长期股权投资采用权益法核算时，按照被投资单位除净损益和利润分配以外的所有者权益变动份额调整长期股权投资账面余额而计入净资产的金额情况，应设置"权益法调整"科目。

该科目属于净资产类科目，借方登记减少数，反映事业单位持有的长期股权投资采用权益法核算时，按照被投资单位除净损益和利润分配以外的所有者权益变动份额调减长期股权投资账面余额而计入净资产的金额情况；贷方登记增加数，反映事业单位持有的长期股权投资采用权益法核算时，按照被投资单位除净损益和利润分配以外的所有者权益变动份额调增的长期股权投资账面余额而计入净资产的金额情况。

本科目期末余额，反映事业单位在被投资单位除净损益和利润分配以外的所有者权益变动中累积享有（或分担）的份额。本科目应当按照被投资单位进行明细核算。

（三）权益法调整的会计核算

（1）年末，按照被投资单位除净损益和利润分配以外的所有者权益变动应享有（或应分担）的份额，借记或贷记"长期股权投资——其他权益变动"科目，贷记或借记本科目。

（2）采用权益法核算的长期股权投资，因被投资单位除净损益和利润分配以外的所有者权益变动而将应享有（或应分担）的份额计入单位净资产的，处置该项投资时，按照原计入净资产的相应部分金额，借记或贷记本科目，贷记或借记"投资收益"科目。

【例6-6】北京某工业大学发生如下经济业务。

（1）2019年1月1日以610万元（含已宣告但尚未领取的现金股利10万元）购买A股份有限公司10%的股权。A公司当日可辨认净资产公允价值6 000万元。该事业单位对A公司没有重大影响，采用成本法核算。

（2）2019年5月10日，该事业单位收到A公司支付的现金股利10万元。

（3）2019年A公司实现净利润410万元，A公司因可供出售金融资产公允价值变动增加资本公积100万元。

（4）2020年3月20日，A公司宣告发放现金股利200万元。

（5）2020年A公司实现净利润910万元。

（6）2021年1月1日，该事业单位另外取得A公司20%的股份，实际支付1 800万元，该事业单位改用权益法核算此项投资。2021年1月1日可辨认净资产公允价值7 200万元。

（7）2021年A公司实现净利润1 010万元。

（8）2022年4月20日A公司宣告发放现金股利400万元。

（9）2022年A公司实现净利润610万元。

请将上述任务进行登记。

（1）2019年1月1日，编制会计分录如下。

借：长期股权投资 　　　　　　　　　　　　　　　　　　6 000 000
　　应收股利 　　　　　　　　　　　　　　　　　　　　　100 000
　　贷：银行存款 　　　　　　　　　　　　　　　　　　　6 100 000

（2）2019年5月10日，编制会计分录如下。

借：银行存款 　　　　　　　　　　　　　　　　　　　　100 000
　　贷：应收股利 　　　　　　　　　　　　　　　　　　　100 000

（3）成本法不做处理。

（4）借：应收股利 　　　　　　　　　　　　　　　　　　200 000
　　　　贷：投资收益 　　　　　　　　　　　　　　　　　200 000

（5）成本法不做处理。

（6）2021年1月1日，编制会计分录如下。

借：长期股权投资——成本 　　　　　　　　　　　　　18 000 000
　　贷：银行存款 　　　　　　　　　　　　　　　　　18 000 000

借：长期股权投资——损益调整 　　　　　　　　　　　1 100 000
　　贷：权益法调整 　　　　　　　　　　　　　　　　　110 000
　　　　本期盈余分配 　　　　　　　　　　　　　　　　990 000

（7）借：长期股权投资 　　　　　　　　　　　　　　　3 000 000
　　　　贷：投资收益 　　　　　　　　　　　　　　　　3 000 000

（8）借：应收股利 　　　　　　　　　　　　　　　　　1 200 000
　　　　贷：投资收益 　　　　　　　　　　　　　　　　1 200 000

（9）借：长期股权投资——损益调整   1 800 000

    贷：投资收益   1 800 000

三、以前年度盈余调整

（一）以前年度盈余调整的概念

以前年度盈余调整是指行政事业单位本年度发生的调整以前年度盈余的事项，包括本年度发生的重要前期差错更正涉及调整以前年度盈余的事项。

（二）以前年度盈余调整的记账规则

为了核算行政事业单位本年度发生的调整以前年度盈余的事项，包括本年度发生的重要前期差错更正涉及调整以前年度盈余的事项情况，应设置"以前年度盈余调整"科目。该科目属于净资产类科目，借方登记减少数，反映行政事业单位调减的本年度发生的重要前期差错更正涉及调整以前年度盈余；贷方登记增加数，反映行政事业单位调增的本年度发生的重要前期差错更正涉及调整以前年度盈余。年末结账后，本科目应无余额。

（三）以前年度盈余调整的主要账务处理

（1）调整增加以前年度收入时，按照调整增加的金额，借记有关科目，贷记本科目。调整减少的，做相反会计分录。

（2）调整增加以前年度费用时，按照调整增加的金额，借记本科目，贷记有关科目。调整减少的，做相反会计分录。

（3）盘盈的各种非流动资产，报经批准后处理时，借记"待处理财产损溢"科目，贷记本科目。

（4）经上述调整后，应将本科目的余额转入累计盈余，借记或贷记"累计盈余"科目，贷记或借记本科目。

【例6-7】某事业单位2019年1月在资产清查时发现盘盈材料一批，价值10万元，经批准作为其他收入，同时被投资单位调增2018年度的净利润，导致本单位的"投资收益"科目贷方增加20万元。编制相关分录如下。

借：库存物品   100 000

  贷：待处理财产损溢   100 000

借：待处理财产损溢   100 000

  贷：以前年度盈余调整   100 000

借：长期股权投资——损益调整   200 000

  贷：以前年度盈余调整   200 000

借：以前年度盈余调整   300 000

  贷：累计盈余   300 000

本章小结

净资产是指行政事业单位资产扣除负债后的余额。行政事业单位的净资产包括累计盈余、专用基金、权益法调整、本期盈余、本期盈余分配、无偿调拨净资产、以前年度盈余调整等。

累计盈余是指行政事业单位历年实现的盈余扣除盈余分配后滚存的金额，以及因无偿调入调出资产产生的净资产变动额。

专用基金是指行政事业单位按照规定提取或设置的具有专门用途的净资产，主要包括职工福利基金、科技成果转换基金等。

权益法调整是指事业单位持有的长期股权投资采用权益法核算时，按照被投资单位除净损益和利润分配以外的所有者权益变动份额调整长期股权投资账面余额而计入净资产的金额。

本期盈余是指单位本期各项收入、费用相抵后的余额。

本年度盈余分配是指行政事业单位本年度盈余分配的情况和结果。

无偿调拨净资产是指行政事业单位无偿调入或调出非现金资产所引起的净资产变动金额。

以前年度盈余调整是指行政事业单位本年度发生的调整以前年度盈余的事项，包括本年度发生的重要前期差错更正涉及调整以前年度盈余的事项。

关键术语中英文对照

累计盈余	accumulative surplus
本期盈余	full-year surplus
本期盈余分配	full-year surplus distribution
专用基金	special-purpose funds
权益法调整	equity method adjustment
以前年度盈余调整	previous year surplus adjustment

习　题

一、单项选择题

1. 行政事业单位年终结账后，发生以前年度会计事项调整或变更，涉及以前年度结余的，一般应直接转入或冲减（　　　）。

    A. 本年盈余分配　　　　　　　　　　B. 以前年度盈余调整

    C. 专用基金　　　　　　　　　　　　D. 累计盈余

2. 用固定资产对外投资，若合同确定的价值高于原账面价值的差额，转增（　　　）。

    A. 本期盈余　　　B. 专用基金　　　C. 其他收入　　　D. 事业结余

3. 专款结余按规定留归本单位使用部分，形成（　　　）。

    A. 本期盈余　　　B. 本年盈余分配　　　C. 专用基金　　　D. 累计盈余

二、多项选择题

1. 年终行政事业单位参加分配的结余包括（　　　）。

    A. 专项资金结余

    B. 事业结余

    C. 经营结余

    D. 实行预算外资金结余上缴办法的预算外资金结余

2. 年终转账后没有余额的净资产类账户有（　　）。

    A. 专用基金　　　B. 本期盈余　　　C. 本年盈余分配　　D. 权益法调整

3. 本年盈余分配的去向有（　　）。

    A. 职工福利基金　B. 所得税　　　C. 修购基金　　　D. 专用基金

4. 行政事业单位提取设置的专用基金有（　　）。

    A. 修购基金　　　B. 住房基金　　　C. 医疗基金　　　D. 职工福利基金

5. 行政事业单位修购基金来源于（　　）。

    A. 事业收入　　　B. 非财政拨款结余　C. 经营结余　　　D. 固定资产变价收入

三、业务题

资料（一）某行政事业单位10月发生的部分经济业务如下。

1. 报废发电机1台，残值收入5 000元，其账面原值为150 000元 。

2. 根据该月取得的事业收入180 000元和经营收入250 000元，分别按8%和10%的比例提取修购基金。

3. 该单位职工人数1 000人（其中业务人员800人，经营人员200人），按每人每月15元的标准提取医疗基金。

4. 单位职工报销医药费2 000元，以银行存款结清。

5. 动用修购基金50 000元购入设备1台，款项已通过银行付讫，设备已验收合格。

6. 专款项目完工，按规定专款结余50 000元，留归本单位使用。

7. 用存款200 000元对外投资。

8. 兑付3年前购买的国库券，本金200 000元，利息60 000元。

9. 动用修购基金30 000元，支付房屋修缮费。

要求：根据上述经济业务编制会计分录。

资料（二）某行政事业单位年终有关账户余额如下（单位：元）。

账户名称	年终余额
财政拨款收入	2 000 000
附属单位上缴收入	300 000
事业收入	700 000
其他收入	50 000
对附属单位补助费用	800 000
上缴上级费用	100 000
业务活动费用	1 800 000
其他费用	100 000
经营收入	600 000
经营费用	450 000

该单位适用所得税率25%，职工福利基金提取比率为20%。

要求：编制收入费用表。

第七章

政府财务会计报表

学习目标

了解行政事业单位年终清理结算的程序；

掌握行政事业单位会计年终清理结算的处理；

了解行政事业单位会计报表的内容和分类；

掌握行政事业单位会计报表的编制方法；

掌握行政事业单位财务分析评价指标。

第一节 | 年终清理结算和结账

一、年终清理结算

行政事业单位在年度终了前，应根据财政部门或主管部门关于决算编审工作的要求，对各项收支款项、往来款项、货币资金和财产物资进行全面的年终清理结算，以保证单位年度决算内容的正确和完整。行政事业单位年终清理结算主要有以下事项。

（1）清理、核对年度预算收支数字和各项缴拨款项、上缴下拨款项数字。年终前，对财政部门、上级单位和所属单位之间的全年预算数（包括追加、追减和上、下划数字）以及应上缴、拨补的款项等，都应按规定逐笔进行清理结算，保证上、下级之间的年度预算数、领拨经费数和上缴、下拨数一致。

为了准确反映各项收支数额，凡属本年度应拨应缴款项，应当在 12 月 31 日前汇达对方。主管会计单位对所属各单位的拨款应截至 12 月 25 日，逾期一般不再下拨。

（2）清理、核对各项收支。凡属本年的各项收入都应及时入账。本年的各项应缴财政款，应在年终前全部上缴。属于本年的各项费用，应按规定用途如实列报。

年度单位费用决算，一律以基层用款单位截至 12 月 31 日的本年实际费用数为准，不得将年终前预拨下年的预算拨款列入本年的费用，也不得以上级单位的拨款数代替基层会计单位的实际费用数。

（3）清理结算各种往来款项。对应收、应付、预收、预付的各种款项，年终前要尽量清理完毕，人欠收回，欠人付清。按有关规定应转作各项收入或费用的往来款项要及时结转，编入本年决算。

（4）清查货币资金。年终，行政事业单位应及时同开户银行对账，银行存款账面余额应同银行对账单余额核对相符；现金账面余额应同库存现金核对相符；有价证券账面数字应同实存的有价证券核对相符。

（5）清查财产物资。年终前，行政事业单位应对各项财产物资进行清查盘点。发生盘盈、盘亏时，应及时查明原因，按规定做出处理，做到账账相符、账实相符。

二、年终结账

行政事业单位在年终清理结算后应进行年终结账。年终结账包括年终转账、结清旧账和记入新账三个环节。

（一）年终转账

行政事业单位在账目核对无误的基础上，首先计算出各账户借方或贷方的 12 月合计数和全年累计数，结出 12 月月末的余额。然后，编制结账前的"资产负债表"进行试算，试算平衡后，再将应对冲结转的各个收支账户的余额按年终冲转办法，填制 12 月 31 日的记账凭单办理结账冲转。行政事业单位年终转账所涉及的会计分录如下。

（1）将收入费用类科目余额结转到本期盈余科目。

借：财政拨款收入

事业收入

上级补助收入

附属单位上缴收入

经营收入

非同级财政拨款收入

投资收益

捐赠收入

利息收入

其他收入

贷：本期盈余

借：本期盈余

贷：业务活动费用

单位管理费用

经营费用

所得税费用

资产处置费用

上缴上级费用

其他费用

（2）将本期盈余科目余额转入本年盈余分配。

借：本期盈余

贷：本年盈余分配

（3）将"本年盈余分配"科目的余额转入"累计盈余"，期末将本年盈余分配贷方余额进行结转。

借：本年盈余分配

　　贷：累计盈余

（4）如果涉及"无偿调拨净资产"科目的，期末将无偿调拨净资产贷方余额进行结转。

借：无偿调拨净资产

　　贷：累计盈余

（5）如果涉及"权益法调整"科目的，期末将权益法调整贷方余额进行结转。

借：权益法调整

　　贷：累计盈余

（6）如果涉及"以前年度损溢调整"科目的，期末将以前年度损溢调整贷方余额进行结转。

借：以前年度盈余调整

　　贷：累计盈余

（7）如果涉及"专用基金"科目的，期末将专用基金贷方余额进行结转。

借：专用基金

　　贷：累计盈余

（二）结清旧账

行政事业单位将转账后无余额的账户结出全年总累计数，然后在下面划双红线，表示本账户全部结清。对年终有余额的账户，在"全年累计数"下行的"摘要"栏内注明"结转下年"字样，再在下面划双红线，表示年终余额转入新账，旧账结束。

（三）记入新账

行政事业单位应根据本年度各账户余额，编制年终决算的资产负债表和有关明细表。然后，将表列各账户的年终余额数（不编制记账凭单）直接记入新年度相应的各有关账户，并在"摘要"栏注明"上年结转"字样，以区别新年度发生数。

第二节 政府财务会计报表的编制与审核

一、政府财务会计报表概述

（一）政府财务会计报表的概念

政府财务会计报表是反映行政事业单位财务状况和收支情况的书面文件，是财政部门和上级单位了解情况、掌握政策、指导单位预算执行工作的重要资料，也是编制下年度单位财务收支计划的基础。各单位财务部门必须认真做好会计报表的编审工作。

政府财务会计报表

（二）政府财务会计报表的内容及分类

政府财务会计报表主要包括资产负债表、收入费用表、净资产变动表、现金流量表及附注等。其中，资产负债表、收入费用表是行政事业单位的主要会计报表。

政府财务会计报表可以按照不同的标准进行分类。

（1）按会计报表的编报时间不同，分为月报、季报和年报。按月（季）编制的会计报表反映行政事业单位月度（季度）资金使用情况和业务收支情况，主要包括月度资产负债表、月度收入费用表。年终编制的会计报表反映行政事业单位年度资金使用和业务收支总体情况，各会计报表均需要编制年度报表。

（2）按会计报表的编报层次不同，分为本级报表和汇总报表。本级报表是指行政事业单位编制的自身的会计报表。汇总报表是指事业主管部门或上级部门，根据所属单位报送的会计报表和本单位的会计报表汇总编制的会计报表。

（3）按会计报表的报送对象不同，分为外部会计报表和内部会计报表。外部会计报表是报送给本单位外部有关方面、满足外部会计信息使用者需要的会计报表。内部会计报表是报送给本单位领导和有关部门负责人、满足本单位内部管理需要的会计报表。行政事业单位会计制度要求编制的会计报表主要是外部会计报表。

（三）政府财务会计报表的编制要求

行政事业单位会计报表应当根据登记完整、核对无误的账簿记录和其他有关资料编制，做到数字真实、内容完整、报送及时。

政府部门财务报告
编制操作指南

（1）数字真实。行政事业单位会计报表的数字必须真实可靠。会计报表的编制，应根据核对无误的账簿记录和有关的实际执行资料填制。在编制报表前，应将本期发生的全部经济业务登记入账，做到账证相符、账账相符、账实相符，保证会计报表所反映的数字真实、可靠。任何人都不能篡改或授意、指使他人篡改会计报表数字；在编制汇总报表时，要按下级报送来经过审查的报表编制，不能估列编报，更不能弄虚作假或任意增减数字。

行政事业单位国有
资产年报管理办法

（2）内容完整。行政事业单位会计报表必须内容完整，按照国家或上级主管部门统一规定的报表种类、格式、内容、计算方法和编报口径填报齐全，不能漏编、漏报报表中规定的格式栏次，不论是表内项目还是补充资料，应填列的项目内容都要填列齐全，不能任意取舍。

（3）报送及时。行政事业单位会计报表必须按照国家或上级机关规定的期限和程序，在保证报表真实、完整的前提下，在规定的期限内报送上级单位。一个行政事业单位的会计报表不及时报送，就会影响主管部门、行政事业单位部门以至全国的逐级汇总，影响全局对会计信息的分析。

二、政府财务会计报表的编制

（一）资产负债表

1. 资产负债表的基本概念

资产负债表是反映行政事业单位在某一特定日期财务状况的报表。

资产负债表是行政事业单位会计报表体系中的主要报表，它能反映行政事业单位在某一时点占有或使用的经济资源和负担的债务情况，以及行政事业单位的偿债能力和财务前景。通过资产负债表，会计报表使用者可以得到以下信息：

（1）行政事业单位掌握的经济资源及其结构；

（2）行政事业单位所负担的债务及其结构；

（3）行政事业单位资源中属于国家及其他出资人的部分；

（4）行政事业单位的财务能力、短期偿债能力和支付能力；

（5）行政事业单位资产负债变化情况及财务状况发展趋势。

2. 资产负债表的内容与格式

资产负债表按照"资产+费用=负债+净资产+收入"的平衡公式设置，分为左右两方。左方为资产部类，包括资产和费用两类；右方为负债部类，包括负债、净资产和收入三大类，左右两方总计数相等。

资产负债表是依据一定的分类标准和一定的次序，把行政事业单位某一特定日期的资产、费用、负债、净资产和收入项目予以适当排列，按照一定的编制要求编制而成。资产负债表的格式如表 7-1 所示。

表 7-1 资产负债表

会财政 01 表

编制单位：_____ ____年____月____日 单位：元

资产	期末余额	年初余额	负债和净资产	期末余额	年初余额
流动资产：			流动负债：		
货币资金			短期借款		
短期投资			应交增值税		
财政应返还额度			其他应交税费		
应收票据			应缴财政款		
应收账款净额			应付职工薪酬		
预付账款			应付票据		
应收股利			应付账款		
应收利息			应付政府补贴款		
其他应收款净额			应付利息		
存货			预收账款		
待摊费用			其他应付款		
一年内到期的非流动资产			预提费用		
其他流动资产			一年内到期的非流动负债		
流动资产合计			其他流动负债		
非流动资产：			流动负债合计		
长期股权投资			非流动负债：		
长期债券投资			长期借款		
固定资产原值			长期应付款		
减：固定资产累计折旧（摊销）			预计负债		
固定资产净值			其他非流动负债		
工程物资			非流动负债合计		

续表

资产	期末余额	年初余额	负债和净资产	期末余额	年初余额
在建工程			受托代理负债		
无形资产原值			负债合计		
减：无形资产累计摊销					
无形资产净值					
研发支出					
公共基础设施原值					
减：公共基础设施累计折旧（摊销）					
公共基础设施净值					
政府储备物资					
文物文化资产					
保障性住房原值					
减：保障性住房累计折旧					
保障性住房净值					
长期待摊费用			净资产：		
待处理财产损溢			累计盈余		
其他非流动资产			专用基金		
			权益法调整		
			无偿调拨净资产		
非流动资产合计			本期盈余		
受托代理资产			净资产合计		
资产总计			负债和净资产合计		

3. 资产负债表的编制方法

资产负债表"年初余额"栏内各项数字，应当根据上年年末资产负债表"期末余额"栏内数字填列。如果本年度资产负债表规定的各个项目的名称和内容同上年度不相一致，应对上年年末资产负债表各项目的名称和数字按照本年度的规定进行调整，填入本表"年初余额"栏内。

资产负债表"期末余额"栏各项目的内容和填列方法如下。

（1）资产类项目。

①"货币资金"项目，反映行政事业单位期末库存现金、银行存款、零余额账户用款额度和其他货币资金的合计数。本项目应当根据"库存现金""银行存款""零余额账户用款额度""其他货币资金"科目的期末余额合计填列。若单位存在通过"库存现金""银行存款"科目核算的受托代理资产还应当按照前述合计数扣减"库存现金""银行存款"科目下"受托代理资产"明细科目的期末余额后的金额填列。

②"短期投资"项目，反映行政事业单位期末持有的短期投资成本。本项目应当根据"短期投资"科目的期末余额填列。

③"财政应返还额度"项目，反映行政事业单位期末财政应返还额度的金额。本项目应当根据"财政应返还额度"科目的期末余额填列。

④ "应收票据"项目，反映行政事业单位期末持有的应收票据的票面金额。本项目应当根据"应收票据"科目的期末余额填列。

⑤ "应收账款净额"项目，反映行政事业单位期末尚未收回的应收账款减去已计提的坏账准备后的余额。本项目应当根据"应收账款"科目的期末余额减去"坏账准备"科目中对应收账款计提的坏账准备的期末余额后的金额填列。

⑥ "预付账款"项目，反映行政事业单位预付给商品或者劳务供应单位的款项。本项目应当根据"预付账款"科目的期末余额填列。

⑦ "应收股利"项目，反映事业单位期末因股权投资而应收取的现金股利或应当分得的利润。本项目应当根据"应收股利"科目的期末余额填列。

⑧ "应收利息"项目，反映事业单位期末因债券投资等而应收取的利息。事业单位购入的到期一次还本付息的长期债券投资持有期间应收的利息，不包括在本项目内。本项目应当根据"应收利息"科目的期末余额填列。

⑨ "其他应收款净额"项目，反映单位期末尚未收回的其他应收款减去已计提的坏账准备后的净额。本项目应当根据"其他应收款"科目的期末余额减去"坏账准备"科目中对其他应收款计提的坏账准备的期末余额后的金额填列。

⑩ "存货"项目，反映单位期末存储的存货的的实际成本。本项目应当根据"在途物品""库存物品""加工物品"科目的期末余额的合计数填列。

⑪ "待摊费用"项目，反映单位期末已经支出，但应当由本期和以后各期负担的分摊期在 1 年以内（含 1 年）的各项费用。本项目应当根据"待摊费用"科目的期末余额填列。

⑫ "一年内到期的非流动资产"项目，反映单位期末非流动资产项目中将在 1 年内（含 1 年）到期的金额，如事业单位将在 1 年内（含 1 年）到期的长期债券投资金额。本项目应当根据"长期债券投资"等科目的明细科目的期末余额分析填列。

⑬ "其他流动资产"项目，反映单位期末除本表中上述各项之外的其他流动资产的合计金额。本项目应当根据有关科目期末余额的合计数填列。

⑭ "流动资产合计"项目，反映单位期末流动资产的合计数。本项目应当根据本表中"货币资金""短期投资""财政应返还额度""应收票据""应收账款净额""预付账款""应收股利""应收利息""其他应收款净额""库存物品""待摊费用""一年内到期的非流动资产""其他流动资产"项目金额的合计数填列。

⑮ "长期股权投资"项目，反映事业单位期末持有的长期股权投资的账面余额。本项目应当根据"长期股权投资"科目的期末余额填列。

⑯ "长期债券投资"项目，反映事业单位期末持有的长期债券投资的账面余额。本项目应当根据"长期债券投资"科目的期末余额减去其中将于 1 年内（含 1 年）到期的长期债券投资余额后的金额填列。

⑰ "固定资产原值"项目，反映单位期末固定资产的原值。本项目应当根据"固定资产"科目的期末余额填列。"固定资产累计折旧"项目，反映单位期末固定资产已计提的累计折旧金额。本项目应当根据"固定资产累计折旧"科目的期末余额填列。"固定资产净值"项目，反映单位期末固定资产的账面价值。本项目应当根据"固定资产"科目期末余额减去"固定资产累计折旧"科目期末余额后的金额填列。

⑱"工程物资"项目，反映单位期末为在建工程准备的各种物资的实际成本。本项目应当根据"工程物资"科目的期末余额填列。

⑲"在建工程"项目，反映单位期末所有的建设项目工程的实际成本。本项目应当根据"在建工程"科目的期末余额填列。

⑳"无形资产原值"项目，反映单位期末无形资产的原值。本项目应当根据"无形资产"科目的期末余额填列。"无形资产累计摊销"项目，反映单位期末无形资产已计提的累计摊销金额。本项目应当根据"无形资产累计摊销"科目的期末余额填列。"无形资产净值"项目，反映单位期末无形资产的账面价值。本项目应当根据"无形资产"科目期末余额减去"无形资产累计摊销"科目期末余额后的金额填列。

㉑"研发支出"项目，反映单位期末正在进行的无形资产开发项目开发阶段发生的累计支出数。本项目应当根据"研发支出"科目的期末余额填列。

㉒"公共基础设施原值"项目，反映单位期末控制的公共基础设施的原值。本项目应当根据"公共基础设施"科目的期末余额填列。"公共基础设施累计折旧（摊销）"项目，反映单位期末控制的公共基础设施已计提的累计折旧和累计摊销金额。本项目应当根据"公共基础设施累计折旧（摊销）"科目的期末余额填列。"公共基础设施净值"项目，反映单位期末控制的公共基础设施的账面价值。本项目应当根据"公共基础设施"科目期末余额减去"公共基础设施累计折旧（摊销）"科目期末余额后的金额填列。

㉓"政府储备物资"项目，反映单位期末控制的政府储备物资的实际成本。本项目应当根据"政府储备物资"科目的期末余额填列。

㉔"文物文化资产"项目，反映单位期末控制的文物文化资产的成本。本项目应当根据"文物文化资产"科目的期末余额填列。

㉕"保障性住房原值"项目，反映单位期末控制的保障性住房的原值。本项目应当根据"保障性住房"科目的期末余额填列。"保障性住房累计折旧"项目，反映单位期末控制的保障性住房已计提的累计折旧金额。本项目应当根据"保障性住房累计折旧"科目的期末余额填列。"保障性住房净值"项目，反映单位期末控制的保障性住房的账面价值。本项目应当根据"保障性住房"科目期末余额减去"保障性住房累计折旧"科目期末余额后的金额填列。

㉖"长期待摊费用"项目，反映单位期末已经支出，但应由本期和以后各期负担的分摊期限在1年以上（不含1年）的各项费用。本项目应当根据"长期待摊费用"科目的期末余额填列。

㉗"待处理财产损溢"项目，反映单位期末尚未处理完毕的各种资产的净损失或净溢余。本项目应当根据"待处理财产损溢"科目的期末借方余额填列；如"待处理财产损溢"科目期末为贷方余额，以"-"号填列。

㉘"其他非流动资产"项目，反映单位期末除本表中上述各项之外的其他非流动资产的合计数。本项目应当根据有关科目的期末余额合计数填列。

㉙"非流动资产合计"项目，反映单位期末非流动资产的合计数。本项目应当根据本表中"长期股权投资""长期债券投资""固定资产净值""工程物资""在建工程""无形资产净值""研发支出""公共基础设施净值""政府储备物资""文物文化资产""保障性住房净值""长期待摊

费用""待处理财产损溢""其他非流动资产"项目金额的合计数填列。

㉚"受托代理资产"项目，反映单位期末受托代理资产的价值。本项目应当根据"受托代理资产"科目的期末余额与"库存现金""银行存款"科目下"受托代理资产"明细科目的期末余额的合计数填列。

㉛"资产总计"项目，反映单位期末资产的合计数。本项目应当根据本表中"流动资产合计""非流动资产合计""受托代理资产"项目金额的合计数填列。

（2）负债类项目。

①"短期借款"项目，反映事业单位期末短期借款的余额。本项目应当根据"短期借款"科目的期末余额填列。

②"应交增值税"项目，反映单位期末应缴未缴的增值税税额。本项目应当根据"应交增值税"科目的期末余额填列；如"应交增值 税"科目期末为借方余额，以"-"号填列。

③"其他应交税费"项目，反映单位期末应缴未缴的除增值税以外的税费金额。本项目应当根据"其他应交税费"科目的期末余额 填列；如"其他应交税费"科目期末为借方余额，以"-"号填列。

④"应缴财政款"项目，反映单位期末应当上缴财政但尚未缴纳的款项。本项目应当根据"应缴财政款"科目的期末余额填列。

⑤"应付职工薪酬"项目，反映单位期末按有关规定应付给职工及为职工支付的各种薪酬。本项目应当根据"应付职工薪酬"科目的期末余额填列。

⑥"应付票据"项目，反映事业单位期末应付票据的金额。本项目应当根据"应付票据"科目的期末余额填列。

⑦"应付账款"项目，反映单位期末应当支付但尚未支付的偿还期限在1年以内（含1年）的应付账款的金额。本项目应当根据"应付账款"科目的期末余额填列。

⑧"应付政府补贴款"项目，反映负责发放政府补贴的行政单位期末按照规定应当支付给政府补贴接受者的各种行政事业单位补贴款余额。本项目应当根据"应付政府补贴款"科目的期末余额填列。

⑨"应付利息"项目，反映事业单位期末按照合同约定应支付的借款利息。事业单位到期一次还本付息的长期借款利息不包括在本项目内。本项目应当根据"应付利息"科目的期末余额填列。

⑩"预收账款"项目，反映事业单位期末预先收取但尚未确认收入和实际结算的款项余额。本项目应当根据"预收账款"科目的期末余额填列。

⑪"其他应付款"项目，反映单位期末其他各项偿还期限在1年内（含1年）的应付及暂收款项余额。本项目应当根据"其他应付款"科目的期末余额填列。

⑫"预提费用"项目，反映单位期末已预先提取的已经发生但尚未支付的各项费用。本项目应当根据"预提费用"科目的期末余额填列。

⑬"一年内到期的非流动负债"项目，反映单位期末将于1年内（含1年）偿还的非流动负债的余额。本项目应当根据"长期应付款""长期借款"等科目的明细科目的期末余额分析填列。

⑭"其他流动负债"项目，反映单位期末除本表中上述各项之外的其他流动负债的合计数。本项目应当根据有关科目的期末余额的合计数填列。

⑮"流动负债合计"项目，反映单位期末流动负债合计数。本项目应当根据本表"短期借款""应交增值税""其他应交税费""应缴财政款""应付职工薪酬""应付票据""应付账款""应付政府补贴款""应付利息""预收账款""其他应付款""预提费用""一年内到期的非流动负债""其他流动负债"项目金额的合计数填列。

⑯"长期借款"项目，反映事业单位期末长期借款的余额。本项目应当根据"长期借款"科目的期末余额减去其中将于1年内（含1年）到期的长期借款余额后的金额填列。

⑰"长期应付款"项目，反映单位期末长期应付款的余额。本项目应当根据"长期应付款"科目的期末余额减去其中将于1年内（含1年）到期的长期应付款余额后的金额填列。

⑱"预计负债"项目，反映单位期末已确认但尚未偿付的预计负债的余额。本项目应当根据"预计负债"科目的期末余额填列。

⑲"其他非流动负债"项目，反映单位期末除本表中上述各项之外的其他非流动负债的合计数。本项目应当根据有关科目的期末余额合计数填列。

⑳"非流动负债合计"项目，反映单位期末非流动负债合计数。本项目应当根据本表中"长期借款""长期应付款""预计负债""其他非流动负债"项目金额的合计数填列。

㉑"受托代理负债"项目，反映单位期末受托代理负债的金额。本项目应当根据"受托代理负债"科目的期末余额填列。

㉒"负债合计"项目，反映单位期末负债的合计数。本项目应当根据本表中"流动负债合计""非流动负债合计""受托代理负债"项目金额的合计数填列。

（3）净资产类项目。

①"累计盈余"项目，反映单位期末未分配盈余（或未弥补亏损）以及无偿调拨净资产变动的累计数。本项目应当根据"累计盈余"科目的期末余额填列。

②"专用基金"项目，反映事业单位期末累计提取或设置但尚未使用的专用基金余额。本项目应当根据"专用基金"科目的期末余额填列。

③"权益法调整"项目，反映事业单位期末在被投资单位除净损益和利润分配以外的所有者权益变动中累计享有的份额。本项目应当根据"权益法调整"科目的期末余额填列。如"权益法调整"科目期末为借方余额，以"－"号填列。

④"无偿调拨净资产"项目，反映单位本年度截至报告期期末无偿调入的非现金资产价值扣减无偿调出的非现金资产价值后的净值。本项目仅在月度报表中列示，年度报表中不列示。月度报表中本项目应当根据"无偿调拨净资产"科目的期末余额填列；"无偿调拨净资产"科目期末为借方余额时，以"－"号填列。

⑤"本期盈余"项目，反映单位本年度截至报告期期末实现的累计盈余或亏损。本项目仅在月度报表中列示，年度报表中不列示。月度报表中本项目应当根据"本期盈余"科目的期末余额填列；"本期盈余"科目期末为借方余额时，以"－"号填列。

⑥"净资产合计"项目，反映单位期末净资产合计数。本项目应当根据本表中"累计盈余""专用基金""权益法调整""无偿调拨净资产"[月度报表]、"本期盈余"[月度报表]项目金额的合计数填列。

⑦"负债和净资产总计"项目，应当按照本表中"负债合计""净资产合计"项目金额的合计数填列。

（二）收入费用表

1. 收入费用表的基本概念

收入费用表是反映行政事业单位在一定期间的收支结余及其分配情况的报表。

通过收入费用表，财政部门、上级单位和其他单位可以了解行政事业单位的收入来源、费用用途以及结余分配的情况，判断其运营成果，评价其经营业绩，预测事业发展趋势。

2. 收入费用表的内容与格式

收入费用表由收入、费用和结余三部分内容组成，其关系式为"收入-费用=结余"。收入费用表的项目应当按收支的构成和结余分配情况分别列示。收入费用表的格式如表 7-2 所示。

表 7-2   收入费用表

会财政 02 表

编制单位：　　　　　　　　　　　　　　年　　　　　月　　　　　　　　　　　　　　单位：元

项目	本月数	本年累计数
一、本期收入		
（一）财政拨款收入		
其中：政府性基金收入		
（二）事业收入		
（三）上级补助收入		
（四）附属单位上缴收入		
（五）经营收入		
（六）非同级财政拨款收入		
（七）投资收益		
（八）捐赠收入		
（九）利息收入		
（十）租金收入		
（十一）其他收入		
二、本期费用		
（一）业务活动费用		
（二）单位管理费用		
（三）经营费用		
（四）资产处置费用		
（五）上缴上级费用		
（六）对附属单位补助费用		
（七）所得税费用		
（八）其他费用		
三、本期盈余		
减：非财政补助结转		

3. 收入费用表的编制方法

收入费用表表"本月数"栏反映各项目的本月实际发生数。在编制年度收入费用表时，应当将本栏改为"上年数"栏，反映上年度各项目的实际发生数；如果本年度收入费用表规定的各个项目的名称和内容同上年度不一致，应对上年度收入费用表各项目的名称和数字按照本年度的规定进行调整，填入本年度收入费用表的"上年数"栏。本表"本年累计数"栏反映各项目自年初起至报告期末止的累计实际发生数。编制年度收入费用表时，应当将本栏改为"本年数"。

本表"本月数"栏各项目的内容和填列方法如下。

（1）本期收入。

①"本期收入"项目，反映单位本期收入总额。本项目应当根据本表中"财政拨款收入""事业收入""上级补助收入""附属单位上缴收入""经营收入""非同级财政拨款收入""投资收益""捐赠收入""利息收入""租金收入""其他收入"项目金额的合计数填列。

②"财政拨款收入"项目，反映单位本期从同级行政事业单位财政部门取得的各类财政拨款。本项目应当根据"财政拨款收入"科目的本期发生额填列。"政府基金收入"项目，反映单位本期取得的财政拨款收入中属于政府基金预算拨款的金额。本项目应当根据"财政拨款收入"相关明细科目的本期发生额填列。

③"事业收入"项目，反映事业单位本期开展专业业务活动及其辅助活动实现的收入。本项目应当根据"事业收入"科目的本期发生额填列。

④"上级补助收入"项目，反映事业单位本期从主管部门和上级单位收到或应收的非财政拨款收入。本项目应当根据"上级补助收入"科目的本期发生额填列。

⑤"附属单位上缴收入"项目，反映事业单位本期收到或应收的独立核算的附属单位按照有关规定上缴的收入。本项目应当根据"附属单位上缴收入"科目的本期发生额填列。

⑥"经营收入"项目，反映事业单位本期在专业业务活动及其辅助活动之外开展非独立核算经营活动实现的收入。本项目应当根据"经营收入"科目的本期发生额填列。

⑦"非同级财政拨款收入"项目，反映单位本期从非同级行政事业单位财政部门取得的财政拨款，不包括事业单位因开展科研及其辅助活动从非同级财政部门取得的经费拨款。本项目应当根据"非同级财政拨款收入"科目的本期发生额填列。

⑧"投资收益"项目，反映事业单位本期股权投资和债券投资所实现的收益或发生的损失。本项目应当根据"投资收益"科目的本期发生额填列；如为投资净损失，以"-"号填列。

⑨"捐赠收入"项目，反映单位本期接受捐赠取得的收入。本项目应当根据"捐赠收入"科目的本期发生额填列。

⑩"利息收入"项目，反映单位本期取得的银行存款利息收入。本项目应当根据"利息收入"科目的本期发生额填列。

⑪"租金收入"项目，反映单位本期经批准利用国有资产出租取得并按规定纳入本单位预算管理的租金收入。本项目应当根据"租金收入"科目的本期发生额填列。

⑫"其他收入"项目，反映单位本期取得的除以上收入项目外的其他收入的总额。本项目

应当根据"其他收入"科目的本期发生额填列。

（2）本期费用。

①"本期费用"项目，反映单位本期费用总额。本项目应当根据本表中"业务活动费用""单位管理费用""经营费用""资产处置费用""上缴上级费用""对附属单位补助费用""所得税费用"和"其他费用"项目金额的合计数填列。

②"业务活动费用"项目，反映单位本期为实现其职能目标，依法履职或开展专业业务活动及其辅助活动所发生的各项费用。本项目应当根据"业务活动费用"科目本期发生额填列。

③"单位管理费用"项目，反映事业单位本期本级行政及后勤管理部门开展管理活动发生的各项费用，以及由单位统一负担的离退休人员经费、工会经费、诉讼费、中介费等。本项目应当根据"单位管理费用"科目的本期发生额填列。

④"经营费用"项目，反映事业单位本期在专业业务活动及其辅助活动之外开展非独立核算经营活动发生的各项费用。本项目应当根据"经营费用"科目的本期发生额填列。

⑤"资产处置费用"项目，反映单位本期经批准处置资产时转销的资产价值以及在处置过程中发生的相关费用或者处置收入小于处置费用形成的净支出。本项目应当根据"资产处置费用"科目的本期发生额填列。

⑥"上缴上级费用"项目，反映事业单位按照规定上缴上级单位款项发生的费用。本项目应当根据"上缴上级费用"科目的本期发生额填列。

⑦"对附属单位补助费用"项目，反映事业单位用财政拨款收入之外的收入对附属单位补助发生的费用。本项目应当根据"对附属单位补助费用"科目的本期发生额填列。

⑧"所得税费用"项目，反映有企业所得税缴纳义务的事业单位本期计算应交纳的企业所得税。本项目应当根据"所得税费用"科目的本期发生额填列。

⑨"其他费用"项目，反映单位本期发生的除以上费用项目外的其他费用的总额。本项目应当根据"其他费用"科目的本期发生额填列。

（3）本期盈余。

"本期盈余"项目，反映单位本期收入扣除本期费用后的净额。本项目应当根据本表中"本期收入"项目金额减去"本期费用"项目金额后的金额填列；如为负数，以"－"号填列。

（三）净资产变动表

1. 净资产变动表的基本概念

净资产变动表是反映行政事业单位在某一会计年度内净资产项目的变动情况的报表。

通过净资产变动表，财政部门、上级单位和其他单位可以了解行政事业单位的净资产变动以及结余分配的情况，并预测事业发展趋势。

2. 净资产变动表的内容与格式

净资产变动表由上年年末余额、以前年度盈余调整、本年年初余额、本年变动金额和本年年末余额五部分内容组成，其关系式为"上年年末余额+/-以前年度盈余调整+/-本年变动金额=本年年末余额"。净资产变动表的格式如表7-3所示。

表 7-3 净资产变动表

会政财 03 表

年度

单位：元

项目	本年数				上年数			
	累计盈余	专用基金	权益法调整	净资产合计	累计盈余	专用基金	权益法调整	净资产合计
一、上年年末余额								
二、以前年度盈余调整（减少以"–"号填列）		——	——			——	——	
三、本年年初余额								
四、本年变动金额（减少以"–"号填列）								
（一）本年盈余		——	——			——	——	
（二）无偿调拨净资产								
（三）归集调整预算结转结余		——	——			——	——	
（四）提取或设置专用基金			——				——	
其中：从预算收入中提取	——		——		——		——	
从预算结余中提取			——				——	
设置的专用基金			——				——	
（五）使用专用基金			——				——	
（六）权益法调整	——	——			——	——		
五、本年年末余额								

注："——"标识单元格不需填列

3. 净资产变动表编制说明

本表"本年数"栏反映本年度各项目的实际变动数。"上年数"栏反映上年度各项目的实际变动数，应当根据上年度净资产变动表中"本年数"栏内所列数字填列。如果上年度净资产变动表规定的项目的名称和内容与本年度不一致，应对上年度净资产变动表项目的名称和数字按照本年度的规定进行调整，将调整后金额填入本年度净资产变动表"上年数"栏内。

本表"本年数"栏各项目的内容和填列方法如下。

（1）"上年年末余额"行，反映单位净资产各项目上年年末的余额。本行各项目应当根据"累计盈余""专用基金""权益法调整"科目上年年末余额填列。

（2）"以前年度盈余调整"行，反映单位本年度调整以前年度盈余的事项对累计盈余进行调整的金额。本行"累计盈余"项目应当根据本年度"以前年度盈余调整"科目转入"累计盈余"科目的金额填列；如调整减少累计盈余，以"–"号填列。

（3）"本年年初余额"行，反映经过以前年度盈余调整后，单位净资产各项目的本年年初余额。本行"累计盈余""专用基金""权益法调整"项目应当根据其各自在"上年年末余额"和"以前年度盈余调整"行对应项目金额的合计数填列。

（4）"本年变动金额"行，反映单位净资产各项目本年变动总金额。本行"累计盈余""专用基金""权益法调整"项目应当根据其各自在"本年盈余""无偿调拨净资产""归集调整预算结转结余""提取或设置专用基金""使用专用基金""权益法调整"行对应项目金额的合计数填列。

（5）"本年盈余"行，反映单位本年发生的收入、费用对净资产的影响。本行"累计盈余"项目应当根据年末由"本期盈余"科目转入"本年盈余分配"科目的金额填列；如转入时借记"本年盈余分配"科目，则以"-"号填列。

（6）"无偿调拨净资产"行，反映单位本年无偿调入、调出非现金资产事项对净资产的影响。本行"累计盈余"项目应当根据年末由"无偿调拨净资产"科目转入"累计盈余"科目的金额填列；如转入时借记"累计盈余"科目，则以"-"号填列。

（7）"归集调整预算结转结余"行，反映单位本年财政拨款结转结余资金归集调入、归集上缴或调出，以及非财政拨款结转资金缴回对净资产的影响。本行"累计盈余"项目应当根据"累计盈余"科目明细账记录分析填列；如归集调整减少预算结转结余，则以"-"号填列。

（8）"提取或设置专用基金"行，反映单位本年提取或设置专用基金对净资产的影响。本行"累计盈余"项目应当根据"从预算结余中提取"行"累计盈余"项目的金额填列。本行"专用基金"项目应当根据"从预算收入中提取""从预算结余中提取""设置的专用基金"行"专用基金"项目金额的合计数填列。"从预算收入中提取"行，反映单位本年从预算收入中提取专用基金对净资产的影响。本行"专用基金"项目应当通过对"专用基金"科目明细账记录的分析，根据本年按有关规定从预算收入中提取基金的金额填列。"从预算结余中提取"行，反映单位本年根据有关规定从本年度非财政拨款结余或经营结余中提取专用基金对净资产的影响。本行"累计盈余""专用基金"项目应当通过对"专用基金"科目明细账记录的分析，根据本年按有关规定从本年度非财政拨款结余或经营结余中提取专用基金的金额填列；本行"累计盈余"项目以"-"号填列。"设置的专用基金"行，反映单位本年根据有关规定设置的其他专用基金对净资产的影响。本行"专用基金"项目应当通过对"专用基金"科目明细账记录的分析，根据本年按有关规定设置的其他专用基金的金额填列。

（9）"使用专用基金"行，反映单位本年按规定使用专用基金对净资产的影响。本行"累计盈余""专用基金"项目应当通过对"专用基金"科目明细账记录的分析，根据本年按规定使用专用基金的金额填列；本行"专用基金"项目以"-"号填列。

（10）"权益法调整"行，反映单位本年按照被投资单位除净损益和利润分配以外的所有者权益变动份额而调整长期股权投资账面余额对净资产的影响。本行"权益法调整"项目应当根据"权益法调整"科目本年发生额填列；若本年净发生额为借方，以"-"号填列。

（11）"本年年末余额"行，反映单位本年各净资产项目的年末余额。本行"累计盈余""专用基金""权益法调整"项目应当根据其各自在"本年年初余额""本年变动金额"行对应项目金额的合计数填列。

（12）本表各行"净资产合计"项目，应当根据所在行"累计盈余""专用基金""权益法调整"项目金额的合计数填列。

（四）现金流量表

1. 现金流量表的基本概念

现金流量表是反映行政事业单位在某一会计年度内现金流入流出变动情况的报表。

通过现金流量表，财政部门、上级单位和其他单位可以了解行政事业单位的现金流入流出变动情况，并预测事业发展趋势。

2. 现金流量表的内容与格式

现金流量表由日常活动产生的现金流量、投资活动产生的现金流量和筹资活动产生的现金流量三部分内容组成。现金流量表的格式如表 7-4 所示。

表 7-4　　　　　　　　　　　　　　现金流量表

会政财 04 表

编制单位：　　　　　　　　　　　　　年　　　　　　　　　　　　　单位：元

项目	本年金额	上年金额
一、日常活动产生的现金流量：		
财政基本支出拨款收到的现金		
财政非资本性项目拨款收到的现金		
事业活动收到的除财政拨款以外的现金		
收到的其他与日常活动有关的现金		
日常活动的现金流入小计		
购买商品、接受劳务支付的现金		
支付给职工以及为职工支付的现金		
支付的各项税费		
支付的其他与日常活动有关的现金		
日常活动现金流出小计		
日常活动产生的现金流量净额		
二、投资活动产生的现金流量：		
收回投资所收到的现金		
取得投资收益所收到的现金		
处置固定资产、无形资产、公共基础设施等所收回的现金净额		
收到的其他与投资活动有关的现金		
投资活动现金流入小计		
购建固定资产、无形资产、公共基础设施所支付的现金		
对外投资所支付的现金		
上缴处置固定资产、无形资产、公共基础设施等净收入支付的现金		
支付的其他与投资活动有关的现金		
投资活动现金流出小计		
投资活动产生的现金流量净额		
三、筹资活动产生的现金流量：		
财政资本性项目收到的现金		
取得借款所收到的现金		
收到的其他与筹资活动有关的现金		
筹资现金流入小计		
偿还借款支付的现金		
偿还利息所支付的现金		
支付的其他与筹资活动有关的现金		
筹资现金流出小计		
筹资活动产生的现金流量净额		
四、汇率变动对现金的影响额		
五、现金净增加额		

3．现金流量表编制说明

本表"本年金额"栏各项目的填列方法如下。

（1）日常活动产生的现金流量。

①"财政基本支出拨款收到的现金"项目，反映单位本年接受财政基本支出拨款取得的现金。本项目应当根据"零余额账户用款额度""财政拨款收入""银行存款"等科目及其所属明细科目的记录分析填列。

②"财政非资本性项目拨款收到的现金"项目，反映单位本年接受除用于购建固定资产、无形资产、公共基础设施等资本性项目以外的财政项目拨款取得的现金。本项目应当根据"银行存款""零余额账户用款额度""财政拨款收入"等科目及其所属明细科目的记录分析填列。

③"事业活动收到的除财政拨款以外的现金"项目，反映事业单位本年开展专业业务活动及其辅助活动取得的除财政拨款以外的现金。本项目应当根据"库存现金""银行存款""其他货币资金""应收账款""应收票据""预收账款""事业收入"等科目及其所属明细科目的记录分析填列。

④"收到的其他与日常活动有关的现金"项目，反映单位本年收到的除以上项目之外的与日常活动有关的现金。本项目应当根据 "库存现金""银行存款""其他货币资金""上级补助收入""附属单位上缴收入""经营收入""非同级财政拨款收入""捐赠收入""利息收入""租金收入""其他收入"等科目及其所属明细科目的记录分析填列。

⑤"日常活动的现金流入小计"项目，反映单位本年日常活动产生的现金流入的合计数。本项目应当根据本表中"财政基本支出拨款收到的现金""财政非资本性项目拨款收到的现金""事业活动收到的除财政拨款以外的现金""收到的其他与日常活动有关的现金"项目金额的合计数填列。

⑥"购买商品、接受劳务支付的现金"项目，反映单位本年在日常活动中用于购买商品、接受劳务支付的现金。本项目应当根据"库存现金""银行存款""财政拨款收入""零余额账户用款额度""预付账款""在途物品""库存物品""应付账款""应付票据""业务活动费用""单位管理费用""经营费用"等科目及其所属明细科目的记录分析填列。

⑦"支付给职工以及为职工支付的现金"项目，反映单位本年支付给职工以及为职工支付的现金。本项目应当根据"库存现金""银行存款""零余额账户用款额度""财政拨款收入""应付职工薪酬""业务活动费用""单位管理费用""经营费用"等科目及其所属明细科目的记录分析填列。

⑧"支付的各项税费"项目，反映单位本年用于缴纳日常活动相关税费而支付的现金。本项目应当根据"库存现金""银行存款""零余额账户用款额度""应交增值税""其他应交税费""业务活动费用""单位管理费用""经营费用""所得税费用"等科目及其所属明细科目的记录分析填列。

⑨"支付的其他与日常活动有关的现金"项目，反映单位本年支付的除上述项目之外与日常活动有关的现金。本项目应当根据"库存现金""银行存款""零余额账户用款额度""财政拨款收入""其他应付款""业务活动费用""单位管理费用""经营费用""其他费用"等科目及其所属明细科目的记录分析填列。

⑩"日常活动现金流出小计"项目，反映单位本年日常活动产生的现金流出的合计数。本项目应当根据本表中"购买商品、接受劳务支付的现金""支付给职工以及为职工支付的现金""支付的各项税费""支付的其他与日常活动有关的现金"项目金额的合计数填列。

⑪"日常活动产生的现金流量净额"项目，应当按照本表中"日常活动的现金流入小计"项目金额减去"日常活动的现金流出小计"项目金额后的金额填列；如为负数，以"－"号填列。

（2）投资活动产生的现金流量。

①"收回投资收到的现金"项目，反映单位本年出售、转让或者收回投资收到的现金。本项目应该根据"库存现金""银行存款""短期投资""长期股权投资""长期债券投资"等科目的记录分析填列。

②"取得投资收益收到的现金"项目，反映单位本年因对外投资而收到被投资单位分配的股利或利润，以及收到投资利息而取得的现金。本项目应当根据"库存现金""银行存款""应收股利""应收利息""投资收益"等科目的记录分析填列。

③"处置固定资产、无形资产、公共基础设施等收回的现金净额"项目，反映单位本年处置固定资产、无形资产、公共基础设施等非流动资产所取得的现金，减去为处置这些资产而支付的有关费用之后的净额。由于自然灾害所造成的固定资产等长期资产损失而收到的保险赔款收入，也在本项目反映。本项目应当根据"库存现金""银行存款""待处理财产损溢"等科目的记录分析填列。

④"收到的其他与投资活动有关的现金"项目，反映单位本年收到的除上述项目之外与投资活动有关的现金。对于金额较大的现金流入，应当单列项目反映。本项目应当根据"库存现金""银行存款"等有关科目的记录分析填列。

⑤"投资活动现金流入小计"项目，反映单位本年投资活动产生的现金流入的合计数。本项目应当根据本表中"收回投资收到的现金""取得的投资收益收到的现金""处置固定资产、无形资产、公共基础设施等收回的现金净额""收到的其他与投资活动有关的现金"项目金额的合计数填列。

⑥"购建固定资产、无形资产、公共基础设施等支付的现金"项目，反映单位本年购买和建造固定资产、无形资产、公共基础设施等非流动资产所支付的现金；融资租入固定资产支付的租赁费不在本项目反映，在筹资活动的现金流量中反映。本项目应当根据"库存现金""银行存款""固定资产""工程物资""在建工程""无形资产""研发支出""公共基础设施""保障性住房"等科目的记录分析填列。

⑦"对外投资支付的现金"项目，反映单位本年为取得短期投资、长期股权投资、长期债券投资而支付的现金。本项目应当根据 "库存现金""银行存款""短期投资""长期股权投资""长期债券投资"等科目的记录分析填列。

⑧"上缴处置固定资产、无形资产、公共基础设施等净收入支付的现金"项目，反映本年单位将处置固定资产、无形资产、公共基础设施等非流动资产所收回的现金净额予以上缴财政所支付的现金。本项目应当根据"库存现金""银行存款""应缴财政款"等科目的记录分析填列。

⑨ "支付的其他与投资活动有关的现金"项目，反映单位本年支付的除上述项目之外与投资活动有关的现金。对于金额较大的现金流出，应当单列项目反映。本项目应当根据"库存现金""银行存款"等有关科目的记录分析填列。

⑩ "投资活动现金流出小计"项目，反映单位本年投资活动产生的现金流出的合计数。本项目应当根据本表中"购建固定资产、无形资产、公共基础设施等支付的现金""对外投资支付的现金""上缴处置固定资产、无形资产、公共基础设施等净收入支付的现金""支付的其他与投资活动有关的现金"项目金额的合计数填列。

⑪ "投资活动产生的现金流量净额"项目，应当按照本表中"投资活动的现金流入小计"项目金额减去"投资活动的现金流出小计"项目金额后的金额填列；如为负数，以"-"号填列。

（3）筹资活动产生的现金流量。

① "财政资本性项目拨款收到的现金"项目，反映单位本年接受用于购建固定资产、无形资产、公共基础设施等资本性项目的财政项目拨款取得的现金。本项目应当根据"银行存款""零余额账户用款额度""财政拨款收入"等科目及其所属明细科目的记录分析填列。

② "取得借款收到的现金"项目，反映事业单位本年举借短期、长期借款所收到的现金。本项目应当根据"库存现金""银行存款""短期借款""长期借款"等科目记录分析填列。

③ "收到的其他与筹资活动有关的现金"项目，反映单位本年收到的除上述项目之外与筹资活动有关的现金。对于金额较大的现金流入，应当单列项目反映。本项目应当根据"库存现金""银行存款"等有关科目的记录分析填列。

④ "筹资活动现金流入小计"项目，反映单位本年筹资活动产生的现金流入的合计数。本项目应当根据本表中"财政资本性项目拨款收到的现金""取得借款收到的现金""收到的其他与筹资活动有关的现金"项目金额的合计数填列。

⑤ "偿还借款支付的现金"项目，反映事业单位本年偿还借款本金所支付的现金。本项目应当根据"库存现金""银行存款""短期借款""长期借款"等科目的记录分析填列。

⑥ "偿付利息支付的现金"项目，反映事业单位本年支付的借款利息等。本项目应当根据"库存现金""银行存款""应付利息""长期借款"等科目的记录分析填列。

⑦ "支付的其他与筹资活动有关的现金"项目，反映单位本年支付的除上述项目之外与筹资活动有关的现金，如融资租入固定资产所支付的租赁费。本项目应当根据"库存现金""银行存款""长期应付款"等科目的记录分析填列。

⑧ "筹资活动现金流出小计"项目，反映单位本年筹资活动产生的现金流出的合计数。本项目应当根据本表中"偿还借款支付的现金""偿付利息支付的现金""支付的其他与筹资活动有关的现金"项目金额的合计数填列。

⑨ "筹资活动产生的现金流量净额"项目，应当按照本表中"筹资活动的现金流入小计"项目金额减去"筹资活动的现金流出小计"金额后的金额填列；如为负数，以"-"号填列。

（4）"汇率变动对现金的影响额"项目，反映单位本年外币现金流量折算为人民币时，所采用的现金流量发生日的汇率折算的人民币金额与外币现金流量净额按期末汇率折算的人民币金额之间的差额。

（5）"现金净增加额"项目，反映单位本年现金变动的净额。本项目应当根据本表中"日常活动产生的现金流量净额""投资活动产生的现金流量净额""筹资活动产生的现金流量净额"和"汇率变动对现金的影响额"项目金额的合计数填列；如为负数，以"-"号填列。

本章小结

本章讲述了行政事业单位年终清理结算、结账业务的核算方法，以及会计报表的内容和编制方法。年度终了，行政事业单位应根据财政部门或上级主管部门年终决算的要求，将本期内所发生的各项经济业务全部登记入账，并进行对账工作，包括账证核对、账账核对、账实核对，在保证账证相符、账账相符和账实相符的基础上办理年度结账，编制决算报表。行政事业单位会计报表是反映行政事业单位财务状况和收支情况的书面文件，是财政部门和上级单位了解情况、掌握政策、指导单位预算执行工作的重要资料，也是编制下年度单位财务收支计划的基础。按照反映的经济内容，行政事业单位会计报表包括：资产负债表、收入费用表、现金流量表等。

关键术语中英文对照

结账	settle accounts
对账	balance account
财务分析	financial analysis
评价指标	evaluating indicator

习　　题

一、单项选择题

1. 行政事业单位的会计报表不包括（　　　）。

　　A. 资产负债表　　　B. 利润表　　　　C. 收入费用表　　　D. 现金流量表

2. 反映行政事业单位在某一特定日期财务状况的会计报表是（　　　）。

　　A. 收入费用表　　　B. 资产负债表　　C. 经费支出表　　　D. 净资产变动表

3. 事业单位会计报表按其内容分为（　　　）。

　　A. 资产负债表　　　B. 收入费用表　　C. 利润表

　　D. 费用明细表　　　E. 现金流量表

4. 下列报表中，属于事业单位编制的会计报表的是（　　　）。

　　A. 资产负债表　　　B. 收入明细表　　C. 利润表　　　　　D. 收入费用表

5. 下列报表中，属于行政事业单位编制的会计报表的是（　　　）。

　　A. 固定资产明细表　　　　　　　　　B. 收入明细表

　　C. 利润表　　　　　　　　　　　　　D. 资产负债表

二、多项选择题

1. 事业单位的报表主要有（　　　）。

  A. 资产负债表 B. 现金流量表   C. 收入费用表 D. 净资产变动表

2. 行政事业单位按会计报表的编报层次不同，分为（　　　）。

  A. 本级报表   B. 汇总报表   C. 集团报表   D. 合并报表

3. 行政事业单位会计报表应当根据登记完整、核对无误的账簿记录和其他有关资料编制，做到（　　　）。

  A. 数字真实   B. 内容完整   C. 报送及时   D. 纵向可比

4. 行政事业单位财务分析的方法主要有（　　　）。

  A. 比较分析法 B. 因素分析法 C. 平衡分析法 D. 结构分析法

三、业务题

1. 简述行政事业单位财务分析的意义与作用。

2. 简述行政事业单位资产负债表与企业资产负债表的异同。

第二篇

政府预算会计部分

政府预算会计是指以收付实现制为基础对政府会计主体预算执行过程中发生的全部收入和支出进行会计核算，主要反映和监督预算收支执行情况的会计。

第八章

政府预算会计概述

学习目标

了解政府预算会计的概念；

了解政府预算会计的特点；

了解政府预算会计的对象；

了解政府预算会计核算体系。

预算会计是以收付实现制为基础对政府预算执行过程中发生的全部收入和全部支出进行会计核算，主要反映和监督预算收支执行情况的会计。作为会计的重要组成部分，政府预算会计对政府预算的反映和监督发挥着重要的作用。本章概括介绍政府预算会计的基本理论，是以后各章的前提和基础。

第一节 | 政府预算会计的概念及特点

一、政府预算会计的定义

政府预算会计概述

预算会计是以收付实现制为基础对政府预算执行过程中发生的全部收入和全部支出进行会计核算，主要反映和监督预算收支执行情况的会计。

二、政府预算会计的适用范围

在我国，适用于政府预算会计的单位不仅包括行政单位，还包括一些经费主要来源于财政拨款的政党组织和事业单位等。《政府会计制度》规定："本制度适用于中华人民共和国各级各类国家机关、政党组织。"具体来说，包括以下单位或组织。

（1）国家权力机关，指国家权力行使机关，即各级人民代表大会及其常务委员会。

（2）各级行政机关，指国家权力的执行机关，即各级行政单位及其所属各行政部门。

（3）各级审判机关和检察机关，指行使审判职能和检察职能的机关，即各级人民法院和各级人民检察院。

（4）政党组织，指中国共产党、各民主党派及其共青团、妇联、工会等组织。

军队通过行政单位预算拨款解决经费问题，但因其人员不属于行政编制，不划为行政单位，

而作为独立的系统。

（5）国家规定的其他单位或组织。

三、政府预算会计的特点

预算会计是会计的重要组成部分，与财务会计相比，其特点主要体现在以下几个方面：

（1）政府预算会计核算是为预算管理服务的，必须符合预算管理的要求；

（2）政府预算会计的核算基础采用收付实现制，以实际收付为基础确认各项收入和支出；

（3）政府预算会计不以盈利为目的，不核算成本。

第二节 政府预算会计核算原则

根据财政部 2015 年颁布的《政府会计准则——基本准则》，规定了行政事业单位应当遵循客观性原则、相关性原则、可比性原则、及时性原则、明晰性原则、全面性原则和实质重于形式原则等 7 个一般原则。

一、客观性原则

客观性原则要求行政单位会计核算应当以行政单位实际发生的经济业务为依据，客观真实地记录、反映各项收支情况及结果。客观性是对会计核算工作和会计信息的基本质量要求。客观性原则要求行政单位会计核算的全过程都要真实可靠，不得有虚假的会计确认、计量和报告。

二、相关性原则

相关性原则要求行政单位提供的会计信息应当与行政单位受托责任履行情况的反映、会计信息使用者的管理、监督和决策需要相关，有助于会计信息使用者对行政单位过去、现在或者未来的情况做出评价或者预测。会计信息应当符合国家宏观经济管理的要求，满足预算管理和有关方面了解行政单位财务状况及收支结果的需要，有利于单位加强内部财务管理。

三、可比性原则

可比性原则要求不同行政单位发生的相同或者相似的经济业务或者事项，应当采用一致的会计政策，会计核算应当按照规定的会计处理方法进行，会计指标应当口径一致、相互可比，不得随意变更。确需变更的，应当将变更的内容、理由和对单位财务状况、预算执行情况的影响在附注中予以说明。不同单位的会计信息如能相互可比，就会大大增强信息的有用性。

可比性原则要求同一行政单位发生的相同或者相似的经济业务或者事项，应当采用统一的会计政策，确保会计信息口径一致、相互可比。会计处理方法应当前后各期一致，不得随意变更。如确有必要变更，应当将变更的情况、原因和对单位财务收支情况及结果的影响在会计报表中说明。

四、及时性原则

及时性原则要求行政单位对于已经发生的经济业务或者事项，应当及时进行会计核算，不得提前或者延后。及时性原则一方面要求会计事项及时处理，另一方面要求会计报告及时出具。

五、明晰性原则

明晰性原则要求行政单位的会计记录和会计报表应当清晰明了，便于会计信息使用者理解和运用。

六、全面性原则

全面性原则要求行政单位应当将发生的各项经济业务或者事项全部纳入会计核算，确保会计信息能够全面反映行政单位的财务状况和预算执行情况等，会计报表应当全面反映行政单位的财务收支情况及其结果。

七、实质重于形式原则

实质重于形式原则要求政府应当按照经济业务或者事项的经济实质进行会计核算，不应仅以经济业务或者事项的法律形式为依据。

第三节 政府预算会计要素和会计科目

一、会计要素

会计要素，是指按照交易或事项的经济特征所做出的基本分类，也是指对会计对象按经济性质所做出的基本分类，是会计核算和监督的具体对象和内容，是构成会计对象具体内容的主要因素。政府预算会计要素分为三类，即预算收入、预算支出和预算结转结余。

（一）预算收入

预算收入是指政府在预算年度内依法取得并纳入预算管理的现金流入。预算收入一般在实际收到时予以确认，以实际收到的金额计量。

（二）预算支出

预算支出是指政府在预算年度内依法发生并纳入预算管理的现金流出。预算支出一般在实际支付时予以确认，以实际支付的金额计量。

（三）预算结转结余

预算结转结余是指政府预算年度内预算收入扣除预算支出后的余额，以及历年滚存的余额。预算结转结余包括预算结转和预算结余。

预算结转是指预算安排的项目支出年终尚未执行完毕，或者因故未执行且下一年需要按原用途继续使用的资金。

预算结余是指年度预算执行终了，预算收入实际完成数扣除预算支出和结转资金后剩余的资金，以及项目执行完毕或者项目不再执行剩余的资金。

二、会计科目

政府预算会计科目是按照经济业务的内容和经济管理的要求，对会计要素的具体内容进行分类核算的科目。行政单位应当使用按照规定统一设置的会计科目，不得随意增减会计科目或更改会计科目名称。有明细科目的，要根据要求设置。

政府预算会计科目如表 8-1 所示。

表 8-1 　　　　　　　　　　　政府预算会计科目（2018）

编号	科目名称	编号	科目名称
一、预算收入类		三、预算结转结余类	
6001	财政拨款预算收入	8001	资金结存
6101	事业预算收入	8101	财政拨款结转
6201	上级补助预算收入	8102	财政拨款结余
6301	附属单位上缴预算收入	8201	非财政拨款结转
6401	经营预算收入	8202	非财政拨款结余
6501	债务预算收入	8301	专用结余
6601	非同级财政拨款预算收入	8401	经营结余
6602	投资预算收益	8501	其他结余
6609	其他预算收入	8701	非财政拨款结余分配
二、预算支出类			
7101	行政支出		
7201	事业支出		
7301	经营支出		
7401	上缴上级支出		
7501	对附属单位补助支出		
7601	投资支出		
7701	债务还本支出		
7901	其他支出		

本章小结

本章全面阐述了政府预算会计的含义和特点，以及政府预算会计要素和会计核算原则。政府预算会计要素主要包括预算收入、预算支出和预算结余结转三要素，其会计恒等式为结余（结转）＝预算收入–预算支出。政府预算会计核算的原则主要包括客观性、相关性、可比性、及时性等七个原则，政府预算会计目标主要向政府、投资者、社会公众等提供有用的会计信息。

关键术语中英文对照

政府预算会计	government buget accounting
专款专用	special fund for a special purpose
收付实现制	receipt & payment system

习　　题

一、判断题

1. 政府预算会计适用于国家行政机关，但不适用于国家权力机关、国家审判机关和检察机关。（　　）

2. 行政单位各组织的共同特点是，这些组织都属于非物质生产部门，其本身并不能在市场上通过交换获得足够的资金来源，财政对其拨付或分配预算资金是其主要资金来源。（　　）

3. 行政单位中的主管会计单位是指向同级财政部门申报经费，并发生预算管理关系，有下级会计单位的行政单位。（　　）

4. 行政单位中的二级会计单位也可以直接向财政部门申报财政预算经费。（　　）

5. 行政单位中的主管会计单位的主要任务之一是编制本单位的预算草案，审核所属各单位预算草案，在此基础上编制本单位和所属各单位汇总的部门预算草案，并按规定及时报送同级财政部门审核。（　　）

6. 行政单位中的基层会计单位视情况可能向上级会计单位申报经费并发生预算管理关系，也可能直接向同级财政部门申报经费并发生预算管理关系。（　　）

二、单项选择题

1. 政府预算会计不适用于（　　）。

　　A. 行政机关　　　　B. 国家权力机关　　C. 国家审判机关　　D. 国有企业

2. 政府预算会计的平衡等式是（　　）。

　　A. 资产＝负债+所有者权益　　　　　　B. 资产＝对资产的要求权

　　C. 预算收入–预算支出＝预算结余结转　　D. 资产＝负债+净资产

3. 在行政单位中，主管会计单位与二级会计单位的关系是（　　　）。

    A. 主管会计单位审核二级会计单位的预算草案，但主管会计单位和二级会计单位分别向财政部门报送各自的预算草案

    B. 根据财政部门转批的部门预算，主管会计单位严格监督二级会计单位执行经批准的部门预算

    C. 主管会计单位和二级会计单位各自编制部门决算草案，并分别报送财政部门审核

    D. 主管会计单位不负责监督二级会计单位执行经批准的部门预算

4. 政府预算会计的一般原则包括（　　　）。

    A. 专款专用原则   B. 实际成本原则   C. 可比性原则   D. 权责发生制原则

5. 实行独立核算的政府预算会计不包括（　　　）。

    A. 主管会计单位   B. 二级会计单位   C. 报账单位   D. 基层会计单位

6. 政府预算会计的一般原则不包括（　　　）。

    A. 权责发生制原则   B. 相关性原则

    C. 全面性原则   D. 可比性原则

三、思考题

1. 政府预算会计与企业会计相比具有哪些特点？

2. 简述政府预算会计的适应范围。

第九章

政府预算收入

学习目标

了解预算收入的概念及分类；

理解并掌握政府预算收入的会计处理方法。

第一节 政府预算收入概述

一、政府预算收入的概念和分类

政府预算收入是指行政事业单位为开展业务活动，依法取得的非偿还性资金。政府预算收入从不同的标准进行划分，可以有很多分类。

（一）按来源分类

政府预算收入按照来源不同，主要分为财政拨款预算收入、事业预算收入、上级补助预算收入、附属单位上缴预算收入、经营预算收入、债务预算收入、非同级财政拨款预算收入、投资预算收益、其他预算收入等。

（1）财政拨款预算收入，是指行政事业单位从同级政府财政部门取得的各类财政拨款。

（2）事业预算收入，是指事业单位开展专业业务活动及其辅助活动取得的现金流入。

（3）上级补助预算收入，是指事业单位从主管部门和上级单位取得的非财政补助现金流入。

（4）附属单位上缴预算收入，是指事业单位取得的附属独立核算单位根据有关规定上缴的现金流入。

（5）经营预算收入，是指事业单位在专业业务活动及其辅助活动之外开展非独立核算经营活动取得的现金流入。

（6）债务预算收入，是指事业单位按照规定从银行和其他金融机构等借入的、纳入部门预算管理的、不以财政资金作为偿还来源的债务本金。

（7）非同级财政拨款预算收入，是指单位从非同级政府财政部门取得的财政拨款，包括本级横向转拨财政款和非本级财政拨款。

（8）投资预算收益，是指事业单位取得的按照规定纳入部门预算管理的属于投资收益性质的现金流入，包括股权投资收益、出售或收回债券投资所取得的收益和债券投资利息收入。

（9）其他预算收入，是指单位除财政拨款预算收入、事业预算收入、上级补助预算收入、附属单位上缴预算收入、经营预算收入、债务预算收入、非同级财政拨款预算收入、投资预算收益之外的纳入部门预算管理的现金流入，包括捐赠预算收入、利息预算收入、租金预算收入、现金盘盈收入等。

（二）按级次分类

政府预算收入按照级次不同，分为政府总预算收入和地方预算收入。政府总预算收入主要是指一般预算收入。一般预算收入是由国家通过一定的形式和程序，有计划地组织的并由国家支配，纳入预算集中管理的资金。

根据 2018 年《政府收支分类科目》，我国一般预算收入科目分设类、款、项、目 4 级。类级科目下分为税收收入、非税收入、贷款转贷回收本金收入、债务收入和转移性收入 5 类。一般预算收入类级科目下设置的款级科目及内容如下。

1. 税收收入（101）

税收收入包括 21 个款级科目，如增值税、消费税、个人所得税等。

2. 非税收入（103）

非税收入包括 8 个款级科目，如专项收入（10302）、行政事业性收费收入（10304）、罚没收入（10305）等。

3. 转移性收入（110）

转移性收入包括 8 个款级科目，如返还性收入（11001）、一般性转移支付收入（11002）、专项转移支付收入（11003）等。

二、预算收入的划分

在分税制财政体制下，预算收入分为固定收入和共享收入（也称分成收入）。固定收入指固定为各级财政的预算收入，由中央固定收入和地方固定收入构成；共享收入按各级财政的财力情况按比例或其他方法进行分配。

（一）预算收入在中央与地方间的划分

中央固定收入包括：关税及海关代征的消费税和增值税；海洋石油资源税；消费税；中央所得税；中央企业上缴利润；铁道部门、各银行总行、保险总公司等集中缴纳的营业税、所得税、利润和城市维护建设税；地方银行和外资银行及非银行金融企业所得税等。

地方固定收入包括：营业税（不含铁道部门、各银行总行及保险总公司集中缴纳的营业税）；地方企业所得税（不含地方银行和外资银行及非银行金融企业所得税）；地方企业上缴利润；个人所得税；城镇土地使用税；城市维护建设税（不含铁道部门、各银行总行、各保险总公司集中缴纳的部分）；房产税；车船税；印花税；耕地占用税；土地增值税；国有土地有偿使用收入等。

中央与地方共享税包括：增值税；证券交易税；海洋石油资源以外的资源税等。

（二）地方各级预算收入的划分

地方各级预算收入在中央财政与地方财政划分的基础上，由上一级财政制定本级与下级之间的财政管理体制，根据各地情况按规定的划分方法执行。

三、预算收入的缴库方式

实行国库集中收付制度后，财政收入的缴库方式包括直接缴库和集中汇缴两种。

（一）直接缴库

直接缴库是由缴款单位或缴款人按有关法律法规的规定，直接将应缴收入缴入国库单一账户或预算外资金财政专户。直接缴库的税收收入，由纳税人或税务代理人提出纳税申报，经征收机关审核无误后，由纳税人通过开户银行将税款缴入国库单一账户。

（二）集中汇缴

集中汇缴是由征收机关（有关法定单位）按有关法律法规的规定，将所收的应缴收入汇总缴入国库单一账户或预算外资金财政专户。小额零散税收和法律另有规定的应缴收入，由征收机关于收缴收入的当日汇总缴入国库单一账户。

缴纳入库的预算收入即为政府财政资金，除同级财政机关外，任何单位和个人均无权使用。对于特殊原因需要退库的预算收入，要加强监管、严格审核。

第二节　财政拨款预算收入

一、财政拨款预算收入的概念及主要核算科目

财政拨款预算收入是指行政事业单位从同级政府财政部门取得的各类财政拨款。

政府拨款预算收入

行政事业单位需设置"财政拨款预算收入"科目，以核算行政事业单位获得同级财政资金收入的情况。

本科目属于收入类科目，贷方登记增加数，借方登记转销数，平时本科目贷方余额，反映财政拨款预算收入累计数。年终结账后该科目无余额。

本科目应当设置"基本支出"和"项目支出"两个明细科目，并按照《政府收支分类科目》中"支出功能分类科目"的项级科目进行明细核算；同时在"基本支出"明细科目下按照"人员经费"和"日常公用经费"进行明细核算，在"项目支出"明细科目下按照具体项目进行明细核算。

有一般公共预算财政拨款、政府性基金预算财政拨款等两种或两种以上财政拨款的单位，还应当按照财政拨款的种类进行明细核算。

二、财政拨款预算收入的账务处理

（1）财政直接支付方式下，单位根据收到的"财政直接支付入账通知书"及相关原始凭证，按照通知书中的直接支付金额，借记"行政支出""事业支出"等科目，贷记本科目。

年末，根据本年度财政直接支付预算指标数与当年财政直接支付实际支出数的差额，借记"资金结存——财政应返还额度"科目，贷记本科目。

（2）财政授权支付方式下，单位根据收到的"财政授权支付额度到账通知书"，按照通知书中的授权支付额度，借记"资金结存——零余额账户用款额度"科目，贷记本科目。

年末，单位本年度财政授权支付预算指标数大于零余额账户用款额度下达数，按照两者差额，借记"资金结存——财政应返还额度"科目，贷记本科目。

（3）其他方式下，单位本期收到财政拨款预算收入时，按照实际收到的金额，借记"资金结存——货币资金"科目，贷记本科目。单位收到下期预算的财政预拨款，应当在下个预算期，按照预收的金额，借记"资金结存——货币资金"科目，贷记本科目。

（4）因差错更正、购货退回等发生国库直接支付款项退回的，属于本年度支付的款项，按照退回金额，借记本科目，贷记"行政支出""事业支出"等科目。

（5）年末，将本科目本年发生额转入财政拨款结转，借记本科目，贷记"财政拨款结转——本年收支结转"科目。

✎【例9-1】某市属事业单位第一初级中学已经纳入财政国库集中支付制度改革。2019年1月该事业单位发生如下业务。

（1）2019年1月18日收到财政部门委托代理银行转来财政直接支付入账通知书，财政部门为行政事业单位支付了为开展日常业务活动所发生的事业活动经费，具体为："基本支出——日常公用经费"16 000元。

编制预算会计分录如下。

借：事业支出   16 000

    贷：财政拨款预算收入——基本支出——日常公用经费   16 000

编制财务会计分录如下。

借：业务活动费用   16 000

    贷：财政拨款收入——基本支出——日常公用经费   16 000

（2）2019年1月20日收到财政部门委托代理银行转来财政直接支付入账通知书，财政部门为行政事业单位支付了为开展某项专业业务活动所发生的事业经费，具体为："项目支出——教学设备采购"37 000元。

编制预算会计分录如下。

借：固定资产   37 000

    贷：财政拨款预算收入——项目支出——教学设备采购   37 000

编制财务会计分录如下。

借：固定资产   37 000

    贷：财政拨款收入——项目支出——教学设备采购   37 000

✎【例9-2】某市属事业单位已经纳入财政国库单一账户制度改革。2019年2月该事业单位发生如下业务。

（1）2月1日收到代理银行转来的财政授权支付额度到账通知书，收到财政授权支付额度，具体为："基本支出——日常公用经费" 685 000元。

编制预算会计分录如下。

借：资金结存——零余额账户用款额度　　　　　　　　　　　　　685 000

　　贷：财政拨款预算收入——基本支出——日常公用经费　　　　　　　685 000

编制财务会计分录如下。

借：零余额账户用款额度　　　　　　　　　　　　　　　　　　685 000

　　贷：财政拨款收入——基本支出——日常公用经费　　　　　　　　685 000

（2）2月10日收到代理银行转来的财政授权支付额度到账通知书，收到财政授权支付额度，具体为"项目支出——教学设备采购" 364 000元。

编制预算会计分录如下。

借：资金结存——零余额账户用款额度　　　　　　　　　　　　　364 000

　　贷：财政拨款预算收入——项目支出——教学设备采购　　　　　　364 000

编制财务会计分录如下。

借：零余额账户用款额度　　　　　　　　　　　　　　　　　　364 000

　　贷：财政拨款收入——项目支出——教学设备采购　　　　　　　　364 000

【例9-3】 某市文化局所属歌剧院尚未纳入财政国库单一账户制度改革。该事业单位发生如下业务。

（1）收到开户银行转来的收款通知，收到财政部门拨入一笔日常事业活动预算经费，具体为："基本支出——日常公用经费" 30 000元。

编制预算会计分录如下。

借：资金结存——货币资金　　　　　　　　　　　　　　　　　30 000

　　贷：财政拨款预算收入——基本支出——日常公用经费　　　　　　30 000

编制财务会计分录如下。

借：零余额账户用款额度　　　　　　　　　　　　　　　　　　30 000

　　贷：财政拨款收入——基本支出——日常公用经费　　　　　　　　30 000

（2）收到开户银行转来的收款通知，收到财政部门拨入一笔专项事业活动预算经费，具体为："项目支出——社会科技研究" 300 000元。

编制预算会计分录如下。

借：资金结存——货币资金　　　　　　　　　　　　　　　　　300 000

　　贷：财政拨款预算收入——项目支出——社会科学研究　　　　　　300 000

编制财务会计分录如下。

借：零余额账户用款额度　　　　　　　　　　　　　　　　　　300 000

　　贷：财政拨款收入——项目支出——社会科学研究　　　　　　　　300 000

（3）年末，将本科目本年发生额转入财政拨款结转。

编制预算会计分录如下。

借：财政拨款预算收入　　　　　　　　　　　　　　　　　　　330 000

　　贷：财政拨款结转——本年收支结转　　　　　　　　　　　　　330 000

编制财务会计分录如下。

借：财政拨款收入 330 000

　贷：本期盈余 330 000

第三节 | 事业预算收入

一、事业预算收入的概念及主要核算科目

事业预算收入是指事业单位开展专业业务活动及其辅助活动取得的现金流入。事业单位因开展科研及其辅助活动从非同级政府财政部门取得的经费拨款，也通过本科目核算。

事业单位需设置"事业预算收入"科目，以核算事业单位获得开展专业业务活动及其辅助活动取得的现金流入的情况。

本科目属于收入类科目，贷方登记增加数，借方登记转销数，平时本科目贷方余额，反映事业预算收入累计数。年终结账后该科目无余额。

本科目应当按照事业预算收入类别、项目、来源、《政府收支分类科目》中"支出功能分类科目"项级科目等进行明细核算。对于因开展科研及其辅助活动从非同级政府财政部门取得的经费拨款，应当在本科目下单设"非同级财政拨款"明细科目进行明细核算。

事业预算收入中如有专项资金收入，还应按照具体项目进行明细核算。

二、事业预算收入的账务处理

（1）采用财政专户返还方式管理的事业预算收入，收到从财政专户返还的事业预算收入时，按照实际收到的返还金额，借记"资金结存——货币资金"科目，贷记本科目。

（2）收到其他事业预算收入时，按照实际收到的款项金额，借记"资金结存——货币资金"科目，贷记本科目。

（3）年末，将本科目本年发生额中的专项资金收入转入非财政拨款结转，借记本科目下各专项资金收入明细科目，贷记"非财政拨款结转——本年收支结转"科目。

将本科目本年发生额中的非专项资金收入转入其他结余，借记本科目下各非专项资金收入明细科目，贷记"其他结余"科目。

【例9-4】某事业单位代行政职能收取费用并实行财政专户返还方式管理办法，按收入总额的50%返还给该单位。2019年9月发生如下业务。

收到从财政专户返还的事业收入90 000元。编制会计分录如下。

借：资金结存——货币资金 90 000

　贷：事业预算收入 90 000

【例9-5】事业单位市人民医院2019年5月发生如下业务：

（1）开展医疗业务活动中取得一笔上级主管部门拨付的补助，具体为"上级补助收入——医

疗收入"50 000元，款项存入银行。

编制预算会计分录如下。

借：资金结存——货币资金 50 000

　　贷：上级补助预算收入——医疗收入 50 000

编制财务会计分录如下。

借：银行存款 50 000

　　贷：上级补助收入——医疗收入 50 000

（2）收到从财政部门下拨的专项事业收入50 000元。编制会计分录如下。

编制预算会计分录如下。

借：资金结存——货币资金 50 000

　　贷：事业预算收入——专项资金 50 000

编制财务会计分录如下。

借：零余额账户用款额度 50 000

　　贷：事业收入——专项资金 50 000

（3）年末，将本科目本年发生额进行结转

编制预算会计分录如下。

借：事业预算收入——专项资金 50 000

　　贷：非财政拨款结转——本年收支结转 50 000

借：事业预算收入——非专项资金 50 000

　　贷：事业结余——本年收支结转 50 000

编制财务会计分录如下。

借：事业收入 50 000

　　贷：本期盈余 50 000

借：上级补助收入 50 000

　　贷：本期盈余 50 000

第四节 上级补助预算收入与附属单位上缴预算收入

一、上级补助预算收入

（一）上级补助预算收入的概念及主要核算内容

上级补助预算收入是指事业单位从主管部门和上级单位取得的非财政补助现金流入。

事业单位需设置"上级补助预算收入"科目，以核算事业单位从主管部门和上级单位取得的非财政补助现金流入的情况。

本科目属于收入类科目，贷方登记增加数，借方登记转销数，平时本科目贷方余额，反映事业单位上级补助预算收入累计数。年终结账后该科目无余额。

本科目应当按照发放补助单位、补助项目、《政府收支分类科目》中"支出功能分类科目"的项级科目等进行明细核算。上级补助预算收入中如有专项资金收入，还应按照具体项目进行明细核算。

（二）上级补助预算收入的账务处理

（1）收到上级补助预算收入时，按照实际收到的金额，借记"资金结存——货币资金"科目，贷记本科目。

（2）年末，将本科目本年发生额中的专项资金收入转入非财政拨款结转，借记本科目下各专项资金收入明细科目，贷记"非财政拨款结转——本年收支结转"科目；将本科目本年发生额中的非专项资金收入转入其他结余，借记本科目下各非专项资金收入明细科目，贷记"其他结余"科目。

【例9-6】事业单位某市属高校附属中学2019年7月发生如下业务。

（1）接到银行通知，收到上级单位某高校拨来的一笔非财政性的补助款项，具体科目和金额："基本支出——人员经费"30 000元。

编制预算会计分录如下。

借：资金结存——货币资金　　　　　　　　　　　　　　　　　30 000
　　贷：上级补助预算收入——基本支出——人员经费　　　　　　　30 000

编制财务会计分录如下。

借：零余额账户用款额度　　　　　　　　　　　　　　　　　　30 000
　　贷：上级补助收入——基本支出——人员经费　　　　　　　　　30 000

（2）接到银行通知，收到上级单位拨来的一笔非财政性的补助款项，具体科目和金额："基本支出——日常公用经费"50 000元。

编制预算会计分录如下。

借：资金结存——货币资金　　　　　　　　　　　　　　　　　50 000
　　贷：上级补助预算收入——基本支出——日常公用经费　　　　　50 000

编制财务会计分录如下。

借：零余额账户用款额度　　　　　　　　　　　　　　　　　　50 000
　　贷：上级补助收入——基本支出——日常公用经费　　　　　　　50 000

（3）接到银行通知，收到上级单位拨来的一笔非财政性的补助款项，具体科目和金额："项目支出——教学设备购买"68 000元。

编制预算会计分录如下。

借：资金结存——货币资金　　　　　　　　　　　　　　　　　68 000
　　贷：上级补助预算收入——项目支出——教学设备购买　　　　　68 000

编制财务会计分录如下。

借：零余额账户用款额度　　　　　　　　　　　　　　　　　　68 000
　　贷：上级补助收入——项目支出——教学设备购买　　　　　　　68 000

（4）年终，该行政事业单位将"上级补助预算收入"科目的专项资金贷方余额68 000元全数转入"非财政拨款结转"科目。

编制预算会计分录如下。

借：上级补助预算收入——项目支出——教学设备购买　　　68 000

贷：非财政拨款结转　　　　　　　　　　　　　　　　　　　　68 000

编制财务会计分录如下。

借：上级补助收入——项目支出——教学设备购买　　　　　68 000

贷：本期盈余　　　　　　　　　　　　　　　　　　　　　　　68 000

（5）年终，该行政事业单位将"上级补助预算收入"科目下的非专项资金收入贷方余额80 000元全数转入"其他结余"科目。

编制预算会计分录如下。

借：上级预算补助收入——基本支出——人员经费　　　　　30 000

　　　　　　　　　——基本支出——日常公用经费　　　　　50 000

贷：其他结余　　　　　　　　　　　　　　　　　　　　　　　80 000

编制财务会计分录如下。

借：上级补助收入——基本支出——人员经费　　　　　　　30 000

　　　　　　　——基本支出——日常公用经费　　　　　　　50 000

贷：本期盈余　　　　　　　　　　　　　　　　　　　　　　　80 000

二、附属单位上缴预算收入

（一）附属单位上缴预算收入的概念及主要核算内容

附属单位上缴预算收入核算事业单位取得附属独立核算单位根据有关规定上缴的现金流入。

事业单位需设置"附属单位上缴预算收入"科目，以核算事业单位取得附属独立核算单位根据有关规定上缴的现金流入的情况。

本科目属于收入类科目。贷方登记增加数，借方登记转销数，平时本科目贷方余额，反映事业单位附属单位上缴预算收入累计数。年末结转后，本科目应无余额。

本科目应当按照附属单位、缴款项目、《政府收支分类科目》中"支出功能分类科目"的项级科目等进行明细核算。附属单位上缴预算收入中如有专项资金收入，还应按照具体项目进行明细核算。

（二）附属单位上缴预算收入的账务处理

（1）收到附属单位缴来款项时，按照实际收到的金额，借记"资金结存——货币资金"科目，贷记本科目。

（2）年末，将本科目本年发生额中的专项资金收入转入非财政拨款结转，借记本科目下各专项资金收入明细科目，贷记"非财政拨款结转——本年收支结转"科目；将本科目本年发生额中的非专项资金收入转入其他结余，借记本科目下各非专项资金收入明细科目，贷记"其他结余"科目。

【例9-7】某行政事业单位2019年发生如下业务。

（1）收到所属独立核算的甲单位缴来的利润，具体科目和金额："基本支出——人员经费"40 000元。

编制预算会计分录如下。

借：资金结存——货币资金 40 000

　　贷：附属单位上缴预算收入——甲单位——基本支出——人员经费 40 000

编制财务会计分录如下。

借：零余额账户用款额度 40 000

　　贷：附属单位上缴收入——甲单位——基本支出——人员经费 40 000

（2）收到所属独立核算的乙单位缴来的利润，具体科目和金额："项目支出——设备购置"20 000元。

编制预算会计分录如下。

借：资金结存——货币资金 20 000

　　贷：附属单位上缴预算收入——乙单位——项目支出——设备购置 20 000

编制财务会计分录如下。

借：零余额账户用款额度 20 000

　　贷：附属单位上缴收入——乙单位——项目支出——设备购置 20 000

（3）年终，该行政事业单位"附属单位上缴预算收入"账户贷方余额为60 000元，其中非专项资金收入40 000，专项资金收入20 000元。

编制预算会计分录如下。

借：附属单位上缴预算收入——甲单位——基本支出——人员经费 40 000

　　贷：其他结余 40 000

借：附属单位上缴预算收入——乙单位——项目支出——设备购置 20 000

　　贷：非财政拨款结转——本年收支结转 20 000

编制财务会计分录如下。

借：附属单位上缴收入——甲单位——基本支出——人员经费 40 000

　　贷：本期盈余 40 000

借：附属单位上缴收入——乙单位——项目支出——设备购置 20 000

　　贷：本期盈余 20 000

第五节 | 经营预算收入

一、经营预算收入的概念及主要核算内容

经营预算收入核算事业单位在专业业务活动及其辅助活动之外开展非独立核算经营活动取得的现金流入。

事业单位需设置"经营预算收入"科目，以核算事业单位在专业业务活动及其辅助活动之外开展非独立核算经营活动取得的现金流入的情况。

本科目属于收入类科目，贷方登记增加数，借方登记转销数，平时本科目贷方余额，反映事业单位经营预算收入累计数。年末结转后，本科目应无余额。

本科目应当按照经营活动类别、项目、《政府收支分类科目》中"支出功能分类科目"的项级科目等进行明细核算。

二、经营预算收入的账务处理

（1）收到经营预算收入时，按照实际收到的金额，借记"资金结存——货币资金"科目，贷记本科目。

（2）年末，将本科目本年发生额转入经营结余，借记本科目，贷记"经营结余"科目。

【例9-8】某市属事业单位系小规模纳税人（税率为3%），在专业活动及其辅助活动之外发生下列经济业务。

（1）非独立核算的招待所交来住宿、餐饭等收入共4 000元，款项以现金结算。

编制预算会计分录如下。

借：资金结存——货币资金　　　　　　　　　　　　　　　4 000
　　贷：经营预算收入——内部招待所住宿收入　　　　　　　　　3 880
　　　　应交增值税　　　　　　　　　　　　　　　　　　　　　120

编制财务会计分录如下。

借：零余额账户用款额度　　　　　　　　　　　　　　　　4 000
　　贷：经营收入——内部招待所住宿收入　　　　　　　　　　　3 880
　　　　应交增值税　　　　　　　　　　　　　　　　　　　　　120

（2）非独立核算的车队向外提供运输劳务，获得收入2 000元，已存入银行。

编制预算会计分录如下。

借：资金结存——货币资金　　　　　　　　　　　　　　　2 000
　　贷：经营预算收入——车队运输收入　　　　　　　　　　　　1 940
　　　　应交增值税　　　　　　　　　　　　　　　　　　　　　60

编制财务会计分录如下。

借：零余额账户用款额度　　　　　　　　　　　　　　　　2 000
　　贷：经营收入——车队运输收入　　　　　　　　　　　　　　1 940
　　　　应交增值税　　　　　　　　　　　　　　　　　　　　　60

（3）开展非独立核算的经营活动对外销售某产品100件，每件售价30.9元（含税），计3 090元，单位成本20元，购货单位以支票付款。

编制预算会计分录如下。

借：资金结存——货币资金　　　　　　　　　　　　　　　3 090
　　贷：经营预算收入——销售收入　　　　　　　　　　　　　　3 000
　　　　应交增值税　　　　　　　　　　　　　　　　　　　　　90

编制财务会计分录如下。

借：零余额账户用款额度 3 090

贷：经营收入——销售收入 3 000

应交增值税 90

（4）非独立核算的汽车修理厂对外提供服务，获取收入2 060元（含税），收进支票。

编制预算会计分录如下。

借：资金结存——货币资金 2 060

贷：经营预算收入——汽车厂修理收入 2 000

应交增值税 60

编制财务会计分录如下。

借：零余额账户用款额度 2 060

贷：经营收入——汽车厂修理收入 2 000

应交增值税 60

（5）年终，该单位将"经营收入"科目的贷方余额9 200元转入"经营结余"科目。

编制预算会计分录如下。

借：经营预算收入 9 200

贷：经营结余 9 200

编制财务会计分录如下。

借：经营收入 9 200

贷：本期盈余 9 200

第六节 | 债务预算收入与非同级财政拨款预算收入

一、债务预算收入

（一）债务预算收入的概念及主要核算内容

债务预算收入核算事业单位按照规定从银行和其他金融机构等借入的、纳入部门预算管理的、不以财政资金作为偿还来源的债务本金。

事业单位需设置"债务预算收入"科目，以核算事业单位按照规定从银行和其他金融机构等借入的、纳入部门预算管理的、不以财政资金作为偿还来源的债务本金的情况。

本科目属于收入类科目，贷方登记增加数，借方登记转销数，平时本科目贷方余额，反映事业单位债务预算收入累计数。年末结转后，本科目应无余额。

本科目应当按照贷款单位、贷款种类、《政府收支分类科目》中"支出功能分类科目"的项级科目等进行明细核算。债务预算收入中如有专项资金收入，还应按照具体项目进行明细核算。

（二）债务预算收入的账务处理

（1）借入各项短期或长期借款时，按照实际借入的金额，借记"资金结存——货币资金"科目，贷记本科目。

（2）年末，将本科目本年发生额中的专项资金收入转入非财政拨款结转，借记本科目下各专项资金收入明细科目，贷记"非财政拨款结转——本年收支结转"科目；将本科目本年发生额中的非专项资金收入转入其他结余，借记本科目下各非专项资金收入明细科目，贷记"其他结余"科目。

【例9-9】事业单位北京爱乐乐团是差额拨款事业单位。2019年12月共发生如下经济事项。

为了弥补事业经费的不足，2019年12月1日经上级领导单位批准，北京爱乐乐团与中国建设银行北京朝外分行签订借款合同。合同约定：借款金额1 000万元，期限2年，利率5%，到期一次性还本付息。该笔收入纳入该部门预算管理。合同签订的次日，银行将该笔款项打到该单位在建行的开户行。

2019年12月2日编制预算会计分录如下。

借：资金结存——货币资金   10 000 000

  贷：债务预算收入   10 000 000

编制财务会计分录如下。

借：零余额账户用款额度   10 000 000

  贷：其他收入   10 000 000

二、非同级财政拨款预算收入

（一）非同级财政拨款预算收入的概念及主要核算内容

非同级财政拨款预算收入核算单位从非同级政府财政部门取得的财政拨款，包括本级横向转拨财政款和非本级财政拨款。对于因开展科研及其辅助活动从非同级政府财政部门取得的经费拨款，应当通过"事业预算收入——非同级财政拨款"科目进行核算，不通过本科目核算。

事业单位需设置"非同级财政拨款预算收入"科目，以核算从非同级政府财政部门取得的财政拨款的情况。

本科目属于收入类科目，贷方登记增加数，借方登记转销数，平时本科目贷方余额，反映事业单位非同级财政拨款预算收入累计数。年末结转后，本科目应无余额。

本科目应当按照非同级财政拨款预算收入的类别、来源、《政府收支分类科目》中"支出功能分类科目"的项级科目等进行明细核算。非同级财政拨款预算收入中如有专项资金收入，还应按照具体项目进行明细核算。

（二）非同级财政拨款预算收入的账务处理

（1）取得非同级财政拨款预算收入时，按照实际收到的金额，借记"资金结存——货币资金"科目，贷记本科目。

（2）年末，将本科目本年发生额中的专项资金收入转入非财政拨款结转，借记本科目下各专项资金收入明细科目，贷记"非财政拨款结转——本年收支结转"科目；将本科目本年发生额中的非专项资金收入转入其他结余，借记本科目下各非专项资金收入明细科目，贷记"其他结余"科目。

【例9-10】某事业单位北京××大学2019年12月发生如下业务：

（1）12月1日收到市科技局下拨的横向转拨财政款100万元。

编制预算会计分录如下。

借：资金结存——货币资金   1 000 000

     贷：非同级财政预算拨款收入   1 000 000

编制财务会计分录如下。

借：零余额账户用款额度   1 000 000

     贷：非同级财政拨款收入   1 000 000

（2）12月31日将本科目本期发生额2300万元转入其他结余。

编制预算会计分录如下。

借：非同级财政拨款预算收入   23 000 000

     贷：其他结余   23 000 000

编制财务会计分录如下。

借：非同级财政拨款收入   23 000 000

     贷：本期盈余   23 000 000

第七节 投资预算收益与其他预算收入

一、投资预算收益

（一）投资预算收益的概念及主要核算内容

投资预算收益核算事业单位取得的按照规定纳入部门预算管理的属于投资收益性质的现金流入，包括股权投资收益、出售或收回债券投资所取得的收益和债券投资利息收入。

事业单位需设置"投资预算收益"科目，以核算事业单位取得的按照规定纳入部门预算管理的属于投资收益性质的现金流情况。

本科目属于收入类科目，贷方登记增加数，借方登记转销数，平时本科目贷方余额，反映事业单位投资预算收益累计数。年末结转后，本科目应无余额。

本科目应当按照《政府收支分类科目》中"支出功能分类科目"的项级科目等进行明细核算。

（二）投资预算收益的账务处理

（1）出售或到期收回本年度取得的短期、长期债券，按照实际取得的价款或实际收到的本息金额，借记"资金结存——货币资金"科目，按照取得债券时"投资支出"科目的发生额，贷记"投资支出"科目，按照其差额，贷记或借记本科目。出售或到期收回以前年度取得的短期、长期债券，按照实际取得的价款或实际收到的本息金额，借记"资金结存——货币资金"科目，按照取得债券时"投资支出"科目的发生额，贷记"其他结余"科目，按照其差额，贷记或借记本科目。出售、转让以货币资金取得的长期股权投资的，其账务处理参照出售或到期收回债券投资。

（2）持有的短期投资以及分期付息、一次还本的长期债券投资收到利息时，按照实际收到的金额，借记"资金结存——货币资金"科目，贷记本科目。

（3）持有长期股权投资取得被投资单位分派的现金股利或利润时，按照实际收到的金额，借记"资金结存——货币资金"科目，贷记本科目。

（4）出售、转让以非货币性资产取得的长期股权投资时，按照实际取得的价款扣减支付的相关费用和应缴财政款后的余额（按照规定纳入单位预算管理的），借记"资金结存——货币资金"科目，贷记本科目。

（5）年末，将本科目本年发生额转入其他结余，借记或贷记本科目，贷记或借记"其他结余"科目。

【例9-11】某事业单位2019年10月发生如下业务。

（1）研究决定对某单位乙进行股权投资，初始投资金额2 000万元，采用成本法核算。2018年1月31日被投资单位宣告分派现金股利20万元。

编制财务会计分录如下。

借：长期股权投资   20 000 000

  贷：银行存款   20 000 000

借：应收股利   200 000

  贷：投资收益   200 000

编制预算会计分录如下。

借：资金结存——货币资金   200 000

  贷：投资预算收益   200 000

（2）收到上年度对投资单位甲的分期付息、一次还本的长期债券投资收益24 000元，本金50万元。

编制财务会计分录如下。

借：银行存款   524 000

  贷：应收利息   24 000

    长期债券投资   500 000

编制预算会计分录如下。

借：资金结存——货币资金   524 000

  贷：投资预算收益   524 000

（3）研究决定出售对某单位乙进行股权投资，价值2 020万元。

编制财务会计分录如下。

借：银行存款   20 200 000

  贷：长期股权投资   20 200 000

编制预算会计分录如下。

借：资金结存——货币资金   20 200 000

  贷：投资预算收益   200 000

    应缴财政款   20 000 000

二、其他预算收入

（一）其他预算收入的概念及主要核算科目

其他预算收入核算单位除财政拨款预算收入、事业预算收入、上级补助预算收入、附属单位上缴预算收入、经营预算收入、债务预算收入、非同级财政拨款预算收入、投资预算收益之外的纳入部门预算管理的现金流入，包括捐赠预算收入、利息预算收入、租金预算收入、现金盘盈收入等。

事业单位需设置"其他预算收入"科目，以核算事业单位取得的预算收入、利息预算收入、租金预算收入、现金盘盈收入等现金流情况。

本科目属于收入类科目，贷方登记增加数，借方登记转销数，平时本科目贷方余额，反映事业单位其他预算收入累计数。年末结转后，本科目应无余额。

本科目应当按照其他收入类别、《政府收支分类科目》中"支出功能分类科目"的项级科目等进行明细核算。其他预算收入中如有专项资金收入，还应按照具体项目进行明细核算。

单位发生的捐赠预算收入、利息预算收入、租金预算收入金额较大或业务较多的，可单独设置"6603 捐赠预算收入""6604 利息预算收入""6605 租金预算收入"等科目。

（二）其他预算收入的账务处理

（1）接受捐赠现金资产、收到银行存款利息、收到资产承租人支付的租金时，按照实际收到的金额，借记"资金结存——货币资金"科目，贷记本科目。

（2）每日现金账款核对中如发现现金溢余，按照溢余的现金金额，借记"资金结存——货币资金"科目，贷记本科目。经核实，属于应支付给有关个人和单位的部分，按照实际支付的金额，借记本科目，贷记"资金结存——货币资金"科目。

（3）收到其他预算收入时，按照收到的金额，借记"资金结存——货币资金"科目，贷记本科目。

（4）年末，将本科目本年发生额中的专项资金收入转入非财政拨款结转，借记本科目下各专项资金收入明细科目，贷记"非财政拨款结转——本年收支结转"科目；将本科目本年发生额中的非专项资金收入转入其他结余，借记本科目下各非专项资金收入明细科目，贷记"其他结余"科目。

【例9-12】某事业单位2019年6月发生下列经济业务。

（1）收回已作为坏账处理的乙单位的应收账款13 000元。

编制财务会计分录如下。

借：银行存款 13 000
　　贷：其他收入——收回已核销坏账收入 13 000

编制预算会计分录如下。

借：资金结存——货币资金 13 000
　　贷：其他预算收入 13 000

（2）年终资产负债清查中发现无法偿付丙单位的应付账款3 000元。

编制财务会计分录如下。

借：应付账款——丙单位 3 000
　　贷：其他收入——无法支付偿还款收入 3 000

编制预算会计分录如下。

借：资金结存——货币资金 3 000
　　贷：其他预算收入 3 000

（3）年底现金账款核对中发现现金溢余2 000元，无法查明原因。经批准，作为其他收入。

审批前，编制财务会计分录如下。

借：库存现金 2 000
　　贷：待处理财产损溢 2 000

审批后，编制财务会计分录如下。

借：待处理财产损溢 2 000
　　贷：其他收入 2 000

编制预算会计分录如下。

借：资金结存——货币资金 2 000
　　贷：其他预算收入 2 000

（4）年终，假定"其他收入"科目贷方发生额275 000元，其中属于专项资金的为155 000元，其余为非专项资金。

编制财务会计分录如下。

借：其他收入 275 000
　　贷：本期盈余 275 000

编制预算会计分录如下。

借：其他预算收入——专项资金 155 000
　　　　　　　　　——非专项资金 120 000
　　贷：非财政拨款结转——本年收支结转 155 000
　　　　其他结余 120 000

本章小结

政府预算收入是指行政事业单位为开展业务活动，依法取得的非偿还性资金。政府预算收入主要包括财政拨款预算收入、事业预算收入、上级补助预算收入、附属单位上缴预算收入、经营预算收入、债务预算收入、非同级财政拨款预算收入、投资预算收益、其他预算收入等。

财政拨款预算收入是指行政事业单位从同级政府财政部门取得的各类财政拨款。

事业预算收入是指事业单位开展专业业务活动及其辅助活动取得的现金流入。

上级补助预算收入是指事业单位从主管部门和上级单位取得的非财政补助现金流入。

附属单位上缴预算收入核算事业单位取得附属独立核算单位根据有关规定上缴的现金流入。

经营预算收入核算事业单位在专业业务活动及其辅助活动之外开展非独立核算经营活动取得的现金流入。

债务预算收入核算事业单位按照规定从银行和其他金融机构等借入的、纳入部门预算管理的、不以财政资金作为偿还来源的债务本金。

非同级财政拨款预算收入核算单位从非同级政府财政部门取得的财政拨款，包括本级横向转拨财政款和非本级财政拨款。

投资预算收益核算事业单位取得的按照规定纳入部门预算管理的属于投资收益性质的现金流入，包括股权投资收益、出售或收回债券投资所取得的收益和债券投资利息收入。

其他预算收入核算单位除财政拨款预算收入、事业预算收入、上级补助预算收入、附属单位上缴预算收入、经营预算收入、债务预算收入、非同级财政拨款预算收入、投资预算收益之外的纳入部门预算管理的现金流入，包括捐赠预算收入、利息预算收入、租金预算收入、现金盘盈收入等。

关键术语中英文对照

财政拨款预算收入	the financial allocation budget income
事业预算收入	the undertakings budget income
上级补助预算收入	the superior subsidy budget income
经营预算收入	the operation budget income
投资预算收益	investment budget revenue
其他预算收入	the other budget income

习 题

一、判断题

1. 财政拨款预算收入是指行政单位从同级或上级财政部门取得的财政预算资金。（　　　）

2. 行政单位应当按部门预算规定的资金用途申请取得拨入经费，未经财政部门批准，不得擅自改变拨入经费的用途。（　　　）

3. 在财政授权支付方式下，行政单位在实际使用财政资金时确认拨入经费。（　　　）

4. 在财政实拨资金方式下，行政单位在收到开户银行转来的收款通知时，确认拨入经费。（　　　）

5. 在财政实拨资金方式下，财政总预算会计在确认一般预算支出时，政府预算会计同时已经实际使用了财政预算资金。（　　　）

6. 行政单位应当按规定的财政资金支付方式申请取得拨入经费。（　　　）

7. 行政单位应将财政拨款收入和其他收入同时纳入收入预算，实行统一管理、统筹安排使用。（　　　）

二、不定项选择题

1. 为了反映行政单位收到拨入专款的增减变动情况，应设置的会计科目是（　　　）。

    A. "专项收入"　　　　　　　　　B. "拨入专款"

    C. "财政拨款预算收入××专款"　　D. "拨入专项经费"

2. 下列各项，属于其他预算收入的有（　　　）。

    A. 废旧物资变价收入　　　　　　B. 捐赠收入

    C. 投资收益　　　　　　　　　　D. 有偿服务收入

3. 在财政直接支付方式下，行政单位在确认财政拨款预算收入的同时确认（　　　）。

    A. 银行存款增加　　　　　　　　B. 零余额账户用款额度增加

    C. 财政零余额账户存款增加　　　D. 经费支出

4. 不属于行政单位其他预算收入的是（　　　）。

    A. 从非同级财政部门、上级主管部门等取得的用于完成项目或专项任务的资金

    B. 库存现金溢余

    C. 银行存款的利息收入

    D. 行政单位从非同级财政部门、上级主管部门等取得指定转给其他单位，且未纳入本单位预算管理的资金

5. 行政单位在确认财政拨款预算收入时，可能涉及的科目有（　　　）。

    A. "经费支出"　　　　　　　　　B. "零余额账户用款额度"

    C. "财政零余额账户存款"　　　　D. "财政应返还额度"

6. 不属于行政单位财政拨款预算收入明细账户的是（　　　）。

    A. 基本支出拨款和项目支出拨款　B. 人员经费和日常公用经费

    C. 财政事务和税收事务　　　　　D. 公共财政预算拨款和政府性基金预算拨款

三、业务题

资料：某行政单位发生如下业务。

1. 收到财政部门拨来本月经费250 000元。

2. 通过银行交回财政部门多拨经费5 000元。

3. 收到财政部门从银行拨来的专项大型修缮费用150 000元。

4. 收到银行利息收入通知，本期利息收入1 500元。

5. 收到出租办公会议室租金800元，存入银行。

6. 国库券到期收回本息，本金30 000元，利息4 200元，存入银行存款户。

7. 某行政单位收到财政部门的拨入经费5 500 000元。

8. 某行政单位向其所属单位转拨财政拨入经费1 500 000元。

9. 某行政单位出租礼堂、提供咨询等服务取得各项其他收入5 000元。

10. 某行政单位结算本季度银行存款利息收入500元。

要求：根据上述业务编制会计分录。

学习目标

了解政府预算支出的概念及分类；

理解并掌握政府预算支出的会计处理方法。

第一节

政府预算支出概述

政府预算支出是指政府为开展业务活动所发生的各项资金耗费及损失。政府预算支出按照不同的标准，可以划分不同的类别。

中央国有资本经营
预算支出管理暂行
办法

一、政府预算支出的分类

政府预算按照支出的对象不同，一般划分为行政支出、事业支出、投资支出、债务还本支出、经营支出、其他支出、上缴上级支出、对附属单位补助支出等。

政府预算按照支出的级次不同，分为一般预算支出和其他预算支出。

一般预算支出是指政府为提供公共产品和服务、满足社会共同需要，对集中的预算收入有计划地分配和使用而进行的财政资金的支付。预算支出项目的具体划分和内容，按《国家预算支出科目》的规定执行。

根据 2018 年《政府收支分类科目》，一般预算支出科目的类、款级科目的设置情况如下。

（1）一般公共服务（201）。

一般公共服务科目反映政府提供一般公共服务的支出，包括 28 个款级科目。

（2）外交（202）。

外交科目反映我国政府外交事务支出，包括 8 个款级科目。

（3）国防（203）。

国防科目反映我国政府用于现役部队、国防动员、国防科研事业等方面的支出，包括 5 个款级科目。

（4）公共安全（204）。

公共安全科目反映我国各级政府用于社会公共安全方面的支出，包括 12 个款级科目。

（5）教育（205）。

教育科目反映政府教育事务支出，包括 10 个款级科目。

（6）科学技术（206）。

科学技术科目反映政府用于科学技术方面的支出，包括 10 个款级科目。

（7）文化体育与传媒（207）。

文化体育与传媒科目反映我国各级政府在文化、文物、体育、广播影视及新闻出版等方面的支出，包括 5 个款级科目。

（8）社会保障和就业（208）。

社会保障和就业科目反映各级政府用于社会保障和就业方面的支出，包括 20 个款级科目。

（9）医疗卫生（210）。

医疗卫生科目反映各级政府用于医疗卫生方面的支出，包括 13 个款级科目。

（10）环境保护（211）。

环境保护科目反映各级政府用于环境保护方面的支出，包括 15 个款级科目。

（11）城乡社区事务（212）。

城乡社区事务科目反映各级政府用于城乡社区事务方面的支出，包括 6 个款级科目。

（12）农林水事务（213）。

农林水事务科目反映各级政府用于农林水事务方面的支出，包括 10 个款级科目。

（13）交通运输（214）。

交通运输科目反映各级政府用于交通运输方面的支出，包括 7 个款级科目。

（14）资源勘探电力信息等事务（215）。

资源勘探电力信息等事务反映各级政府用于资源勘探电力信息等事务方面的支出，包括 8 个款级科目。

（15）商业服务业等事务（216）。

商业服务业等事务科目反映各级政府用于农林水事务方面的支出，包括 4 个款级科目。

（16）金融监管等事务支出（217）。

金融监管等事务支出科目反映各级政府用于金融监管等事务方面的支出，包括 5 个款级科目。

（17）援助其他地区支出（219）。

援助其他地区支出科目反映援助方政府安排并管理的对其他地区各类援助、捐赠等资金支出，包括 9 个款级科目。

（18）国土资源气象等事务（220）。

国土资源气象等事务科目反映各级政府用于国土资源气象等事务方面的支出，包括 6 个款级科目。

（19）住房保障支出（221）。

住房保障支出科目反映各级政府用于住房保障方面的支出，包括 3 个款级科目。

（20）粮油物资储备管理事务（222）。

粮油物资储备管理事务科目反映各级政府用于粮油物资储备管理事务方面的支出，包括 5 个款级科目。

（21）预备费（227）。

预备费科目反映各级政府预算安排的预备费。其目的是解决当年预算执行中的自然灾害救灾开支及其他难以预见的特殊开支。

（22）其他支出（229）。

其他支出科目反映各级政府在上述各类支出项目以外不能划分到具体功能科目中的支出项目，包括年初预留（22902）、其他支出（22999）2 个款级科目。

（23）转移性支出（230）。

转移性支出科目反映上下级政府间资金调拨以及同级政府不同性质资金之间的调拨支出，包括返还性支出（23001）、一般性转移支付（23002）、专项转移支付（23003）、地震灾后恢复重建补助支出（23007）、调出资金（23008）、年终结余（23009）、债券转贷支出（23011）、援助其他地区支出（23013）8 个款级科目。

二、政府预算支出支付方式

在国库单一账户制度下，一般预算支出的支付方式主要分为财政直接支付和财政授权支付两种。

（一）财政直接支付方式

财政直接支付是指由财政部门开具支付令，通过国库单一账户体系，直接将财政资金支付到供应商或收款人（用款单位）账户。实行财政直接支付的财政性资金包括工资支出、工程采购支出、物品、服务采购支出。

在财政直接支付方式下，预算单位按照批复的部门预算和资金使用计划，提出支付申请；一级预算单位汇总财政直接支付的申请，填写"财政直接支付汇总申请书"，并将申请书报财政部门国库支付执行机构。财政部门国库支付执行机构根据批复的部门预算和资金使用计划及相关要求，对一级预算单位提出的预算申请审核无误后，开具"财政直接支付汇总清算额度通知单"和"财政直接支付凭证"，通知单和支付凭证经财政部门国库管理机构加盖印章签发后，分别送中国人民银行和代理银行。代理银行根据"财政直接支付凭证"及时将资金直接支付给收款人或用款单位。代理银行依据财政部门国库支付执行机构的支付令，将当日实际支付的资金，按一级预算单位分预算科目汇总，附实际支付清单，与国库单一账户进行资金清算。

代理银行根据"财政直接支付凭证"办理支出后，开具"财政直接支付入账通知书"，发一级预算单位和基层单位。"财政直接支付入账通知书"作为一级预算单位和基层预算单位收到或付出款项的凭证。一级预算单位负责向二级或多级预算单位提供收到和付出款项的凭证。预算单位根据收到的支付凭证做好相应会计核算。

（二）财政授权支付方式

财政授权支付是国库集中支付的另一种方式，是指预算单位按照部门预算和用款计划确定资金用途，根据财政部门的授权，自行开具支付令送代理银行，通过国库单一账户体系中的单位零余额账户或特设专户，将财政性资金支付到收款人或用款单位账户。财政授权支付的支出范围是指除财政直接支付支出以外的全部支出，具体包括单件物品或单项服务购买额不足 10 万元的购买支出、年度财政投资不足 50 万元的工程采购支出、经财政部批准的其他支出。

在财政授权支付方式下，预算单位按照批复的部门预算和资金使用计划，申请授权支付的月度用款限额；财政授权支付的月度用款限额申请由一级预算单位汇总，报财政部门国库支付执行机构。财政部门根据批准的一级预算单位用款计划中月度授权支付额度，每月 25 日前以"财政授权支付汇总额度通知单""财政授权支付额度通知单"的形式分别通知中国人民银行、代理银行。

代理银行在收到财政部门下达的"财政授权支付额度通知单"时，向相关预算单位发出"财政授权支付额度到账通知书"。基层预算单位依据"财政授权支付额度到账通知书"所确定的额度支用资金；代理银行根据"财政授权支付额度通知单"受理预算单位财政授权支付业务，控制预算单位的支付金额，并与国库单一账户进行资金清算。

预算单位支用授权额度时，填制财政部门统一制定的"财政授权支付凭证"（或新版银行票据和结算凭证）送代理银行，代理银行根据"财政授权支付凭证"，通过零余额账户办理资金支付。

第二节 | 行政支出

一、行政支出的概念及主要核算内容

行政支出核算行政单位履行其职责实际发生的各项现金流出。

行政单位需设置"行政支出"科目，以核算行政单位履行其职责实际发生的各项现金流出情况。

行政支出

本科目属于支出类科目，借方登记增加数，贷方登记转销数，平时本科目借方余额，反映单位行政支出累计数。年末结转后，本科目应无余额。

本科目应当分别按照"财政拨款支出""非财政专项资金支出"和"其他资金支出"，"基本支出"和"项目支出"等进行明细核算，并按照《政府收支分类科目》中"支出功能分类科目"的项级科目进行明细核算；"基本支出"和"项目支出"明细科目下应当按照《政府收支分类科目》中"部门预算支出经济分类科目"的款级科目进行明细核算，同时在"项目支出"明细科目下按照具体项目进行明细核算。

有一般公共预算财政拨款、政府性基金预算财政拨款等两种或两种以上财政拨款的行政单位，还应当在"财政拨款支出"明细科目下按照财政拨款的种类进行明细核算。对于预付款项，可通过在本科目下设置"待处理"明细科目进行核算，待确认具体支出项目后再转入本科目下的相关明细科目。

年末结账前，应将本科目"待处理"明细科目余额全部转入本科目下相关明细科目。

二、行政支出的账务处理

（1）支付单位职工薪酬。向单位职工个人支付薪酬时，按照实际支付的金额，借记本科目，贷记"财政拨款预算收入""资金结存"等科目。按照规定代扣代缴个人所得税以及代扣代缴或为职工缴纳职工社会保险费、住房公积金等时，按照实际缴纳的金额，借记本科目，贷记"财政拨款预算收入""资金结存"科目。

（2）支付外部人员劳务费时，按照实际支付给外部人员个人的金额，借记本科目，贷记"财政拨款预算收入""资金结存"科目。按照规定代扣代缴个人所得税时，按照实际缴纳的金额，借记本科目，贷记"财政拨款预算收入""资金结存"科目。

（3）为购买存货、固定资产、无形资产等以及在建工程支付相关款项时，按照实际支付的金额，借记本科目，贷记"财政拨款预算收入""资金结存"科目。

（4）发生预付账款时，按照实际支付的金额，借记本科目，贷记"财政拨款预算收入""资金结存"科目。对于暂付款项，在支付款项时可不做预算会计处理，待结算或报销时，按照结算或报销的金额，借记本科目，贷记"资金结存"科目。

（5）发生其他各项支出时，按照实际支付的金额，借记本科目，贷记"财政拨款预算收入""资金结存"科目。

（6）因购货退回等发生款项退回，或者发生差错更正的，属于当年支出收回的，按照收回或更正金额，借记"财政拨款预算收入""资金结存"科目，贷记本科目。

（7）年末，将本科目本年发生额中的财政拨款支出转入财政拨款结转，借记"财政拨款结转——本年收支结转"科目，贷记本科目下各财政拨款支出明细科目；将本科目本年发生额中的非财政专项资金支出转入非财政拨款结转，借记"非财政拨款结转——本年收支结转"科目，贷记本科目下各非财政专项资金支出明细科目；将本科目本年发生额中的其他资金支出（非财政非专项资金支出）转入其他结余，借记"其他结余"科目，贷记本科目下其他资金支出明细科目。

【例10-1】某市财政局2019年12月发生如下支付业务：

（1）12月3日支付本单位工作人员工资100 000元，支付工作人员住房公积金12 000元。

编制预算会计分录如下。

借：行政支出	112 000
贷：财政拨款预算收入	112 000

编制财务会计分录如下。

借：业务活动费用	112 000
贷：财政拨款收入	112 000

（2）12月3日支付本单位临时聘用工作人员工资8 000元。

编制预算会计分录如下。

借：行政支出	8 000
贷：财政拨款预算收入	8 000

编制财务会计分录如下。

借：业务活动费用   8 000

    贷：财政拨款收入   8 000

（3）12月8日购买办公用品3 000元。

编制预算会计分录如下。

借：行政支出   3 000

    贷：财政拨款预算收入   3 000

编制财务会计分录如下。

借：业务活动费用   3 000

    贷：财政拨款收入   3 000

（4）12月20日工作人员刘某报销差旅费8 000元。

编制预算会计分录如下。

借：行政支出   8 000

    贷：财政拨款预算收入   8 000

编制财务会计分录如下。

借：业务活动费用   8 000

    贷：财政拨款收入   8 000

（5）12月31日结转本科目。

编制预算会计分录如下。

借：财政拨款结转——本年收支结转   131 000

    贷：行政支出   131 000

编制财务会计分录如下。

借：本期盈余   131 000

    贷：业务活动费用   131 000

第三节 事业支出

一、事业支出的概念及记账规则

事业支出核算事业单位开展专业业务活动及其辅助活动实际发生的各项现金流出。

事业单位需设置"事业支出"科目，以核算事业单位开展专业业务活动及其辅助活动实际发生的各项现金流出情况。

本科目属于支出类科目，借方登记增加数，贷方登记转销数，平时本科目借方余额，反映单位事业支出的累计数。年末结转后，本科目应无余额。

单位发生教育、科研、医疗、行政管理、后勤保障等活动的，可在本科目下设置相应的明细科目进行核算，或单设"7201 教育支出""7202 科研支出""7203 医疗支出""7204 行政管理支出""7205 后勤保障支出"等一级会计科目进行核算。

本科目应当分别按照"财政拨款支出""非财政专项资金支出"和"其他资金支出"，"基本支出"和"项目支出"等进行明细核算，并按照《政府收支分类科目》中"支出功能分类科目"的项级科目进行明细核算。

"基本支出"和"项目支出"明细科目下应当按照《政府收支分类科目》中"部门预算支出经济分类科目"的款级科目进行明细核算，同时在"项目支出"明细科目下按照具体项目进行明细核算。

有一般公共预算财政拨款、政府性基金预算财政拨款等两种或两种以上财政拨款的事业单位，还应当在"财政拨款支出"明细科目下按照财政拨款的种类进行明细核算。

对于预付款项，可通过在本科目下设置"待处理"明细科目进行明细核算，待确认具体支出项目后再转入本科目下相关明细科目。

年末结账前，应将本科目"待处理"明细科目余额全部转入本科目下相关明细科目。

二、事业支出的账务处理

（1）支付单位职工（经营部门职工除外）薪酬。向单位职工个人支付薪酬时，按照实际支付的数额，借记本科目，贷记"财政拨款预算收入""资金结存"科目。按照规定代扣代缴个人所得税以及代扣代缴或为职工缴纳职工社会保险费、住房公积金等时，按照实际缴纳的金额，借记本科目，贷记"财政拨款预算收入""资金结存"科目。

（2）为专业业务活动及其辅助活动支付外部人员劳务费按照实际支付给外部人员个人的金额，借记本科目，贷记"财政拨款预算收入""资金结存"科目。按照规定代扣代缴个人所得税时，按照实际缴纳的金额，借记本科目，贷记"财政拨款预算收入""资金结存"科目。

（3）开展专业业务活动及其辅助活动过程中为购买存货、固定资产、无形资产等以及在建工程支付相关款项时，按照实际支付的金额，借记本科目，贷记"财政拨款预算收入""资金结存"科目。

（4）开展专业业务活动及其辅助活动过程中发生预付账款时，按照实际支付的金额，借记本科目，贷记"财政拨款预算收入""资金结存"科目。对于暂付款项，在支付款项时可不做预算会计处理，待结算或报销时，按照结算或报销的金额，借记本科目，贷记"资金结存"科目。

（5）开展专业业务活动及其辅助活动过程中缴纳的相关税费以及发生的其他各项支出，按照实际支付的金额，借记本科目，贷记"财政拨款预算收入""资金结存"科目。

（6）开展专业业务活动及其辅助活动过程中因购货退回等发生款项退回，或者发生差错更正的，属于当年支出收回的，按照收回或更正金额，借记"财政拨款预算收入""资金结存"科目，贷记本科目。

（7）年末，将本科目本年发生额中的财政拨款支出转入财政拨款结转，借记"财政拨款结转——本年收支结转"科目，贷记本科目下各财政拨款支出明细科目；将本科目本年发生额中的非财政专项资金支出转入非财政拨款结转，借记"非财政拨款结转——本年收支结转"科目，贷记本科目下各非财政专项资金支出明细科目；将本科目本年发生额中的其他资金支出（非财政非专项资金支出）转入其他结余，借记"其他结余"科目，贷记本科目下其他资金支出明细科目。

【例10-2】 北京某高校2019年12月发生如下支付业务。

（1）12月3日支付本单位工作人员工资100 000元，支付工作人员住房公积金12 000元。

编制预算会计分录如下。

借：事业支出	112 000
贷：财政拨款预算收入	112 000

编制财务会计分录如下。

借：单位管理费用	112 000
贷：财政拨款收入	112 000

（2）12月3日支付本单位临时聘用工作人员工资8 000元。

编制预算会计分录如下。

借：事业支出	8 000
贷：财政拨款预算收入	8 000

编制财务会计分录如下。

借：单位管理费用	8 000
贷：财政拨款收入	8 000

（3）12月8日购买办公用品3 000元。

编制预算会计分录如下。

借：事业支出	3 000
贷：财政拨款预算收入	3 000

编制财务会计分录如下。

借：单位管理费用	3 000
贷：财政拨款收入	3 000

（4）12月20日工作人员刘某报销差旅费8 000元。

编制预算会计分录如下。

借：事业支出	8 000
贷：财政拨款预算收入	8 000

编制财务会计分录如下。

借：单位管理费用	8 000
贷：财政拨款收入	8 000

（5）12月31日结转本科目。

编制预算会计分录如下。

借：财政拨款结转——本年收支结转	131 000
贷：事业支出	131 000

编制财务会计分录如下。

借：本期盈余   131 000

  贷：单位管理费用   131 000

第四节 ｜ 经营支出

一、经营支出的概念

经营支出核算事业单位在专业业务活动及其辅助活动之外开展非独立核算经营活动实际发生的各项现金流出。

二、经营支出的核算

（一）经营支出核算使用的主要科目

事业单位需设置"经营支出"科目，以核算事业单位在专业业务活动及其辅助活动之外开展非独立核算经营活动实际发生的各项现金流出情况。

本科目属于支出类科目，借方登记增加数，贷方登记转销数，平时本科目借方余额，反映单位事业支出累计数。年末结转后，本科目应无余额。

本科目应当按照经营活动类别、项目、《政府收支分类科目》中"支出功能分类科目"的项级科目和"部门预算支出经济分类科目"的款级科目等进行明细核算。对于预付款项，可通过在本科目下设置"待处理"明细科目进行明细核算，待确认具体支出项目后再转入本科目下相关明细科目。年末结账前，应将本科目"待处理"明细科目余额全部转入本科目下相关明细科目。

（二）经营支出的账务处理

（1）支付经营部门职工薪酬。向职工个人支付薪酬时，按照实际的金额，借记本科目，贷记"资金结存"科目。按照规定代扣代缴个人所得税以及代扣代缴或为职工缴纳职工社会保险费、住房公积金时，按照实际缴纳的金额，借记本科目，贷记"资金结存"科目。

（2）为经营活动支付外部人员劳务费时，按照实际支付给外部人员个人的金额，借记本科目，贷记"资金结存"科目。按照规定代扣代缴个人所得税时，按照实际缴纳的金额，借记本科目，贷记"资金结存"科目。

（3）开展经营活动过程中为购买存货、固定资产、无形资产等以及在建工程支付相关款项时，按照实际支付的金额，借记本科目，贷记"资金结存"科目。

（4）开展经营活动过程中发生预付账款时，按照实际支付的金额，借记本科目，贷记"资金结存"科目。对于暂付款项，在支付款项时可不做预算会计处理，待结算或报销时，按照结算或报销的金额，借记本科目，贷记"资金结存"科目。

（5）因开展经营活动缴纳的相关税费以及发生的其他各项支出，按照实际支付的金额，借记本科目，贷记"资金结存"科目。

（6）开展经营活动中因购货退回等发生款项退回，或者发生差错更正的，属于当年支出收回的，按照收回或更正金额，借记"资金结存"科目，贷记本科目。

（7）年末，将本科目本年发生额转入经营结余，借记"经营结余"科目，贷记本科目。

【例10-3】北京某高校2019年12月发生如下支付业务：

（1）12月3日支付本单位经营部门工作人员工资100 000元，支付工作人员住房公积金12 000元。

编制预算会计分录如下。

借：经营支出 112 000
　　贷：资金结存 112 000

编制财务会计分录如下。

借：经营费用 112 000
　　贷：银行存款 112 000

（2）12月3日支付本单位经营部门临时聘用工作人员工资8 000元。

编制预算会计分录如下。

借：经营支出 8 000
　　贷：资金结存 8 000

编制财务会计分录如下。

借：经营费用 8 000
　　贷：银行存款 8 000

（3）12月8日经营部门购买办公用品3 000元。

编制预算会计分录如下。

借：经营支出 3 000
　　贷：资金结存 3 000

编制财务会计分录如下。

借：经营费用 3 000
　　贷：银行存款 3 000

（4）12月20日经营部门工作人员刘某报销差旅费8 000元。

编制预算会计分录如下。

借：经营支出 8 000
　　贷：资金结存 8 000

编制财务会计分录如下。

借：经营费用 8 000
　　贷：银行存款 8 000

（5）12月31日结转本科目。

编制预算会计分录如下。

借：经营结余　　　　　　　　　　　　　　　　　　　　　　　131 000

　　贷：经营支出　　　　　　　　　　　　　　　　　　　　　　　131 000

编制财务会计分录如下。

借：本期盈余　　　　　　　　　　　　　　　　　　　　　　　131 000

　　贷：经营费用　　　　　　　　　　　　　　　　　　　　　　　131 000

第五节　上缴上级支出与对附属单位补助支出

一、上缴上级支出

（一）上缴上级支出的概念

上缴上级支出核算事业单位按照财政部门和主管部门的规定上缴上级单位款项发生的现金流出。

（二）上缴上级支出核算使用的主要科目

事业单位需设置"上缴上级支出"科目，以核算事业单位按照财政部门和主管部门的规定上缴上级单位款项发生的现金流出情况。

本科目属于支出类科目，借方登记增加数，贷方登记转销数，平时本科目借方余额，反映单位事业支出累计数。年末结转后，本科目应无余额。

本科目应当按照收缴款项单位、缴款项目、《政府收支分类科目》中"支出功能分类科目"的项级科目和"部门预算支出经济分类科目"的款级科目等进行明细核算。

（三）上缴上级支出的账务处理

（1）按照规定将款项上缴上级单位的，按照实际上缴的金额，借记本科目，贷记"资金结存"科目。

（2）年末，将本科目本年发生额转入其他结余，借记"其他结余"科目，贷记本科目。

【例10-4】北京某高校附中2019年12月发生如下支付业务。

（1）12月3日按照主管部门的规定上缴上级支付100 000元。

编制预算会计分录如下。

借：上缴上级支出　　　　　　　　　　　　　　　　　　　　　100 000

　　贷：资金结存　　　　　　　　　　　　　　　　　　　　　　　100 000

编制财务会计分录如下。

借：上缴上级费用　　　　　　　　　　　　　　　　　　　　　100 000

　　贷：银行存款　　　　　　　　　　　　　　　　　　　　　　　100 000

（2）12月31日结转本科目。

编制预算会计分录如下。

借：其他结余	100 000	
贷：上缴上级支出		100 000

编制财务会计分录如下。

借：本期盈余	100 000	
贷：上缴上级费用		100 000

二、对附属单位补助支出

（一）对附属单位补助支出的概念

对附属单位补助支出核算事业单位用财政拨款预算收入之外的收入对附属单位补助发生的现金流出。

（二）对附属单位补助支出的核算使用的主要科目

事业单位需设置"对附属单位补助支出"科目，以核算事业单位用财政拨款预算收入之外的收入对附属单位补助发生的现金流出情况。

本科目属于支出类科目，借方登记增加数，贷方登记转销数，平时本科目借方余额，反映单位事业支出累计数。年末结转后，本科目应无余额。

本科目应当按照接受补助单位、补助项目、《政府收支分类科目》中"支出功能分类科目"的项级科目和"部门预算支出经济分类科目"的款级科目等进行明细核算。

（三）对附属单位补助支出的账务处理

（1）发生对附属单位补助支出的，按照实际补助的金额，借记本科目，贷记"资金结存"科目。

（2）年末，将本科目本年发生额转入其他结余，借记"其他结余"科目，贷记本科目。

【例10-5】北京某高校2019年12月发生如下支付业务。

（1）12月3日支付本单位附属中学100 000元。

编制预算会计分录如下。

借：对附属单位补助支出	100 000	
贷：资金结存		100 000

编制财务会计分录如下。

借：对附属单位补助费用	100 000	
贷：银行存款		100 000

（2）12月31日结转本科目。

编制预算会计分录如下。

借：其他结余	100 000	
贷：对附属单位补助支出		100 000

编制财务会计分录如下。

借：本期盈余   100 000

    贷：对附属单位补助费用   100 000

第六节 投资支出与债务还本支出

一、投资支出

（一）投资支出的概念及主要核算科目

投资支出核算事业单位以货币资金对外投资发生的现金流出。事业单位需设置"投资支出"科目，以核算事业单位以货币资金对外投资发生的现金流出情况。

本科目属于支出类科目，借方登记增加数，贷方登记转销数，平时本科目借方余额，反映单位事业支出累计数。年末结转后，本科目应无余额。

本科目应当按照投资类型、投资对象、《政府收支分类科目》中"支出功能分类科目"的项级科目和"部门预算支出经济分类科目"的款级科目等进行明细核算。

（二）投资支出的账务处理

（1）以货币资金对外投资时，按照投资金额和所支付的相关税费金额的合计数，借记本科目，贷记"资金结存"科目。

（2）出售、对外转让或到期收回本年度以货币资金取得的对外投资的，如果按规定将投资收益纳入单位预算，按照实际收到的金额，借记"资金结存"科目，按照取得投资时"投资支出"科目的发生额，贷记本科目，按照其差额，贷记或借记"投资预算收益"科目。

如果按规定将投资收益上缴财政，按照取得投资时"投资支出"科目的发生额，借记"资金结存"科目，贷记本科目。

出售、对外转让或到期收回以前年度以货币资金取得的对外投资的，如果按规定将投资收益纳入单位预算，按照实际收到的金额，借记"资金结存"科目，按照取得投资时"投资支出"科目的发生额，贷记"其他结余"科目，按照其差额，贷记或借记"投资预算收益"科目。

如果按规定将投资收益上缴财政，按照取得投资时"投资支出"科目的发生额，借记"资金结存"科目，贷记"其他结余"科目。

（3）年末，将本科目本年发生额转入其他结余，借记"其他结余"科目，贷记本科目。

【例10-6】北京某高校2019年12月发生如下业务。

（1）12月3日以现金100 000元投资D公司，缴纳相关税费12 000元。

编制预算会计分录如下。

借：投资支出   112 000

    贷：资金结存   112 000

编制财务会计分录如下。

借：长期股权投资   112 000

    贷：银行存款   112 000

（2）12月10日出售本单位去年1月1日对C公司的对外债券投资，出售价格120 000元，初始投资100 000元。

编制预算会计分录如下。

借：资金结存   120 000

    贷：其他结余   100 000

        投资预算收益   20 000

编制财务会计分录如下。

借：银行存款   120 000

    贷：长期债券投资   100 000

        投资收益   20 000

（3）12月31日结转本科目。

编制财务会计分录如下。

借：其他结余   131 000

    贷：经营支出   131 000

编制财务会计分录如下。

借：本期盈余   131 000

    贷：经营费用   131 000

二、债务还本支出

（一）债务还本支出的概念

债务还本支出核算事业单位偿还自身承担的纳入预算管理的从金融机构举借的债务本金的现金流出。

（二）债务还本支出的核算使用的主要科目

事业单位需设置"债务还本支出"科目，以核算事业单位偿还自身承担的纳入预算管理的从金融机构举借的债务本金的现金流出情况。

本科目属于支出类科目，借方登记增加数，贷方登记转销数，平时本科目借方余额，反映单位事业支出累计数。年末结转后，本科目应无余额。

本科目应当按照贷款单位、贷款种类、《政府收支分类科目》中"支出功能分类科目"的项级科目和"部门预算支出经济分类科目"的款级科目等进行明细核算。

（三）债务还本支出的账务处理

（1）偿还各项短期或长期借款时，按照偿还的借款本金，借记本科目，贷记"资金结存"科目。

（2）年末，将本科目本年发生额转入其他结余，借记"其他结余"科目，贷记本科目。

【例10-7】北京某高校2019年12月发生如下业务。

（1）12月3日以现金120 000元偿还D公司借款本息，其中利息20 000元。

编制预算会计分录如下。

借：债务还本支出 100 000

其他支出 20 000

贷：资金结存 120 000

编制财务会计分录如下。

借：其他费用 20 000

长期借款 100 000

贷：银行存款 120 000

（2）12月31日结转本科目。

编制预算会计分录如下。

借：其他结余 100 000

贷：债务还本支出 100 000

编制财务会计分录如下。

借：本期盈余 100 000

贷：其他费用 100 000

第七节 | 其他支出

一、其他支出的概念

其他支出核算单位除行政支出、事业支出、经营支出、上缴上级支出、对附属单位补助支出、投资支出、债务还本支出以外的各项现金流出，包括利息支出、对外捐赠现金支出、现金盘亏损失、接受捐赠（调入）和对外捐赠（调出）非现金资产发生的税费支出、资产置换过程中发生的相关税费支出、罚没支出等。

二、其他支出核算

（一）其他支出核算使用的主要科目

事业单位需设置"其他支出"科目，以核算事业单位发生的利息支出、对外捐赠现金支出、现金盘亏损失、接受捐赠（调入）和对外捐赠（调出）非现金资产发生的税费支出、资产置换过程中发生的相关税费支出、罚没支出等情况。

本科目属于支出类科目，借方登记增加数，贷方登记转销数，平时本科目借方余额，反映单位事业支出累计数。年末结转后，本科目应无余额。

本科目应当按照其他支出的类别，"财政拨款支出""非财政专项资金支出"和"其他资金支出"，《政府收支分类科目》中 "支出功能分类科目"的项级科目和"部门预算支出经济分类科目"的款级科目等进行明细核算。其他支出中如有专项资金支出，还应按照具体项目进行明细核算。

有一般公共预算财政拨款、政府性基金预算财政拨款等两种或两种以上财政拨款的事业单位，还应当在"财政拨款支出"明细科目下按照财政拨款的种类进行明细核算。

单位发生利息支出、捐赠支出等其他支出金额较大或业务较多的，可单独设置"7902 利息支出""7903 捐赠支出"等科目。

（二）其他支出的账务处理

1. 利息支出

支付银行借款利息时，按照实际支付金额，借记本科目，贷记"资金结存"科目。

2. 对外捐赠现金资产

对外捐赠现金资产时，按照捐赠金额，借记本科目，贷记"资金结存——货币资金"科目。

3. 现金盘亏损失

每日现金账款核对中如发现现金短缺，按照短缺的现金金额，借记本科目，贷记"资金结存——货币资金"科目。经核实，属于应当由有关人员赔偿的，按照收到的赔偿金额，借记"资金结存——货币资金"科目，贷记本科目。

4. 接受捐赠（无偿调入）和对外捐赠（无偿调出）非现金资产发生的税费支出接受捐赠（无偿调入）非现金资产发生的归属于捐入方（调入方）的相关税费、运输费等，以及对外捐赠（无偿调出）非现金资产发生的归属于捐出方（调出方）的相关税费、运输费等，按照实际支付金额，借记本科目，贷记"资金结存"科目。

5. 资产置换过程中发生的相关税费支出，按照实际支付金额，借记本科目，贷记"资金结存"科目。

6. 发生罚没等其他支出时，按照实际支出金额，借记本科目，贷记"资金结存"科目。

7. 年末，将本科目本年发生额中的财政拨款支出转入财政拨款结转，借记"财政拨款结转——本年收支结转"科目，贷记本科目下各财政拨款支出明细科目；将本科目本年发生额中的非财政专项资金支出转入非财政拨款结转，借记"非财政拨款结转——本年收支结转"科目，贷记本科目下各非财政专项资金支出明细科目；将本科目本年发生额中的其他资金支出（非财政非专项资金支出）转入其他结余，借记"其他结余"科目，贷记本科目下各其他资金支出明细科目。

【例10-8】北京某高校2019年12月发生如下业务。

（1）12月3日以现金120 000元偿还D公司借款本息，其中利息20 000元。

编制预算会计分录如下。

借：债务还本支出　　　　　　　　　　　　　　　　100 000

　　其他支出　　　　　　　　　　　　　　　　　　20 000

　　贷：资金结存　　　　　　　　　　　　　　　　　　120 000

编制财务会计分录如下。

借：其他费用	20 000
长期借款	100 000
贷：银行存款	120 000

（2）12月20日向中国红十字总会捐赠100 000元。

编制预算会计分录如下。

借：其他支出	100 000
贷：资金结存	100 000

编制财务会计分录如下。

借：其他费用	100 000
贷：银行存款	100 000

（3）12月25日支出环保罚款20 000元。

编制预算会计分录如下。

借：其他支出	20 000
贷：资金结存	20 000

编制财务会计分录如下。

借：其他费用	20 000
贷：银行存款	20 000

（4）12月28日接受校友捐赠的现金资产120 000元，并支付相关税费2 000元。

编制预算会计分录如下。

借：资金结存	120 000
贷：其他预算收入	120 000
借：其他支出	2 000
贷：资金结存	2 000

编制财务会计分录如下。

借：银行存款	120 000
贷：捐赠收入	120 000
借：其他费用	2 000
贷：银行存款	2 000

（5）结转本科目。

编制预算会计分录如下。

借：资金结余	100 000
贷：其他支出	100 000

编制财务会计分录如下。

借：本期盈余	100 000
贷：其他费用	100 000

本章小结

政府预算支出是指行政事业单位为开展业务活动所发生的各项资金耗费及损失，包括基本支出和项目支出等。政府预算支出包括行政支出、事业支出、经营支出、上缴上级支出、投资支出、对附属单位补助支出、债务还本支出和其他支出等。行政支出核算行政单位履行其职责实际发生的各项现金流出。事业支出核算事业单位开展专业业务活动及其辅助活动实际发生的各项现金流出。经营支出核算事业单位在专业业务活动及其辅助活动之外开展非独立核算经营活动实际发生的各项现金流出。上缴上级支出核算事业单位按照财政部门和主管部门的规定上缴上级单位款项发生的现金流出。对附属单位补助支出核算事业单位用财政拨款预算收入之外的收入对附属单位补助发生的现金流出。投资支出核算事业单位以货币资金对外投资发生的现金流出。债务还本支出核算事业单位偿还自身承担的纳入预算管理的从金融机构举借的债务本金的现金流出。其他支出核算单位除行政支出、事业支出、经营支出、上缴上级支出、对附属单位补助支出、投资支出、债务还本支出以外的各项现金流出，包括利息支出、对外捐赠现金支出、现金盘亏损失、接受捐赠（调入）和对外捐赠（调出）非现金资产发生的税费支出、资产置换过程中发生的相关税费支出、罚没支出等。行政单位的支出一般应当在支付款项时予以确认，并按照实际支付金额进行计量。如果行政单位采用权责发生制确认支出，应当在其发生时予以确认，并按照实际发生额进行计量。

关键术语中英文对照

行政支出	administrative expenditure
事业支出	undertakings expenditure
经营支出	operating expenditure
上缴上级支出	expenditure payment to the higher authority
对附属单位补助支出	expenditure to subsidiary units
投资支出	investment expenditure
债务还本支出	debt repayment expenditure
其他支出	other expenditure

习 题

一、判断题

1. 行政单位拨给所属单位的补助费应按实际拨款数列为经费支出。（　　）
2. 行政单位拨给所属单位的包干经费，应作拨出经费处理，不能以拨作支。（　　）
3. 行政单位收回以前年度已列为支出的包干支出，直接冲减当年的经费支出。（　　）

4. 基层行政单位有时也有拨出经费。（　　　）

5. 行政单位购置的低值易耗品都列入"公务费"。（　　　）

6. 行政单位购买的国库券，按实际支出数列报经费支出。（　　　）

二、不定项选择题

1. 下列各项，属于行政单位支出科目的有（　　　）。

　　A."行政支出"　　　B."事业支出"　　　C."投资支出"　　　D."其他支出"

2. 行政单位购买办公用一般设备发生的支出可列入的"目"级科目的有（　　　）。

　　A."公务费"　　　B."设备购置费"　　　C."业务费"　　　D."修缮费"

三、业务题

1. 某行政单位领用材料维修固定资产50 000元，以现金支付修理费800元。

2. 某行政单位用经常性经费购入文件柜5个，单价800元。

3. 某行政单位以银行存款2 500元支付购买零星办公用品。

4. 某行政单位本月应发工资1 000 000元，其中，基本工资800 000元，补助工资180 000元，其他工资20 000元。代扣职工房租费120 000，以银行转账方式发放职工工资880 000元。

5. 在财政授权支付方式下，某行政单位收到代理银行盖章的"授权支付到账通知书"，金额为80 000元。并用此额度支付电话电报费1 500元，支付水费10 000元，电费25 000元。

6. 某行政单位从零余额账户提取现金2 000元备用。

7. 某行政单位职工出差回单位报销，交发票8 500元，原借支8 000元，差额以现金补付。

要求：根据上述经济业务编制会计分录。

第十一章

政府预算资金结转结余

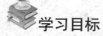学习目标

了解政府预算结转结余的概念和要求等；

掌握政府预算结转结余不同会计科目的账务处理方法。

第一节 政府预算资金结转结余概述

一、政府预算资金结转结余的概念

为了了解并监督财政预算资金的使用情况和结余情况，行政事业单位年末需要对财政预算资金进行结余结转。结转和结余简称结转（余），是指行政事业单位一定期间收入与支出相抵后的余额。行政事业单位在各项业务活动中取得的一定的收入，发生的一定的支出，要根据预算收入的数额控制预算支出，达到一定期间的收入与支出的平衡。但收入与支出之间的平衡是相对的，行政事业单位的收入与支出会存在一定的差额，形成行政事业单位的结转（余）。行政事业单位不以盈利为目的，并不追求结余的数额，所以，结转（余）的数额不能过大，应当控制在当期收入总额的一定比例之内。

政府预算资金结转结余

由于行政事业单位的财政预算资金主要来源于一般财政拨款和项目拨款，因此，政府预算结转结余主要包括财政拨款结转、财政拨款结余、非财政拨款结转结余、专用结余、其他结余、非财政拨款结余分配等。

财政拨款结转是指行政事业单位当年预算已执行但尚未完成或因故未执行，下一年度需要按照原用途继续使用的财政拨款滚存资金。财政拨款结余是指行政事业单位当年预算工作目标已完成或因故终止，剩余的财政拨款滚存资金。非财政拨款结转结余是指行政事业单位除财政拨款收支以外的各项收支相抵后剩余的滚存资金。专用结余是指事业单位按照规定从非财政拨款结余中提取的具有专门用途的资金的变动和滚存情况。其他结余是指事业单位本年度经营活动收支相抵后余额弥补以前年度经营亏损后的余额。非财政拨款结余分配核算事业单位本年度非财政拨款结余分配的情况和结果。

二、政府预算资金结转结余的种类

（一）结转资金和结余资金

按后续使用要求的不同，结转（余）资金分为结转资金和结余资金。结转资金是指当年预

算已执行但未完成或者因故未执行，下一年度需要按照原用途继续使用的资金；结余资金是指当年预算工作目标已完成或者因故终止，当年剩余的资金。

（二）财政拨款结转（余）和非财政拨款结转（余）

按资金性质的不同，结转（余）资金分为财政拨款结转（余）和非财政拨款结转（余）。

1. 财政拨款结转（余）

财政拨款结转（余）是指行政事业单位各项财政拨款收入与其相关支出相抵后剩余滚存的、须按规定管理和使用的结转和结余资金，包括财政拨款结转和财政拨款结余。

（1）财政拨款结转，是需要结转到下一年度按原用途继续使用的财政拨款资金。根据部门预算管理的要求，财政拨款结转分为基本支出结转和项目支出结转。基本支出结转是财政基本拨款收入与财政基本拨款支出相抵后的差额，项目支出结转是财政项目拨款收入与财政项目拨款支出相抵后的差额。财政拨款结转资金一般结转下一年度继续使用或按照同级财政部门的规定处理。

（2）财政拨款结余，是已经完成预算工作目标的项目当年剩余的财政拨款资金。因为基本经费收支差额按规定结转次年继续使用，全部列入财政拨款结转项目中，所以财政拨款结余即是项目支出结余。财政拨款结余资金不结转到下年继续使用，应统筹用于编制以后年度部门预算或按规定上缴或注销。

2. 非财政拨款结转（余）

非财政拨款结转（余）是指行政事业单位除财政拨款收支以外的各项收入与各项支出相抵后的余额，包括非财政拨款结转和非财政拨款结余。

（1）非财政拨款结转，是指行政事业单位除财政拨款收支以外的各专项资金收入与其相关支出相抵后剩余滚存的、须按规定用途使用的结转资金。非财政拨款结转资金按照规定结转下一年度继续使用。

（2）非财政拨款结余，是指行政事业单位除财政拨款收支以外的各非专项资金收入与各非专项资金支出相抵后的余额。非财政拨款结余可以按照国家有关规定提取职工福利基金，剩余部分转为事业基金用于弥补以后年度单位收支差额。非财政补助结余包括事业结余和经营结余。事业结余是指事业单位开展专业业务活动取得的收入与发生的支出之间的差额。经营结余是指事业单位开展非独立核算经营业务活动取得的收入与发生的支出之间的差额。

第二节 政府预算资金结转结余科目核算

一、资金结存

（一）资金结存的概念

资金结存核算行政事业单位纳入部门预算管理的资金的流入、流出、调整和滚存等情况。

（二）资金结存核算使用的主要科目

行政事业单位需设置"资金结存"科目，以核算行政事业单位纳入部门预算管理的资金的流入、流出、调整和滚存等情况。

本科目属于结余类科目，借方登记增加数，贷方登记转销数，平时本科目借方余额，反映行政事业单位预算资金的累计滚存情况

本科目应当设置下列明细科目。

（1）"零余额账户用款额度"：本明细科目核算实行国库集中支付的单位根据财政部门批复的用款计划收到和支用的零余额账户用款额度。年末结账后，本明细科目应无余额。

（2）"货币资金"：本明细科目核算单位以库存现金、银行存款、其他货币资金形态存在的资金。本明细科目年末借方余额，反映单位尚未使用的货币资金。

（3）"财政应返还额度"：本明细科目核算实行国库集中支付的单位可以使用的以前年度财政直接支付资金额度和财政应返还的财政授权支付资金额度。本明细科目下可设置"财政直接支付""财政授权支付"两个明细科目进行明细核算。本明细科目年末借方余额，反映单位应收财政返还的资金额度。

（三）资金结存的账务处理

（1）财政授权支付方式下，单位根据代理银行转来的"财政授权支付额度到账通知书"，按照通知书中的授权支付额度，借记本科目（零余额账户用款额度），贷记"财政拨款预算收入"科目。

以国库集中支付以外的其他支付方式取得预算收入时，按照实际收到的金额，借记本科目（货币资金），贷记"财政拨款预算收入""事业预算收入""经营预算收入"等科目。

（2）财政授权支付方式下，发生相关支出时，按照实际支付的金额，借记"行政支出""事业支出"等科目，贷记本科目（零余额账户用款额度）。从零余额账户提取现金时，借记本科目（货币资金），贷记本科目（零余额账户用款额度）。退回现金时，做相反会计分录。

使用以前年度财政直接支付额度支出时，按照实际支付金额，借记"行政支出""事业支出"等科目，贷记本科目（财政应返还额度）。

国库集中支付以外的其他支付方式下，发生相关支出时，按照实际支付的金额，借记"事业支出""经营支出"等科目，贷记本科目（货币资金）。

（3）按照规定上缴财政拨款结转结余资金或注销财政拨款结转结余资金额度的，按照实际上缴资金数额或注销的资金额度数额，借记"财政拨款结转——归集上缴"或"财政拨款结余——归集上缴"科目，贷记本科目（财政应返还额度、零余额账户用款额度、货币资金）。

按规定向原资金拨入单位缴回非财政拨款结转资金的，按照实际缴回资金数额，借记"非财政拨款结转——缴回资金"科目，贷记本科目（货币资金）。

收到从其他单位调入的财政拨款结转资金的，按照实际调入资金数额，借记本科目（财政应返还额度、零余额账户用款额度、货币资金），贷记"财政拨款结转——归集调入"科目。

（4）按照规定使用专用基金时，按照实际支付金额，借记"专用结余"科目[从非财政拨款结余中提取的专用基金]或"事业支出"等科目[从预算收入中计提的专用基金]，贷记本科目（货币资金）。

（5）因购货退回、发生差错更正等退回国库直接支付、授权支付款项或者收回货币资金的，属于本年度支付的，借记"财政拨款预算收入"科目或本科目（零余额账户用款额度、货币资金），贷记相关支出科目；属于以前年度支付的，借记本科目（财政应返还额度、零余额账户用款额度、货币资金），贷记"财政拨款结转""财政拨款结余""非财政拨款结转""非财政拨款结余"科目。

（6）有企业所得税缴纳义务的事业单位缴纳所得税时，按照实际缴纳金额，借记"非财政拨款结余——累计结余"科目，贷记本科目（货币资金）。

（7）年末，根据本年度财政直接支付预算指标数与当年财政直接支付实际支出数的差额，借记本科目（财政应返还额度），贷记"财政拨款预算收入"科目。

（8）年末，单位依据代理银行提供的对账单做注销额度的相关账务处理，借记本科目（财政应返还额度），贷记本科目（零余额账户用款额度）。

本年度财政授权支付预算指标数大于零余额账户用款额度下达数的，根据未下达的用款额度，借记本科目（财政应返还额度），贷记"财政拨款预算收入"科目。下年年初，单位依据代理银行提供的额度恢复到账通知书做恢复额度的相关账务处理，借记本科目（零余额账户用款额度），贷记本科目（财政应返还额度）。

单位收到财政部门批复的上年年末未下达零余额账户用款额度的，借记本科目（零余额账户用款额度），贷记本科目（财政应返还额度）。

【例11-1】某市属事业单位已经纳入财政国库单一账户制度改革。2019年2月，该事业单位发生如下业务。

（1）2月1日收到代理银行转来的财政授权支付额度到账通知书，收到财政授权支付额度，具体为："基本支出——日常公用经费"685 000元。编制会计分录如下。

借：资金结存——零余额账户用款额度　　　　　　　　　　685 000

　　贷：财政拨款预算收入——基本支出——日常公用经费　　　　685 000

（2）2月10日收到代理银行转来的财政授权支付额度到账通知书，收到财政授权支付额度，具体为"项目支出——教学设备采购"364 000元。编制会计分录如下。

借：资金结存　　　　　　　　　　　　　　　　　　　　364 000

　　贷：财政拨款预算收入——项目支出——教学设备采购　　　　364 000

（3）2月18日收到财政部门委托代理银行转来财政直接支付入账通知书，财政部门为行政事业单位支付了为开展日常业务活动所发生的事业活动经费，具体为："基本支出——日常公用经费"16 000元。编制会计分录如下。

借：事业支出　　　　　　　　　　　　　　　　　　　　16 000

　　贷：资金结存——零余额账户用款额度　　　　　　　　　　16 000

【例11-2】某市文化局所属歌剧院尚未纳入财政国库单一账户制度改革。该事业单位发生如下业务。

（1）收到开户银行转来的收款通知，收到财政部门拨入一笔日常事业活动预算经费，具体为："基本支出——日常公用经费"37 800元。编制会计分录如下。

借：资金结存　　　　　　　　　　　　　　　　　　　　37 800

　　贷：财政拨款预算收入——基本支出——日常公用经费　　　　37 800

（2）收到开户银行转来的收款通知，收到财政部门拨入一笔专项事业活动预算经费，具体为："项目支出——社会科技研究"37 800元。编制会计分录如下。

　　借：资金结存　　　　　　　　　　　　　　　　　　　　　　　37 800
　　　　贷：财政拨款预算收入——项目支出——社会科学研究　　　　　　　　37 800

【例11-3】2019年7月20日，甲事业单位接到通知，本年1月20日从乙单位购入的存货因质量问题需要退货。该批存货的价款为45 000元，其中，已列入业务活动费用5 000元，其余已确认存货。该批存货购入时的款项通过财政授权支付。编制会计分录如下。

　　借：资金结存——基本支出——日常公用经费　　　　　　　　　　45 000
　　　　贷：事业支出　　　　　　　　　　　　　　　　　　　　　　　5 000
　　　　　　库存物品　　　　　　　　　　　　　　　　　　　　　　40 000

如果是去年购入的存货因质量问题退还，则编制会计分录如下。

　　借：资金结存——财政应返还额度　　　　　　　　　　　　　　45 000
　　　　贷：财政拨款结余　　　　　　　　　　　　　　　　　　　　　5 000
　　　　　　库存物品　　　　　　　　　　　　　　　　　　　　　　40 000

【例11-4】某事业单位已经纳入财政国库单一账户制度改革，年终，本年度财政直接支付预算指标数为700 000元，财政直接支付实际费用数为600 000元，存在尚未使用的财政直接支付预算指标100 000元。编制会计分录如下。

　　借：资金结存——财政应返还额度　　　　　　　　　　　　　　100 000
　　　　贷：财政拨款预算收入　　　　　　　　　　　　　　　　　　100 000

【例11-5】某事业单位已经纳入财政国库单一账户制度改革，年终，本年度财政授权支付预算指标数为700 000元，财政授权支付实际费用数600 000元，存在尚未使用的财政授权支付预算指标100 000元。编制会计分录如下。

　　借：资金结存——财政应返还额度　　　　　　　　　　　　　　100 000
　　　　贷：财政拨款预算收入　　　　　　　　　　　　　　　　　　100 000

次年年初，该单位收到代理银行提供的额度恢复到账通知书，恢复财政授权支付额度100 000元。编制会计分录如下。

　　借：资金结存——零余额账户用款额度　　　　　　　　　　　　100 000
　　　　贷：资金结存——财政应返还额度　　　　　　　　　　　　　100 000

二、财政拨款结转

（一）财政拨款结转的概念
财政拨款结转核算行政事业单位取得的同级财政拨款结转资金的调整、结转和滚存情况。
（二）财政拨款结转核算使用的主要科目
行政事业单位需设置"财政拨款结转"科目，以核算行政事业单位取得的同级财政拨款结转资金的调整、结转和滚存情况。
本科目属于结余类科目，借方登记增加数，贷方登记转销数，本科目年末贷方余额，反映单位滚存的财政拨款结转资金数额。

本科目应当设置下列明细科目。

（1）与会计差错更正、以前年度支出收回相关的明细科目 "年初余额调整"：本明细科目核算因发生会计差错更正、以前年度支出收回等原因，需要调整财政拨款结转的金额。年末结账后，本明细科目应无余额。

（2）与财政拨款调拨业务相关的明细科目。

①"归集调入"：本明细科目核算按照规定从其他单位调入财政拨款结转资金时，实际调增的额度数额或调入的资金数额。年末结账后，本明细科目应无余额。

②"归集调出"：本明细科目核算按照规定向其他单位调出财政拨款结转资金时，实际调减的额度数额或调出的资金数额。年末结账后，本明细科目应无余额。

③"归集上缴"：本明细科目核算按照规定上缴财政拨款结转资金时，实际核销的额度数额或上缴的资金数额。年末结账后，本明细科目应无余额。

④"单位内部调剂"：本明细科目核算经财政部门批准对财政拨款结余资金改变用途，调整用于本单位其他未完成项目等的调整金额。年末结账后，本明细科目应无余额。

（3）与年末财政拨款结转业务相关的明细科目。

①"本年收支结转"：本明细科目核算单位本年度财政拨款收支相抵后的余额。年末结账后，本明细科目应无余额。

②"累计结转"：本明细科目核算单位滚存的财政拨款结转资金。本明细科目年末贷方余额，反映单位财政拨款滚存的结转资金数额。本科目还应当设置"基本支出结转""项目支出结转"两个明细科目，并在"基本支出结转"明细科目下按照"人员经费""日常公用经费"进行明细核算，在"项目支出结转"明细科目下按照具体项目进行明细核算；同时，本科目还应按照《政府收支分类科目》中"支出功能分类科目"的相关科目进行明细核算。有一般公共预算财政拨款、政府性基金预算财政拨款等两种或两种以上财政拨款的，还应当在本科目下按照财政拨款的种类进行明细核算。

（三）财政拨款结转的账务处理

1. 与会计差错更正、以前年度支出收回相关的账务处理

（1）因发生会计差错更正退回以前年度国库直接支付、授权支付款项或财政性货币资金或者因发生会计差错更正增加以前年度国库直接支付、授权支付支出或财政性货币资金支出，属于以前年度财政拨款结转资金的，借记或贷记"资金结存——财政应返还额度、零余额账户用款额度、货币资金"科目，贷记或借记本科目（年初余额调整）。

（2）因购货退回、预付款项收回等发生以前年度支出又收回国库直接支付、授权支付款项或收回财政性货币资金，属于以前年度财政拨款结转资金的，借记"资金结存——财政应返还额度、零余额账户用款额度、货币资金"科目，贷记本科目（年初余额调整）。

2. 与财政拨款结转结余资金调整业务相关的账务处理

（1）按照规定从其他单位调入财政拨款结转资金的，按照实际调增的额度数额或调入的资金数额，借记"资金结存——财政应返还额度、零余额账户用款额度、货币资金"科目，贷记本科目（归集调入）。

（2）按照规定向其他单位调出财政拨款结转资金的，按照实际调减的额度数额或调出的资金数额，借记本科目（归集调出），贷记"资金结存——财政应返还额度、零余额账户用款额度、货币资金"科目。

（3）按照规定上缴财政拨款结转资金或注销财政拨款结转资金额度的，按照实际上缴资金数额或注销的资金额度数额，借记本科目（归集上缴），贷记"资金结存——财政应返还额度、零余额账户用款额度、货币资金"科目。

（4）经财政部门批准对财政拨款结余资金改变用途，调整用于本单位基本支出或其他未完成项目支出的，按照批准调剂的金额，借记"财政拨款结余——单位内部调剂"科目，贷记本科目（单位内部调剂）。

3．与年末财政拨款结转和结余业务相关的账务处理

（1）年末，将财政拨款预算收入本年发生额转入本科目，借记"财政拨款预算收入"科目，贷记本科目（本年收支结转）；将各项支出中财政拨款支出本年发生额转入本科目，借记本科目（本年收支结转），贷记各项支出（财政拨款支出）科目。

（2）年末冲销有关明细科目余额。将本科目（本年收支结转、年初余额调整、归集调入、归集调出、归集上缴、单位内部调剂）余额转入本科目（累计结转）。结转后，本科目除"累计结转"明细科目外，其他明细科目应无余额。

（3）年末完成上述结转后，应当对财政拨款结转各明细项目的执行情况进行分析，按照有关规定将符合财政拨款结余性质的项目余额转入财政拨款结余，借记本科目（累计结转），贷记"财政拨款结余——结转转入"科目。

【例11-6】某市政府卫生部门所属疾病预防控制中心，2019年1月共发生如下业务。

（1）1月1日收到从其他单位调入财政拨款结转资金100万元，专项用于儿童手足口病的防治工作。编制会计分录如下。

借：资金结存——零余额账户用款额度　　　　　　　　　　1 000 000
　　贷：财政拨款结转　　　　　　　　　　　　　　　　　　　1 000 000

（2）12月3日收到上年度因购货退回财政资金20万元。编制会计分录如下。

借：资金结存——财政应返还额度　　　　　　　　　　　　200 000
　　贷：财政拨款结转——年初余额调整　　　　　　　　　　　200 000

（3）12月8日经财政部门批准对财政拨款结余资金改变用途，调整用于本单位基本支出2 000万元。编制会计分录如下。

借：财政拨款结余——单位内部调剂　　　　　　　　　　20 000 000
　　贷：财政拨款结转——单位内部调剂　　　　　　　　　　20 000 000

三、财政拨款结余

（一）财政拨款结余的概念

财政拨款结余核算行政事业单位取得的同级财政拨款项目支出结余资金的调整、结转和滚存情况。

（二）财政拨款结余核算使用的主要科目

行政事业单位需设置"财政拨款结余"科目，以核算行政事业单位取得的同级财政拨款项目支出结余资金的调整、结转和滚存情况。

本科目属于结余类科目，借方登记增加数，贷方登记转销数，本科目年末贷方余额，反映单位滚存的财政拨款结余资金数额。

本科目应当设置下列明细科目。

（1）与会计差错更正、以前年度支出收回相关的明细科目"年初余额调整"：本明细科目核算因发生会计差错更正、以前年度支出收回等原因，需要调整财政拨款结余的金额。年末结账后，本明细科目应无余额。

（2）与财政拨款结余资金调整业务相关的明细科目。

①"归集上缴"：本明细科目核算按照规定上缴财政拨款结余资金时，实际核销的额度数额或上缴的资金数额。年末结账后，本明细科目应无余额。

②"单位内部调剂"：本明细科目核算经财政部门批准对财政拨款结余资金改变用途，调整用于本单位其他未完成项目等的调整金额。年末结账后，本明细科目应无余额。

（3）与年末财政拨款结余业务相关的明细科目。

①"结转转入"：本明细科目核算单位按照规定转入财政拨款结余的财政拨款结转资金。年末结账后，本明细科目应无余额。

②"累计结余"：本明细科目核算单位滚存的财政拨款结余资金。本明细科目年末贷方余额，反映单位财政拨款滚存的结余资金数额。本科目还应当按照具体项目、《政府收支分类科目》中"支出功能分类科目"的相关科目等进行明细核算。有一般公共预算财政拨款、政府性基金预算财政拨款等两种或两种以上财政拨款的，还应当在本科目下按照财政拨款的种类进行明细核算。

（三）财政拨款结余的账务处理

1. 与会计差错更正、以前年度支出收回相关的账务处理

（1）因发生会计差错更正退回以前年度国库直接支付、授权支付款项或财政性货币资金或者因发生会计差错更正增加以前年度国库直接支付、授权支付支出或财政性货币资金支出，属于以前年度财政拨款结余资金的，借记或贷记"资金结存——财政应返还额度、零余额账户用款额度、货币资金"科目，贷记或借记本科目（年初余额调整）。

（2）因购货退回、预付款项收回等发生以前年度支出又收回国库直接支付、授权支付款项或收回财政性货币资金，属于以前年度财政拨款结余资金的，借记"资金结存——财政应返还额度、零余额账户用款额度、货币资金"科目，贷记本科目（年初余额调整）。

2. 与财政拨款结余资金调整业务相关的账务处理

（1）经财政部门批准对财政拨款结余资金改变用途，调整用于本单位基本支出或其他未完成项目支出的，按照批准调剂的金额，借记本科目（单位内部调剂），贷记"财政拨款结转——单位内部调剂"科目。

（2）按照规定上缴财政拨款结余资金或注销财政拨款结余资金额度的，按照实际上缴资金数额或注销的资金额度数额，借记本科目（归集上缴），贷记"资金结存——财政应返还额度、零余额账户用款额度、货币资金"科目。

3. 与年末财政拨款结转和结余业务相关的账务处理

（1）年末，对财政拨款结转各明细项目执行情况进行分析，按照有关规定将符合财政拨款结余性质的项目余额转入财政拨款结余，借记"财政拨款结转——累计结转"科目，贷记本科目（结转转入）。

（2）年末冲销有关明细科目余额。将本科目（年初余额调整、归集 上缴、单位内部调剂、结转转入）余额转入本科目（累计结余）。结转后，本科目除"累计结余"明细科目外，其他明细科目应无余额。

【例11-7】某市政府卫生部门所属疾病预防控制中心，2019年年末有关"财政拨款收入"科目及其明细科目的余额和有关"事业支出"科目中"财政补助支出"明细科目的余额如下。

科目名称	贷方余额
财政拨款收入——基本支出——人员经费	35 500元
基本支出——日常公用经费	35 300元
项目支出——甲项目（专用设备经费）	18 300元
基本支出——乙项目（办公楼维修）	20 000元
合　　计	109 100元

科目名称	贷方余额
事业支出——基本支出——人员经费	35 500元
基本支出——日常公用经费	35 300元
项目支出——甲项目（专用设备经费）	18 200元
基本支出——乙项目（办公楼维修）	10 000元
合　　计	98 200元

请结转相关项目。

（1）将有关"财政拨款收入"科目的余额转入"财政拨款结转"科目。编制会计分录如下。

借：财政拨款收入　　　　　　　　　　　　　　　　　109 100
　　贷：财政拨款结转——基本支出——人员经费　　　　　　35 500
　　　　　　　　　——基本支出——日常公用经费　　　　　35 300
　　　　　　　　　——项目支出——甲项目（专用设备购置）　18 300
　　　　　　　　　——项目支出——乙项目（办公楼维修）　　20 000

（2）将"事业支出"科目的余额转入"财政拨款结转"科目。编制会计分录如下。

借：财政拨款结转——基本支出——人员经费　　　　　　35 500
　　　　　　　——基本支出——日常公用经费　　　　　　34 500
　　　　　　　——项目支出——甲项目（专用设备购置）　18 200
　　　　　　　——项目支出——乙项目（办公楼维修）　　10 000
　　贷：事业支出——财政拨款支出　　　　　　　　　　　　98 200

对财政拨款各明细项目的执行情况进行分析，截至2019年12月31日，甲项目已完工，乙项目尚未完工。按照有关规定，甲项目结余资金转入财政拨款结余。编制会计分录如下。

借：财政拨款结转——项目支出结转——甲项目（专门设备购置）　　100

　　贷：财政拨款结余　　　　　　　　　　　　　　　　　　　　　　100

（3）按规定，应将当年财政拨款结余资金的50%上缴财政。该行政事业单位用零余额账户上缴。编制会计分录如下。

借：财政拨款结余　　　　　　　　　　　　　　　　　　　　　　50

　　贷：零余额账户用款额度　　　　　　　　　　　　　　　　　　50

最后需要强调的是，行政事业单位的基本支出实行定员定额的管理方法，故基本支出结转一般直接结转次年使用。项目支出结转应视情况做出不同的处理。如果项目已经完成，项目支出结转可能需要按规定缴回财政部门，也可能经批准可以留归行政事业单位，但需要按规定用途使用。如果经批准可以留归行政事业单位，此时的项目支出结转为项目支出净结余。如果项目尚未完成，项目支出结转需要在次年继续用于相应的项目，此时的项目支出结转为项目支出专项结转。

四、非财政拨款结转

（一）非财政拨款结转的概念

非财政拨款结转核算行政事业单位除财政拨款收支、经营收支以外各非同级财政拨款专项资金的调整、结转和滚存情况。

（二）非财政拨款结转核算使用的主要科目

行政事业单位需设置"非财政拨款结转"科目，以核算行政事业单位取得的除财政拨款收支、经营收支以外的各非同级财政拨款专项资金的调整、结转和滚存情况。

本科目属于结余类科目，借方登记增加数，贷方登记转销数，本科目年末贷方余额，反映单位滚存的财政拨款结转资金数额。

本科目应当设置下列明细科目。

（1）"年初余额调整"：本明细科目核算因发生会计差错更正、以前年度支出收回等原因，需要调整非财政拨款结转的资金。年末结账后，本明细科目应无余额。

（2）"缴回资金"：本明细科目核算按照规定缴回非财政拨款结转资金时，实际缴回的资金数额。年末结账后，本明细科目应无余额。

（3）"项目间接费用或管理费"：本明细科目核算单位取得的科研项目预算收入中，按照规定计提项目间接费用或管理费的数额。年末结账后，本明细科目应无余额。

（4）"本年收支结转"：本明细科目核算单位本年度非同级财政拨款专项收支相抵后的余额。年末结账后，本明细科目应无余额。

（5）"累计结转"：本明细科目核算单位滚存的非同级财政拨款专项结转资金。本明细科目年末贷方余额，反映单位非同级财政拨款滚存的专项结转资金数额。本科目还应当按照具体项目、《政府收支分类科目》中"支出功能分类科目"的相关科目等进行明细核算。

（三）非财政拨款结转的账务处理

（1）按照规定从科研项目预算收入中提取项目管理费或间接费时，按照提取金额，借记本科目（项目间接费用或管理费），贷记"非财政拨款结余——项目间接费用或管理费"科目。

（2）因会计差错更正收到或支出非同级财政拨款货币资金，属于非财政拨款结转资金的，按照收到或支出的金额，借记或贷记"资金结存——货币资金"科目，贷记或借记本科目（年初余额调整）。因收回以前年度支出等收到非同级财政拨款货币资金，属于非财政拨款结转资金的，按照收到的金额，借记"资金结存——货币资金"科目，贷记本科目（年初余额调整）。

（3）按照规定缴回非财政拨款结转资金的，按照实际缴回资金数额，借记本科目（缴回资金），贷记"资金结存——货币资金"科目。

（4）年末，将事业预算收入、上级补助预算收入、附属单位上缴预算收入、非同级财政拨款预算收入、债务预算收入、其他预算收入本年发生额中的专项资金收入转入本科目，借记"事业预算收入""上级补助预算收入""附属单位上缴预算收入""非同级财政拨款预算收入""债务预算收入""其他预算收入"科目下各专项资金收入明细科目，贷记本科目（本年收支结转）；将行政支出、事业支出、其他支出本年发生额中的非财政拨款专项资金支出转入本科目，借记本科目（本年收支结转），贷记"行政支出""事业支出""其他支出"科目下各非财政拨款专项资金支出明细科目。

（5）年末冲销有关明细科目余额。将本科目（年初余额调整、项目间接费用或管理费、缴回资金、本年收支结转）余额转入本科目（累计结转）。结转后，本科目除"累计结转"明细科目外，其他明细科目应无余额。

（6）年末完成上述结转后，应当对非财政拨款专项结转资金各项目情况进行分析，将留归本单位使用的非财政拨款专项（项目已完成）剩余资金转入非财政拨款结余，借记本科目（累计结转），贷记"非财政拨款结余——结转转入"科目。

【例11-8】事业单位某高校2019年1月取得上级拨款甲研究项目的收入150 000元，年末，甲研究项目已完成，项目支出为120 000元，结余资金30 000元。按照该研究项目的合同约定，结余资金的50%应缴回上级单位，其余部分留归该事业单位。

（1）结转上级拨款甲研究项目的收支。编制会计分录如下。

借：上级补助预算收入——项目支出——甲研究项目　　　　　　150 000
　　贷：非财政拨款结转　　　　　　　　　　　　　　　　　　　　150 000
借：非财政拨款结转　　　　　　　　　　　　　　　　　　　　120 000
　　贷：事业支出——非财政专项资金支出——项目支出——甲研究项目　120 000

（2）将结余资金缴回上级单位。编制会计分录如下。

借：非财政拨款结转　　　　　　　　　　　　　　　　　　　　15 000
　　贷：资金结存　　　　　　　　　　　　　　　　　　　　　　15 000

结余资金留归本单位。编制会计分录如下。

借：非财政拨款结转　　　　　　　　　　　　　　　　　　　　15 000
　　贷：事业基金　　　　　　　　　　　　　　　　　　　　　　15 000

五、非财政拨款结余

（一）非财政拨款结余的概念

非财政拨款结余核算行政事业单位历年滚存的非限定用途的非同级财政拨款结余资金，主要为非财政拨款结余扣除结余分配后滚存的金额。

（二）非财政拨款结余核算使用的主要科目

行政事业单位需设置"非财政拨款结余"科目，以核算行政事业单位历年滚存的非限定用途的非同级财政拨款结余资金，主要为非财政拨款结余扣除结余分配后滚存的金额。

本科目属于结余类科目，借方登记增加数，贷方登记转销数，本科目年末贷方余额，反映单位非同级财政拨款结余资金的累计滚存数额。

本科目应当设置下列明细科目。

（1）"年初余额调整"：本明细科目核算因发生会计差错更正、以前年度支出收回等原因，需要调整非财政拨款结余的资金。年末结账后，本明细科目应无余额。

（2）"项目间接费用或管理费"：本明细科目核算单位取得的科研项目预算收入中，按照规定计提的项目间接费用或管理费数额。年末结账后，本明细科目应无余额。

（3）"结转转入"：本明细科目核算按照规定留归单位使用，由单位统筹调配，纳入单位非财政拨款结余的非同级财政拨款专项剩余资金。年末结账后，本明细科目应无余额。

（4）"累计结余"：本明细科目核算单位历年滚存的非同级财政拨款、非专项结余资金。本明细科目年末贷方余额，反映单位非同级财政拨款滚存的非专项结余资金数额。本科目还应当按照《政府收支分类科目》中"支出功能分类科目"的相关科目进行明细核算。

（三）非财政拨款结余的账务处理

（1）按照规定从科研项目预算收入中提取项目管理费或间接费时，借记"非财政拨款结转——项目间接费用或管理费"科目，贷记本科目（项目间接费用或管理费）。

（2）有企业所得税缴纳义务的事业单位实际缴纳企业所得税时，按照缴纳金额，借记本科目（累计结余），贷记"资金结存——货币资金"科目。

（3）因会计差错更正收到或支出非同级财政拨款货币资金，属于非财政拨款结余资金的，按照收到或支出的金额，借记或贷记"资金结存——货币资金"科目，贷记或借记本科目（年初余额调整）。因收回以前年度支出等收到非同级财政拨款货币资金，属于非财政拨款结余资金的，按照收到的金额，借记"资金结存——货币资金"科目，贷记本科目（年初余额调整）。

（4）年末，将留归本单位使用的非财政拨款专项（项目已完成）剩余资金转入本科目，借记"非财政拨款结转——累计结转"科目，贷记本科目（结转转入）。

（5）年末冲销有关明细科目余额。将本科目（年初余额调整、项目间接费用或管理费、结转转入）余额结转入本科目（累计结余）。结转后，本科目除"累计结余"明细科目外，其他明细科目应无余额。

（6）年末，事业单位将"非财政拨款结余分配"科目余额转入非财政拨款结余。"非财政拨款结余分配"科目为借方余额的，借记本科目（累计结余），贷记"非财政拨款结余分配"科目；

"非财政拨款结余分配"科目为贷方余额的，借记"非财政拨款结余分配"科目，贷记本科目（累计结余）。年末，行政单位将"其他结余"科目余额转入非财政拨款结余。

"其他结余"科目为借方余额的，借记本科目（累计结余），贷记"其他结余"科目；"其他结余"科目为贷方余额的，借记"其他结余"科目，贷记本科目（累计结余）。

【例11-9】某市政府卫生部门所属疾病预防控制中心，2019年年末有关"财政拨款收入"科目及其明细科目的余额和有关"事业支出"科目中"财政拨款"明细科目的余额如下：

科目名称	贷方余额
财政拨款收入——基本支出——人员经费	35 500元
——基本支出——日常公用经费	35 300元
——项目支出——甲项目（专用设备经费）	18 300元
——基本支出——乙项目（办公楼维修）	20 000元
合　　计	109 100元

科目名称	贷方余额
事业支出——基本支出——人员经费	35 500元
——基本支出——日常公用经费	35 300元
——项目支出——甲项目（专用设备经费）	18 200元
——基本支出——乙项目（办公楼维修）	10 000元
合　　计	99 000元

请结转相关项目。

六、专用结余

（一）专用结余的概念

专用结余核算事业单位按照规定从非财政拨款结余中提取的具有专门用途的资金的变动和滚存情况。

（二）专用结余核算使用的主要科目

事业单位需设置"专用结余"科目，以核算事业单位按照规定从非财政拨款结余中提取的具有专门用途的资金的变动和滚存情况。

本科目属于结余类科目，借方登记增加数，贷方登记转销数。本科目年末贷方余额，反映事业单位从非同级财政拨款结余中提取的专用基金的累计滚存数额。

本科目应当按照专用结余的类别进行明细核算。

（三）专用结余的账务处理

（1）根据有关规定从本年度非财政拨款结余或经营结余中提取基金的，按照提取金额，借记"非财政拨款结余分配"科目，贷记本科目。

（2）根据规定使用从非财政拨款结余或经营结余中提取的专用基金时，按照使用金额，借记本科目，贷记"资金结存——货币资金"科目。

【例11-10】某事业单位年度事业预算收入为150万元，经营预算收入为50万元，提取修购基金比例分别为8%和10%，共提取修购基金17万元。编制会计分录如下。

借：非财政拨款结余分配   170 000

  贷：专用结余——修购基金   170 000

【例11-11】某事业单位年终结转后，非财政拨款结余分配科目余额为120 000元，按20%的比例提取职工福利基金。编制会计分录如下。

借：非财政拨款结余分配——提取职工福利基金   24 000

  贷：专用结余——职工福利基金   24 000

【例11-12】某事业单位用修购基金62 000元购置一台机器设备，款项已通过银行付讫，设备已投入使用。编制会计分录如下。

借：专用结余——专用基金   62 000

  贷：资金结存——货币资金   62 000

七、经营结余

（一）经营结余的概念

经营结余核算事业单位本年度经营活动收支相抵后余额弥补以前年度经营亏损后的余额。

（二）经营结余核算的主要科目

事业单位需设置"经营结余"科目，以核算事业单位本年度经营活动收支相抵后余额弥补以前年度经营亏损后的余额。

本科目属于结余类科目，借方登记增加数，贷方登记转销数。年末结账后，本科目一般无余额；如为借方余额，反映事业单位累计发生的经营亏损。

本科目可以按照经营活动类别进行明细核算。

（三）经营结余的账务处理

（1）年末，将经营预算收入本年发生额转入本科目，借记"经营预算收入"科目，贷记本科目；将经营支出本年发生额转入本科目，借记本科目，贷记"经营支出"科目。

（2）年末，完成上述结转后，如本科目为贷方余额，将本科目贷方余额转入"非财政拨款结余分配"科目，借记本科目，贷记"非财政拨款结余分配"科目；如本科目为借方余额，则为经营亏损，不予结转。

【例11-13】某市属事业单位甲博物馆年终结账。有关经营活动收入总账科目的贷方余额为："经营预算收入"20 400元；有关经营活动支出总账科目的借方余额为："经营支出"8 400元。将以上有关经营活动收支科目的余额结转至"经营结余"科目。

（1）结转经营收入。编制会计分录如下。

借：经营预算收入   20 400

  贷：经营结余   20 400

（2）结转经营支出。编制会计分录如下。

借：经营结余   8 400

  贷：经营支出   8 400

（3）将当年实现的经营结余12 000元（20 400-8 400）全数转入"非财政补助结余分配"科目。编制会计分录如下。

借：经营结余   12 000

  贷：非财政拨款结余分配   12 000

八、其他结余

（一）其他结余概念

其他结余核算单位本年度除财政拨款收支、非同级财政专项资金收支和经营收支以外各项收支相抵后的余额。

（二）其他结余核算使用的主要科目

事业单位需设置"其他结余"科目，以核算行政事业单位本年度除财政拨款收支、非同级财政专项资金收支和经营收支以外各项收支相抵后的余额。

本科目属于结余类科目，借方登记增加数，贷方登记转销数。年末结账后，本科目应无余额。

（三）其他结余的账务处理

（1）年末，将事业预算收入、上级补助预算收入、附属单位上缴预算收入、非同级财政拨款预算收入、债务预算收入、其他预算收入本年发生额中的非专项资金收入以及投资预算收益本年发生额转入本科目，借记"事业预算收入""上级补助预算收入""附属单位上缴预算收入""非同级财政拨款预算收入""债务预算收入""其他预算收入"科目下各非专项资金收入明细科目和"投资预算收益"科目，贷记本科目（"投资预算收益"科目本年发生额为借方净额时，借记本科目，贷记"投资预算收益"科目）；将行政支出、事业支出、其他支出本年发生额中的非同级财政、非专项资金支出，以及上缴上级支出、对附属单位补助支出、投资支出、债务还本支出本年发生额转入本科目，借记本科目，贷记"行政支出""事业支出""其他支出"科目下各非同级财政、非专项资金支出明细科目和"上缴上级支出""对附属单位补助支出""投资支出""债务还本支出"科目。

（2）年末，完成上述结转后，行政单位将本科目余额转入"非财政拨款结余——累计结余"科目；事业单位将本科目余额转入"非财政拨款结余分配"科目。当本科目为贷方余额时，借记本科目，贷记"非财政拨款结余——累计结余"或"非财政拨款结余分配"科目；当本科目为借方余额时，借记"非财政拨款结余——累计结余"或"非财政拨款结余分配"科目，贷记本科目。

【例11-14】假定某事业单位年终有关账户非专项资金余额如下（单位：元）。

账户名称	年终余额
财政拨款预算收入	2 000 000
附属单位上缴预算收入	300 000
经营预算收入	6 000 000
事业预算收入	700 000

其他预算收入	50 000
投资预算收益	40 000
对附属单位补助支出	800 000
上缴上级支出	100 000
事业支出	1 800 000
债务还本支出	100 000
经营支出	450 000

（1）结转收支类非专项资金科目余额。编制会计分录如下。

借：财政拨款预算收入	2 000 000
附属单位上缴预算收入	300 000
经营预算收入	6 000 000
事业预算收入	700 000
其他预算收入	50 000
投资预算收益	40 000
贷：其他结余	9 090 000
借：其他结余	3 250 000
贷：对附属单位补助支出	800 000
上缴上级支出	100 000
事业支出	1 800 000
债务还本支出	100 000
经营支出	450 000

（2）将其他结余科目余额进行结转。编制会计分录如下。

借：其他结余	5 840 000
贷：非财政拨款结余分配	5 840 000

九、非财政拨款结余分配

（一）非财政拨款结余分配概念

非财政拨款结余分配核算事业单位本年度非财政拨款结余分配的情况和结果。

（二）非财政拨款结余分配核算使用的主要科目

事业单位需设置"非财政拨款结余分配"科目，以核算事业单位本年度非财政拨款结余分配的情况和结果。

本科目属于结余类科目，借方登记增加数，贷方登记转销数。年末结账后，本科目应无余额。

（三）非财政拨款结余分配的账务处理

（1）年末，将"其他结余"科目余额转入本科目，当"其他结余"科目为贷方余额时，借记"其他结余"科目，贷记本科目；当"其他结余"科目为借方余额时，借记本科目，贷记"其他结余"科目。年末，将"经营结余"科目贷方余额转入本科目，借记"经营结余"科目，贷记本科目。

（2）根据有关规定提取专用基金的，按照提取的金额，借记本科目，贷记"专用结余"科目。

（3）年末，按照规定完成上述处理后，将本科目余额转入非财政拨款结余。当本科目为借方余额时，借记"非财政拨款结余——累计结余"科目，贷记本科目；当本科目为贷方余额时，借记本科目，贷记"非财政拨款结余——累计结余"科目。

 【例11-15】假定某事业单位按规定事业结余和经营结余均应依法缴纳企业所得税，适用税率为25%。2019年有关资料如下。

（1）本年的事业结余和经营结余分别为13 000元和12 000元。结转非财政补助结余分配。编制会计分录如下。

借：事业结余	13 000
经营结余	12 000
贷：非财政拨款结余分配	25 000

（2）按照25%的税率计算上缴所得税6 250元。编制会计分录如下。

借：非财政拨款结余分配	6 250
贷：其他应缴税费——应缴企业所得税	6 250

（3）按税后20%的比例提取职工福利基金。应提职工福利基金=（25 000-6 250）×20%=3 750（元）。编制会计分录如下。

借：非财政拨款结余分配	3 750
贷：专用结余——福利基金	3 750

本章小结

为了了解并监督财政预算资金的使用情况和结余情况，行政事业单位年末需要对财政预算资金进行结余结转。由于行政事业单位的财政预算资金主要来源于一般财政拨款和项目拨款，因此政府预算结转结余主要包括财政拨款结转、财政拨款结余、非财政拨款结转结余、专用结余、其他结余等。

财政拨款结转是指行政单位当年预算已执行但尚未完成或因故未执行，下一年度需要按照原用途继续使用的财政拨款滚存资金。

财政拨款结余是指行政单位当年预算工作目标已完成或因故终止，剩余的财政拨款滚存资金。

非财政拨款结转结余是指行政事业单位除财政拨款收支以外的各项收支相抵后剩余的滚存资金。

专用结余是指事业单位按照规定从非财政拨款结余中提取的具有专门用途的资金的变动和滚存情况。

其他结余是指事业单位本年度经营活动收支相抵后余额弥补以前年度经营亏损后的余额。

非财政拨款结余分配核算事业单位本年度非财政拨款结余分配的情况和结果。

关键术语中英文对照

财政拨款结转	financial appropriation transfer
财政拨款结余	financial appropriation balance
非财政拨款结转	non-financial appropriation transfer
非财政拨款结余	non-financial appropriation balance
专用结余	special balance
其他结余	other balance
非财政拨款结余分配	non-financial appropriation balance allocation

习　题

一、判断题

1. 行政单位一般不计提折旧。（　　　）

2. 行政单位的基本支出结余和项目支出结余年终分别转入"财政拨款结余"项下的基本结余和项目结余明细科目。（　　　）

二、不定项选择题

1. 下列各项应在"财政拨款结余"账户贷方登记的有（　　　）。

 A. 财政拨款收入　　　　　　　　　B. 预算外资金收入

 C. 其他收入　　　　　　　　　　　D. 经费支出

2. 没有财政基金预算拨入经费业务的行政单位，其"结余"账户不需要设置（　　　）明细账户。

 A. "财政政府性基金预算经费结余"　　B. "基本支出结余"

 C. "财政一般预算经费结余"　　　　　D. "其他资金结余"

3. 行政单位的"基本支出结余"账户下需要设置（　　　）两个明细账户。

 A. "项目支出专项结余""项目支出净结余"

 B. "工资福利支出结余""商品和服务支出结余"

 C. "财政一般预算经费结余""其他资金结余"

 D. "人员经费结余""日常公用经费结余"

4. 行政单位结余中的（　　　）最有可能需要缴回财政。

 A. 人员经费结余　　　　　　　　　B. 项目支出净结余

 C. 项目支出专项结余　　　　　　　D. 日常公用经费结余

5. 对于仅有财政一般预算拨入经费业务、没有财政基金预算拨入经费、预算外资金收入和其他收入业务的行政单位，"结余"总账下需要设置的一级明细账是（　　　）。

 A. "财政一般预算经费结余"　　　　B. "人员经费结余"

 C. "其他资金结余"　　　　　　　　D. "基本支出结余"

6. 行政单位会计核算的结余种类中不包括（　　　）。

　　A. 基本支出结余　　　　　　　　B. 财政零余额账户用款额度结余

　　C. 政府性基金预算经费结余　　　D. 财政一般预算经费结余

三、业务题

资料：某行政单位发生如下经济业务。

1. 竣工职工宿舍一幢，竣工决算价400 000元，经验收合格已交付使用。

2. 财政经批准报废一辆汽车，价值180 000元，残值变价收入5 000元。

3. 无偿调给本系统A单位一台办公设备，价值15 000元。

4. 经财政批准出售多年不用的复印机一台，其原价为12 500元，实收款2 000元，已存入银行。

5. 进行年终结账，本年度预算经费财政直接支付总计350万元，本年度通过财政直接支付授权支出的经费支出总计为345万元，结余5万元。

要求：根据上述业务编制会计分录。

第十二章

政府预算会计报表

 **学习目标**

理解行政府会计年终清理结算；

掌握政府会计年终的结账分类的编制；

掌握预算收入支出表、预算结转结余变动表和财政拨款预算事业收入支出表的编制方法等。

第一节 年终清理结算和结账

政府部门在年度终了前，应根据财政部门或主管部门的决算编审工作要求，对各项收支账目、往来款项，货币资金和财产物资进行全面的清理结算，并在此基础上办理年度结账，编报决算。

年终清理结算和结账

一、年终清理结算

年终清理结算，就是对政府相关部门全年预算资金和其他资金收支活动进行全面清理、核对、整理和结算的工作。

年终清理结算是政府相关部门编制年度结算报表的一个重要环节，对于所有政府相关部门，年终清理结算都要包括对本单位财产全面清理及会计、财务活动的总清理。

年终清理结算主要有以下几个方面。

（1）清理、核对年度预算收支数字和各项缴拨款，保证上下级之间的年度预算数和领拨经费数一致。

为了准确反映各项收支额，凡属本年度的应拨款项，应当在 12 月 31 日前汇达对方。主管会计单位对所属各单位的预算拨款和预算外资金拨款，截至 12 月 25 日，逾期一般不再下拨。

（2）凡属本年的各项收入，都要及时入账。本年的各项预算资金，要在年终前全部上缴。属于本年的各项支出，要按规定的支出渠道如实列报。年度单位支出决算，一律以基层用款单位截至 12 月 31 日的本年实际支出数为准，不得将年终前预拨下级单位的下年预算拨款列入本年的支出，也不得以上级会计单位的拨款数代替基层会计单位的实际支出数。

（3）政府的往来款项，年终前应尽量清理完毕。按照有关规定应当转作各项收入或各项支出的往来款项要及时转入各有关账户，编入本年决算。主管单位收到财政资金属于应返还所属单位的部分应及时转拨所属单位，不得挂账。

（4）政府单位年终要及时同开户银行对账，银行存款账面余额要同银行对账单的余额核对相符。现金账面余额，要同库存现金核对相符。有价证券账面数字要同实存的有价证券实际成本核对相符。

（5）年终前，应对各项财产物资进行清理盘点，发生盘盈、盘亏的，要及时查明原因，按规定做出处理，调整账务，做到账实相符、账账相符。

二、年终结账

政府单位在年终清理结算的基础上进行年终结账。年终结账包括年终结转、结清旧账和记入新账。

（一）年终结转结余

账目核对无误后，首先计算出各账户借方或贷方的 12 月合计数和全年累计数，结出 12 月月末的余额。然后，编制结账前的"资产负债表"，试算平衡后，再将应对冲结转的各个收支账户的余额按年终转账办法，填制 12 月 31 日的记账凭单、办理结账冲转。

1. 财政拨款结转

（1）年末，将财政拨款预算收入本年发生额转入本科目，借记"财政拨款预算收入"科目，贷记财政拨款结转（本年收支结转）；将各项支出中财政拨款支出本年发生额转入本科目，借记财政拨款结转（本年收支结转），贷记各项支出（财政拨款支出）科目。

（2）年末冲销有关明细科目余额。将本科目（本年收支结转、年初余额调整、归集调入、归集调出、归集上缴、单位内部调剂）余额转入本科目（累计结转）。结转后，本科目除"累计结转"明细科目外，其他明细科目应无余额。

（3）年末完成上述结转后，应当对财政拨款结转各明细项目执行情况进行分析，按照有关规定将符合财政拨款结余性质的项目余额转入财政拨款结余，借记本科目（累计结转），贷记"财政拨款结余——结转转入"科目。

2. 财政拨款结余

（1）年末，对财政拨款结转各明细项目执行情况进行分析，按照有关规定将符合财政拨款结余性质的项目余额转入财政拨款结余，借记"财政拨款结转——累计结转"科目，贷记本科目（结转转入）。

（2）年末，冲销有关明细科目余额。将本科目（年初余额调整、归集上缴、单位内部调剂、结转转入）余额转入本科目（累计结余）。结转后，本科目除"累计结余"明细科目外，其他明细科目应无余额。

3. 非财政专项资金结转

（1）年末，将事业预算收入、上级补助预算收入、附属单位上缴预算收入、非同级财政拨款预算收入、债务预算收入、其他预算收入本年发生额中的专项资金收入转入本科目，借记"事业预算收入""上级补助预算收入""附属单位上缴预算收入""非同级财政拨款预算收入""债务预算收入""其他预算收入"科目下各专项资金收入明细科目，贷记本科目（本年收支结转）；

将行政支出、事业支出、其他支出本年发生额中的非财政拨款专项资金支出转入本科目，借记本科目（本年收支结转），贷记"行政支出""事业支出""其他支出"科目下各非财政拨款专项资金支出明细科目。

（2）年末，冲销有关明细科目余额。将本科目（年初余额调整、项目间接费用或管理费、缴回资金、本年收支结转）余额转入本科目（累计结转）。结转后，本科目除"累计结转"明细科目外，其他明细科目应无余额。

（3）年末完成上述结转后，应当对非财政拨款专项结转资金各项目情况进行分析，将留归本单位使用的非财政拨款专项（项目已完成）剩余资金转入非财政拨款结余，借记本科目（累计结转），贷记"非财政拨款结余——结转转入"科目。

4. 非财政非专项资金结转

（1）年末，将事业预算收入、上级补助预算收入、附属单位上缴预算收入、非同级财政拨款预算收入、债务预算收入、其他预算收入本年发生额中的非专项资金收入以及投资预算收益本年发生额转入本科目，借记"事业预算收入""上级补助预算收入""附属单位上缴预算收入""非同级财政拨款预算收入""债务预算收入""其他预算收入"科目下各非专项资金收入明细科目和"投资预算收益"科目，贷记本科目（"投资预算收益"科目本年发生额为借方净额时，借记本科目，贷记"投资预算收益"科目）；将行政支出、事业支出、其他支出本年发生额中的非同级财政、非专项资金支出，以及上缴上级支出、对附属单位补助支出、投资支出、债务还本支出本年发生额转入本科目，借记本科目，贷记"行政支出""事业支出""其他支出"科目下各非同级财政、非专项资金支出明细科目和"上缴上级支出""对附属单位补助支出""投资支出""债务还本支出"科目。

（2）年末，完成上述结转后，行政单位将本科目余额转入"非财政拨款结余——累计结余"科目；事业单位将本科目余额转入"非财政拨款结余分配"科目。当本科目为贷方余额时，借记本科目，贷记"非财政拨款结余——累计结余"或"非财政拨款结余分配"科目；当本科目为借方余额时，借记"非财政拨款结余——累计结余"或"非财政拨款结余分配"科目，贷记本科目。

5. 经营结余

（1）年末，将经营预算收入本年发生额转入本科目，借记"经营预算收入"科目，贷记本科目；将经营支出本年发生额转入本科目，借记本科目，贷记"经营支出"科目。

（2）年末，完成上述结转后，如本科目为贷方余额，将本科目贷方余额转入"非财政拨款结余分配"科目，借记本科目，贷记"非财政拨款结余分配"科目；如本科目为借方余额，为经营亏损，不予结转。

6. 非财政拨款结余分配

（1）年末，将"其他结余"科目余额转入本科目，当"其他结余"科目为贷方余额时，借记"其他结余"科目，贷记本科目；当"其他结余"科目为借方余额时，借记本科目，贷记"其他结余"科目。年末，将"经营结余"科目贷方余额转入本科目，借记"经营结余"科目，贷记本科目。

（2）根据有关规定提取专用基金的，按照提取的金额，借记本科目，贷记"专用结余"科目。

（3）年末，按照规定完成上述处理后，将本科目余额转入非财政拨款结余。当本科目为借方余额时，借记"非财政拨款结余——累计结余"科目，贷记本科目；当本科目为贷方余额时，借记本科目，贷记"非财政拨款结余——累计结余"科目。

【例12-1】某政府单位年末有关收支科目的余额如表12-1所示，请进行年终转账。

表 12-1　　　　　　　　　　　　　年末有关收支科目余额　　　　　　　　　　　（单位：元）

项目	金额	项目	金额
财政拨款预算收入		经费支出	
——基本支出	860 000	——基本支出	580 000
——项目支出	85 000	——项目支出	48 000
其他预算收入——专项资金	16 000	对附属单位补助支出	
		——基本支出	240 000
		——项目支出	30 000
合计	961 000		898 000

第一步，结转收入类科目余额。编制会计分录如下。

借：财政拨款预算收入——基本支出　　　　　　　　　　　860 000
　　贷：财政拨款结转　　　　　　　　　　　　　　　　　　　　860 000

借：其他预算收入——专项资金　　　　　　　　　　　　　16 000
　　贷：非财政拨款结转　　　　　　　　　　　　　　　　　　　16 000

第二步，结转支出类科目余额。编制会计分录如下。

借：财政拨款结转　　　　　　　　　　　　　　　　　　898 000
　　贷：经费支出——基本支出　　　　　　　　　　　　　　　　580 000
　　　　对附属单位补助支出——基本支出　　　　　　　　　　　240 000

借：财政拨款结余　　　　　　　　　　　　　　　　　　78 000
　　贷：经费支出——项目支出　　　　　　　　　　　　　　　　48 000
　　　　对附属单位补助支出——项目支出　　　　　　　　　　　30 000

借：财政拨款结转　　　　　　　　　　　　　　　　　　63 000
　　贷：财政拨款结余　　　　　　　　　　　　　　　　　　　　63 000

（二）结清旧账

将转账后无余额的账户结出全年总累计数，然后在下面划双红线，表示本账户全部结清。对年终有余额的账户，在"全年累计数"下行的"摘要"栏内注明"结转下年"字样，再在下面划双红线，表示年终余额转入新账，旧账结束。

（三）记入新账

根据本年度各账户余额，编制年终决算的"资产负债表"和有关明细表。将表列各账户的年终余额数（不编制记账凭单）直接记入新年度相应的各有关账户，并在"摘要"栏注明"上年结转"字样，以区别新年度发生数。

行政单位的决算经财政部门或上级单位审核批复后，需调整决算数字时，应做相应调整。

第二节 政府预算会计报表的编制与审核

政府预算会计报表是反映行政事业单位预算执行情况的书面文件。

一、政府预算会计报表的分类

（一）按照内容和形式分类

按照内容和形式，行政事业单位的会计报表包括预算收入支出表、预算结转结余变动表、财政拨款预算事业收入支出表及附注等。

（1）预算收入支出表是反映单位在某一会计年度内各项预算收入、预算支出和预算收支差额的情况的报表。

（2）预算结转结余变动表是反映单位在某一会计年度内预算结转结余变动情况的报表。

（3）财政拨款预算事业收入支出表是反映单位本年财政拨款预算资金收入、支出及相关变动的具体情况的报表。

（二）按照编报时间，行政事业单位的会计报表包括月报、季报和年报。行政事业单位应当按财政部门或上级单位的规定报送月度、季度和年度会计报表。

月报，是反映行政事业单位报告月度资金活动和经费收支情况的报表。月报要求编报资产负债表、支出明细表。

季报，是分析、检查行政事业单位季度资金活动情况和经费收支情况的报表，应在月报的基础上较详细地反映单位经费收支的全貌。各行政事业单位的季报，要求在月报的基础上加报基本数字表。

年报（年度决算），是全面反映年度资金活动和经费收支执行结果的报表。年度决算报表的种类和要求等，按照财政部门和上级单位下达的有关决算编审规定组织执行。

二、会计报表的要求

（1）要保证会计报表数字准确、内容完整、报送及时。

（2）会计报表必须经会计主管人员和机关负责人审阅签章并加盖公章后上报。财政部门和上级单位对于屡催不报报表的单位，有权暂停其预算拨款的拨付。

（3）会计报表，应根据登记完整、核对无误的账簿记录和其他有关资料编制，切实做到账表相符，不得估列代编。

第三节 | 预算收入支出表

一、预算收入支出表的定义和格式

预算收入支出表是反映单位在某一会计年度内各项预算收入、预算支出和预算收支差额情况的报表，包括收入、支出和结余三部分。

预算收入支出表是行政事业单位会计报表的重要组成部分，通过预算收入支出表，可以得到某一特定日期行政事业单位预算收入、预算支出和预算收支差额的会计信息。行政事业单位应于每月末、季末和年末编写预算收入支出表。

行政事业单位预算收入支出表基本格式如表 12-2 所示。

表 12-2　　　　　　　　　　　　　　　预算收入支出表

会政预 01 表

编制单位：　　　　　　　　　　　　　　年　　　　　　　　　　　　　　单位：元

项目	本年数	上年数
一、本年预算收入		
（一）财政拨款预算收入		
其中：政府性基金收入		
（二）事业预算收入		
（三）上级补助预算收入		
（四）附属单位上缴预算收入		
（五）经营预算收入		
（六）债务预算收入		
（七）非同级财政拨款预算收入		
（八）投资预算收益		
（九）其他预算收入		
其中：利息预算收入		
捐赠预算收入		
租金预算收入		
二、本年预算支出		
（一）行政支出		
（二）事业支出		
（三）经营支出		
（四）上缴上级支出		
（五）对附属单位补助支出		
（六）投资支出		
（七）债务还本支出		
（八）其他支出		
其中：利息支出		
捐赠支出		
三、本年预算收支差额		

二、预算收入支出表的编制

（1）本表反映单位在某一会计年度内各项预算收入、预算支出和预算收支差额的情况。

（2）本表"本年数"栏反映各项目的本年实际发生数。本表"上年数"栏反映各项目上年度的实际发生数，应当根据上年度预算收入支出表中"本年数"栏内所列数字填列。

如果本年度预算收入支出表规定的项目的名称和内容同上年度不一致，应当对上年度预算收入支出表项目的名称和数字按照本年度的规定进行调整，将调整后金额填入本年度预算收入支出表的"上年数"栏。

（3）本表"本年数"栏各项目的内容和填列方法如下。

①"本年预算收入"项目，反映单位本年预算收入总额。本项目应当根据本表中"财政拨款预算收入""事业预算收入""上级补助预算收入""附属单位上缴预算收入""经营预算收入""债务预算收入""非同级财政拨款预算收入""投资预算收益""其他预算收入"项目金额的合计数填列。

②"财政拨款预算收入"项目，反映单位本年从同级政府财政部门取得的各类财政拨款。本项目应当根据"财政拨款预算收入"科目的本年发生额填列。"政府性基金收入"项目，反映单位本年取得的财政拨款收入中属于政府性基金预算拨款的金额。本项目应当根据"财政拨款预算收入"相关明细科目的本年发生额填列。

③"事业预算收入"项目，反映事业单位本年开展专业业务活动及其辅助活动取得的预算收入。本项目应当根据"事业预算收入"科目的本年发生额填列。

④"上级补助预算收入"项目，反映事业单位本年从主管部门和上级单位取得的非财政补助预算收入。本项目应当根据"上级补助预算收入"科目的本年发生额填列。

⑤"附属单位上缴预算收入"项目，反映事业单位本年收到的独立核算的附属单位按照有关规定上缴的预算收入。本项目应当根据"附属单位上缴预算收入"科目的本年发生额填列。

⑥"经营预算收入"项目，反映事业单位本年在专业业务活动及其辅助活动之外开展非独立核算经营活动取得的预算收入。本项目应当根据"经营预算收入"科目的本年发生额填列。

⑦"债务预算收入"项目，反映事业单位本年按照规定从金融机构等借入的、纳入部门预算管理的债务预算收入。本项目应当根据"债务预算收入"的本年发生额填列。

⑧"非同级财政拨款预算收入"项目，反映单位本年从非同级政府财政部门取得的财政拨款。本项目应当根据"非同级财政拨款预算收入"科目的本年发生额填列。

⑨"投资预算收益"项目，反映事业单位本年取得的按规定纳入单位预算管理的投资收益。本项目应当根据"投资预算收益"科目的本年发生额填列。

⑩"其他预算收入"项目，反映单位本年取得的除上述收入以外的纳入单位预算管理的各项预算收入。本项目应当根据"其他预算收入"科目的本年发生额填列。

"利息预算收入"项目，反映单位本年取得的利息预算收入。本项目应当根据"其他预算收入"科目的明细记录分析填列。单位单设"利息预算收入"科目的，应当根据"利息预算收入"科目的本年发生额填列。

"捐赠预算收入"项目，反映单位本年取得的捐赠预算收入。本项目应当根据"其他预算收入"科目明细账记录分析填列。单位单设"捐赠预算收入"科目的，应当根据"捐赠预算收入"

科目的本年发生额填列。

"租金预算收入"项目，反映单位本年取得的租金预算收入。本项目应当根据"其他预算收入"科目明细账记录分析填列。单位单设"租金预算收入"科目的，应当根据"租金预算收入"科目的本年发生额填列。

⑪"本年预算支出"项目，反映单位本年预算支出总额。本项目应当根据本表中"行政支出""事业支出""经营支出""上缴上级支出""对附属单位补助支出""投资支出""债务还本支出"和"其他支出"项目金额的合计数填列。

⑫"行政支出"项目，反映行政单位本年履行职责实际发生的支出。本项目应当根据"行政支出"科目的本年发生额填列。

⑬"事业支出"项目，反映事业单位本年开展专业业务活动及其辅助活动发生的支出。本项目应当根据"事业支出"科目的本年发生额填列。

⑭"经营支出"项目，反映事业单位本年在专业业务活动及其辅助活动之外开展非独立核算经营活动发生的支出。本项目应当根据"经营支出"科目的本年发生额填列。

⑮"上缴上级支出"项目，反映事业单位本年按照财政部门和主管部门的规定上缴上级单位的支出。本项目应当根据"上缴上级支出"科目的本年发生额填列。

⑯"对附属单位补助支出"项目，反映事业单位本年用财政拨款收入之外的收入对附属单位补助发生的支出。本项目应当根据 "对附属单位补助支出"科目的本年发生额填列。

⑰"投资支出"项目，反映事业单位本年以货币资金对外投资发生的支出。本项目应当根据"投资支出"科目的本年发生额填列。

⑱"债务还本支出"项目，反映事业单位本年偿还自身承担的纳入预算管理的从金融机构举借的债务本金的支出。本项目应当根据"债务还本支出"科目的本年发生额填列。

⑲"其他支出"项目，反映单位本年除以上支出以外的各项支出。本项目应当根据"其他支出"科目的本年发生额填列。

"利息支出"项目，反映单位本年发生的利息支出。本项目应当根据"其他支出"科目明细账记录分析填列。单位单设"利息支出"科目的，应当根据"利息支出"科目的本年发生额填列。

"捐赠支出"项目，反映单位本年发生的捐赠支出。本项目应当根据"其他支出"科目明细账记录分析填列。单位单设"捐赠支出"科目的，应当根据"捐赠支出"科目的本年发生额填列。

⑳"本年预算收支差额"项目，反映单位本年各项预算收支相抵后的差额。本项目应当根据本表中"本期预算收入"项目金额减去"本期预算支出"项目金额后的金额填列；如相减后金额为负数，以"－"号填列。

第四节 预算结转结余变动表

一、预算结转结余变动表的定义及格式

预算结转结余变动表是反映单位在某一会计年度内各项预算收入、预算支出和预算收支差

额的情况的报表。

预算结转结余变动表的格式主要包括栏目、本年数、上年数等三栏，具体格式如表 12-3 所示。

表 12-3　　　　　　　　　　　　　　预算结转结余变动表

会政预 02 表

编制单位：　　　　　　　　　　　　年　　　　　　　　　　　单位：

项目	本年数	上年数
一、年初预算结转结余		
（一）财政拨款结转结余		
（二）其他资金结转结余		
二、年初余额调整（减少以"-"号填列）		
（一）财政拨款结转结余		
（二）其他资金结转结余		
三、本年变动金额（减少以"-"号填列）		
（一）财政拨款结转结余		
1. 本年收支差额		
2. 归集调入		
3. 归集上缴或调出		
（二）其他资金结转结余		
1. 本年收支差额		
2. 缴回资金		
3. 使用专用结余		
4. 支付所得税		
四、年末预算结转结余		
（一）财政拨款结转结余		
1. 财政拨款结转		
2. 财政拨款结余		
（二）其他资金结转结余		
1. 非财政拨款结转		
2. 非财政拨款结余		
3. 专用结余		
4. 经营结余（如有余额，以"-"号填列）		

二、预算结转结余变动表的编制

（1）本表反映单位在某一会计年度内预算结转结余的变动情况。

（2）本表"本年数"栏反映各项目的本年实际发生数。本表"上年数"栏反映各项目的上年实际发生数，应当根据上年度预算结转结余变动表中"本年数"栏内所列数字填列。

如果本年度预算结转结余变动表规定的项目的名称和内容同上年度不一致，应当对上年度预算结转结余变动表项目的名称和数字按照本年度的规定进行调整，将调整后的金额填入本年度预算结转结余变动表的"上年数"栏。

（3）本表中"年末预算结转结余"项目金额等于"年初预算结转结余""年初余额调整""本年变动金额"三个项目的合计数。

（4）本表"本年数"栏各项目的内容和填列方法

1）"年初预算结转结余"项目，反映单位本年预算结转结余的年初余额。本项目应当根据本项目下"财政拨款结转结余""其他资金结转结余"项目金额的合计数填列。

① "财政拨款结转结余"项目，反映单位本年财政拨款结转结余资金的年初余额。本项目应当根据"财政拨款结转""财政拨款结余"科目本年年初余额合计数填列。

② "其他资金结转结余"项目，反映单位本年其他资金结转结余的年初余额。本项目应当根据"非财政拨款结转""非财政拨款结余""专用结余""经营结余"科目本年年初余额的合计数填列。

2）"年初余额调整"项目，反映单位本年预算结转结余年初余额调整的金额。本项目应当根据本项目下"财政拨款结转结余""其他资金结转结余"项目金额的合计数填列。

① "财政拨款结转结余"项目，反映单位本年财政拨款结转结余资金的年初余额调整金额。本项目应当根据"财政拨款结转""财政拨款结余"科目下"年初余额调整"明细科目的本年发生额的合计数填列；如调整减少年初财政拨款结转结余，以"−"号填列。

② "其他资金结转结余"项目，反映单位本年其他资金结转结余的年初余额调整金额。本项目应当根据"非财政拨款结转""非财政拨款结余"科目下"年初余额调整"明细科目的本年发生额的合计数填列；如调整减少年初其他资金结转结余，以"−"号填列。

3）"本年变动金额"项目，反映单位本年预算结转结余变动的金额。本项目应当根据本项目下"财政拨款结转结余""其他资金结转结余"项目金额的合计数填列。

① "财政拨款结转结余"项目，反映单位本年财政拨款结转结余资金的变动。本项目应当根据本项目下"本年收支差额""归集调入""归集上缴或调出"项目金额的合计数填列。

"本年收支差额"项目，反映单位本年财政拨款资金收支相抵后的差额。本项目应当根据"财政拨款结转"科目下"本年收支结转"明细科目本年转入的预算收入与预算支出的差额填列；差额为负数的，以"−"号填列。

"归集调入"项目，反映单位本年按照规定从其他单位归集调入的财政拨款结转资金。本项目应当根据"财政拨款结转"科目下"归集调入"明细科目的本年发生额填列。

"归集上缴或调出"项目，反映单位本年按照规定上缴的财政拨款结转结余资金及按照规定向其他单位调出的财政拨款结转资金。本项目应当根据"财政拨款结转""财政拨款结余"科目下"归集上缴"明细科目，以及"财政拨款结转"科目下"归集调出"明细科目本年发生额的合计数填列，以"－"号填列。

②"其他资金结转结余"项目，反映单位本年其他资金结转结余的变动。本项目应当根据本项目下"本年收支差额""缴回资金""使用专用结余""支付所得税"项目金额的合计数填列。

"本年收支差额"项目，反映单位本年除财政拨款外的其他资金收支相抵后的差额。本项目应当根据"非财政拨款结转"科目下"本年收支结转"明细科目、"其他结余"科目、"经营结余"科目本年转入的预算收入与预算支出的差额的合计数填列；如为负数，以"－"号填列。

"缴回资金"项目，反映单位本年按照规定缴回的非财政拨款结转资金。本项目应当根据"非财政拨款结转"科目下"缴回资金"明细科目本年发生额的合计数填列，以"－"号填列。

"使用专用结余"项目，反映本年事业单位根据规定使用从非财政拨款结余或经营结余中提取的专用基金的金额。本项目应当根据"专用结余"科目明细账中本年使用专用结余业务的发生额填列，以"－"号填列。

"支付所得税"项目，反映有企业所得税缴纳义务的事业单位本年实际缴纳的企业所得税金额。本项目应当根据"非财政拨款结余"明细账中本年实际缴纳企业所得税业务的发生额填列，以"－"号填列。

4）"年末预算结转结余"项目，反映单位本年预算结转结余的年末余额。本项目应当根据本项目下"财政拨款结转结余""其他资金结转结余"项目金额的合计数填列。

①"财政拨款结转结余"项目，反映单位本年财政拨款结转结余的年末余额。本项目应当根据本项目下"财政拨款结转""财政拨款结余"项目金额的合计数填列。本项目下"财政拨款结转""财政拨款结余"项目，应当分别根据"财政拨款结转""财政拨款结余"科目的本年年末余额填列。

②"其他资金结转结余"项目，反映单位本年其他资金结转结余的年末余额。本项目应当根据本项目下"非财政拨款结转""非财政拨款结余""专用结余""经营结余"项目金额的合计数填列。本项目下"非财政拨款结转""非财政拨款结余""专用结余""经营结余"项目，应当分别根据"非财政拨款结转""非财政拨款结余""专用结余""经营结余"科目的本年年末余额填列。

第五节　财政拨款预算收入支出表

一、财政拨款预算收入支出表的定义和格式

财政拨款预算收入支出表是反映行政事业单位财政拨款收支情况的报表，包括收入、支出和结余三部分。该收支表按单位实有各项收支项目汇总列示。财政拨款预算收入支出表格式见表12-4。

表12-4

财政拨款预算收入支出表

会政预03表

编制单位：_____　　　　　　　　　　　　　　　年　　　　　　　　　　　　　　　　单位：元

项目	年初财政拨款结转结余		调整年初财政拨款结转结余	本年归集调入	本年归集上缴或调出	单位内部调剂		本年财政拨款收入	本年财政拨款支出	年末财政拨款结转结余	
	结转	结余				结转	结余			结转	结余
一、一般公共预算财政拨款											
（一）基本支出											
1. 人员经费											
2. 日常公用经费											
（二）项目支出											
1. ××项目											
2. ××项目											
……											
二、政府性基金预算财政拨款											
（一）基本支出											
1. 人员经费											
2. 日常公用经费											
（二）项目支出											
1. ××项目											
2. ××项目											
……											
总计											

二、财政拨款预算收入支出表的编制

财政拨款预算收入支出表编制说明

（1）本表反映单位本年财政拨款预算资金收入、支出及相关变动的具体情况。

（2）本表"项目"栏内各项目，应当根据单位取得的财政拨款种类分项设置。其中"项目支出"项目下，根据每个项目设置；单位取得除一般公共财政预算拨款和政府性基金预算拨款以外的其他财政拨款的，应当按照财政拨款种类增加相应的资金项目及其明细项目。

（3）本表各栏及其对应项目的内容和填列方法

①"年初财政拨款结转结余"栏中各项目，反映单位年初各项财政拨款结转结余的金额。各项目应当根据"财政拨款结转""财政拨款结余"及其明细科目的年初余额填列。本栏中各项目的数额应当与上年度财政拨款预算收入支出表中"年末财政拨款结转结余"栏中各项目的数额相等。

②"调整年初财政拨款结转结余"栏中各项目，反映单位对年初财政拨款结转结余的调整金额。各项目应当根据"财政拨款结转""财政拨款结余"科目下"年初余额调整"明细科目及其所属明细科目的本年发生额填列；如调整减少年初财政拨款结转结余，以"－"号填列。

③"本年归集调入"栏中各项目，反映单位本年按规定从其他单位调入的财政拨款结转资金金额。各项目应当根据"财政拨款结转"科目下"归集调入"明细科目及其所属明细科目的本年发生额填列。

④"本年归集上缴或调出"栏中各项目，反映单位本年按规定实际上缴的财政拨款结转结余资金，及按照规定向其他单位调出的财政拨款结转资金金额。各项目应当根据"财政拨款结转""财政拨款结余"科目下"归集上缴"科目和"财政拨款结转"科目下"归集调出"明细科目，及其所属明细科目的本年发生额填列，以"－"号填列。

⑤"单位内部调剂"栏中各项目，反映单位本年财政拨款结转结余资金在单位内部不同项目等之间的调剂金额。各项目应当根据"财政拨款结转"和"财政拨款结余"科目下的"单位内部调剂"明细科目及其所属明细科目的本年发生额填列；对单位内部调剂减少的财政拨款结余金额，以"－"号填列。

⑥"本年财政拨款收入"栏中各项目，反映单位本年从同级财政部门取得的各类财政预算拨款金额。各项目应当根据"财政拨款预算收入"科目及其所属明细科目的本年发生额填列。

⑦"本年财政拨款支出"栏中各项目，反映单位本年发生的财政拨款支出金额。各项目应当根据"行政支出""事业支出"等科目及其所属明细科目本年发生额中的财政拨款支出数的合计数填列。

⑧"年末财政拨款结转结余"栏中各项目，反映单位年末财政拨款结转结余的金额。各项目应当根据"财政拨款结转""财政拨款结余"科目及其所属明细科目的年末余额填列。

本章小结

本章讲述了行政事业单位年终清理结算、结账业务的核算方法以及会计报表的内容和编制方法。年度终了，行政事业单位应根据财政部门或上级主管部门年终决算的要求，将本期内所发生的各项经济业务全部登记入账，并进行对账工作，包括账证核对、账账核对、账实核对，在保证账证相符、账账相符和账实相符的基础上办理年度结账，编制决算报表。行政事业单位会计报表是反映行政单位财务状况和收支情况的书面文件，是财政部门和上级单位了解情况、掌握政策、指导单位预算执行工作的重要资料，也是编制下年度单位财务收支计划的基础。

关键术语中英文对照

结账	settle accounts
对账	balance accounts
财政拨款收入支出表	financial allocation of income and expense statement
收入支出表	income and expenditure statement

习　题

一、判断题

1. 行政单位汇总会计报表时，只需将相同项目的金额相加后填列即可。（　　　）

2. 资产负债表中的"经费支出"科目的数额应与经费支出明细表中的"经费支出"数额相一致，也与收入支出表中的"经费支出"数额一致。（　　　）

3. 年度单位支出的决算数以上级会计单位的拨款数为准。（　　　）

二、单项选择题

1. 行政单位下列报表，按月份、季度和年度编报的有（　　　）。

　　A. 资产负债表　　　　　　　　　　B. 收入支出表

　　C. 财政拨款收入支出表　　　　　　D. 附表

2. 下列各项，属于报表分析说明的有（　　　）。

　　A. 影响预算执行的原因说明　　　　B. 经费支出、资金活动的趋势说明

　　C. 会计处理方法说明　　　　　　　D. 对上级会计单位的意见和建议

3. 行政单位会计报表的政策性审核内容包括（　　　）。

　　A. 审查各项费用金额的执行情况

　　B. 审查预算收入和支出的执行情况及其成果

　　C. 审查专项资产的使用情况

　　D. 审查应缴预算收入的上缴情况

三、业务题

1. 经批准报废一台计算机，原价36 000元，并以现金支付清理费300元，变价收入2 400元，已清理完毕，款项已存入银行。

2. 收到规费收入1 600元，已存入银行。

3. 追回本单位吴某退回赃款现金20 000元，已存入银行。

4. 收到甲单位交来租用会议室押金2 000元，存入银行。

5. 经结算，应收甲单位的租金为1 000元，余款从银行汇还。

6. 通过银行拨给所属单位经常性经费200 000元，专款50 000元。

7. 年终某行政单位将"拨入经费"1 500 000元，"其他收入"科目余额20 000元转入"结余"科目。

8. 单位报废通勤车一辆，原值10万元，用零余额账户支付清理费用300元，变价收入2 000元存入银行。

要求：根据上述经济业务编制会计分录。